Heidrun Abromeit
Wozu braucht man Demokratie?

Heidrun Abromeit

Wozu braucht man Demokratie?

Die postnationale
Herausforderung
der Demokratietheorie

Springer Fachmedien Wiesbaden GmbH 2002

Gedruckt auf säurefreiem und altersbeständigem Papier.

Die Deutsche Bibliothek – CIP-Einheitsaufahme

ISBN 978-3-8100-3350-5   ISBN 978-3-663-11894-7 (eBook)
DOI 10.1007/978-3-663-11894-7

© 2002 Springer Fachmedien Wiesbaden
Ursprünglich erschienen bei Leske + Budrich, Opladen 2002
Das Werk einschließlich aller seiner Teile ist urheberrechtlich geschützt. Jede Verwertung außerhalb der engen Grenzen des Urheberrechtsgesetzes ist ohne Zustimmung des Verlages unzulässig und strafbar. Das gilt insbesondere für Vervielfältigungen, Übersetzungen, Mikroverfilmungen und die Einspeicherung und Verarbeitung in elektronischen Systemen.

Inhaltsverzeichnis

Vorwort 7
Einführung 9

I. **Das Demokratiedefizit:**
   Bestandsaufnahme einer europäischen Debatte. 15

   1. Input- versus output-Legitimierung 15
   2. Wege zur Behebung des Demokratiedefizits 19
      a. Parlamentarisierung 21
      b. Post-Parlamentarismus 30
      c. Deliberative Gremien 33
      d. Ein ‚demokratischer Funktionalismus' 40
      e. Warum nicht ‚direkt' ...? 48
   3. Die Defizite der Debatte 54

II. **Ein Theoriedefizit?**
    Demokratietheoretischer Rück- und Überblick 61

   1. Leerstellen und ungelöste Fragen 61
   2. Was ist Demokratie? 68
      a. Definitionsprobleme 68
      b. Die Antwort(en) der liberalen Klassiker 72
      c. Die Geschichte der Demokratietheorie als Geschichte des Zweifels 81
      d. Die Antwort der ‚empirischen' Demokratietheorie 89
      e. Die Antwort der ‚deliberativen' Demokratietheorie 100
   3. Ungelöste Fragen und unbestimmte Antworten 112
      a. Die Frage nach dem Zweck 113
      b. Welchen Demos braucht die Demokratie? 115
      c. Das Individuum und seine Autonomie 122
      d. Die Tücken der Repräsentation 131

  e. Mehrheitsregel und Minderheitenrecht 141
  f. Wann sind politische Entscheidungen legitim? 146
  g. Partizipation und Prozedur 150
 4. Demokratie, Staat und Grenze: ein vorläufiges Fazit 154

III. Ein neuer Minimalismus 163

 1. Zweck und Maß von Demokratie 163
  a. Was ist wesentlich? Ein minimalistisches Konzept 164
  b. Zur Relevanz des Kontexts 168
  c. Zurück zum Prozeduralismus 173
  d. Exkurs: Nutzen und Risiken direkter Demokratie 177
  e. Ein Maß für Demokratie 190
 2. Anwendungsfall „Demokratisierung der Europäischen Union" ... 194

Fazit 205

Literaturverzeichnis 207

Vorwort

> Some people are in ecstasy
> About the true democracy.
> But once you look close
> They clearly expose:
> It's nothing but hypocrisy.

Die Verantwortung ist eindeutig zuzuordnen: Meine Mitarbeiter sind schuld, daß ich dieses Buch geschrieben habe – an Stelle eines anderen, ursprünglich geplanten. Sie haben mich nicht nur überredet, sondern mir vielfältig geholfen, mich in der Vorbereitung unterstützt, mir bei einigen Kapiteln zugearbeitet. Vielleicht haben sie mich zu wenig kritisiert (Thomas ausgenommen!). Ihr Versuch allerdings, mich zu einer Umstrukturierung zu bewegen, scheiterte an meiner Hartnäckigkeit. So ist auch die Verantwortung für die Schwächen des Buches eindeutig zurechenbar: nämlich mir selbst.

Mein Dank gilt also zuvörderst: Tobias Auberger, Uwe Heinisch, Tanja Hitzel-Cassagnes, Simone Ruppertz-Rausch, Christina Sianides, Thomas Schmidt und Sebastian Wolf.

Auch einigen Kollegen verdanke ich (mehr oder weniger kritische) hilfreiche Kommentare und eine Reihe wertvoller Anregungen, nämlich Beate Kohler-Koch, Rainer Schmalz-Bruns und Klaus Dieter Wolf.

Und natürlich muß ich mich bei Moritz bedanken. Er hat unter meiner Arbeit am meisten gelitten; und ohne die langen Spaziergänge mit ihm wäre ich auf keinen einzigen guten Gedanken gekommen.

Darmstadt, Dezember 2001.
H. Abromeit

Einführung

I.

Es gibt mindestens 1000 Bücher über die Demokratie; warum nun das 1001. schreiben? An Büchern über die Demokratie in Europa herrscht ebensowenig Mangel; im Gegenteil: Seit Mitte der 90er Jahre muß man hier geradezu von einer Schwemme sprechen. Kaum ein politikwissenschaftlicher Autor, der auf sich hält, der nicht seinen Beitrag zur europäischen Demokratiedebatte leisten zu müssen glaubt. Da in dieser Debatte aber scheinbar schon längst alles Wesentliche gesagt ist, lesen die Beiträge sich inzwischen unvermeidlich arg redundant. Und schließlich ist auch die Kombination von demokratietheoretischem Gründeln und Anwendung auf den europäischen Fall als solche nicht neu, ungewohnt oder gar überraschend.

Warum also dieses Buch? Nehmen wir die Europa-Debatte als Ausgangspunkt: Sie bleibt unbefriedigend – ja bleibt selbst so defizitär wie nach verbreiteter Auffassung das europäische ‚Regieren' im Hinblick auf demokratische Standards –, weil die Beiträge auf die entscheidende Frage nach der Möglichkeit supranationaler oder auch ‚postnationaler' Demokratie nahezu ausnahmslos keine überzeugende Antwort parat haben. Die Debatte scheint sich totzulaufen und droht in allgemeiner Resignation zu versanden, weil die verschiedenen Versuche, eine Lösung des Problems zu finden, an immer dieselben theoretischen Grenzen stoßen. Was offenbar nottut in dieser Situation, ist es, eben diese theoretischen Grenzen zu problematisieren und ggf. aufzubrechen. Das wiederum geht wohl nur, indem man sich vom demokratietheoretischen *mainstream* und von der Verhaftung an bestimmte demokratietheoretische Schulmeinungen löst und sich bemüht, einen quasi unbefangenen Blick auf den Kern und vor allem auf den Zweck von Demokratie zurückzugewinnen. Auf die Frage nämlich „why is democracy desirable anyway?" (Dahl 1998: 4) liefern uns Rousseau, Kant, Madison oder Mill im konkreten Hier und Heute nur noch bedingt die passende Antwort. Die gängigen demokratietheoretischen Schulen dagegen, die sich auf diese (und andere) Klassiker stützen, liefern zumeist gar keine Antwort mehr, da sie die Frage für längst geklärt halten. So kann denn als demokratisch erscheinen, was an der Erfüllung des eigentlichen Zwecks demokratischer Veranstaltung weit vorbeigeht.

Die Frage nach dem ‚Warum' des 1001. Buches über die Demokratie ist damit im Ansatz schon beantwortet. Ursprünglich sollte nur eine Art Bestandsaufnahme entstehen: ein Bericht über den ‚state of the art', der zusammenfaßt – und kritisiert –, wie die europäische Disziplin Politikwissenschaft mit dem europäischen Demokratiedefizit umgeht (vgl. schon Abromeit 2001a). Doch zunehmend drängte sich die Ratlosigkeit der Disziplin als eigener Gegenstand der Untersuchung in den Vordergrund. Nun geht es also in zumindest gleichem Maße um das ‚Elend der Demokratietheorie' angesichts des Phänomens transnationalen-supranationalen-postnationalen Regierens, was unglücklicherweise eine Art Bestandsaufnahme auch der Geschichte der Demokratietheorie sowie der beiden derzeitigen *mainstream*-Richtungen der Demokratietheorie impliziert. Ich sage ‚unglücklicherweise', weil ein solches Vorhaben eigentlich ein mehrbändiges Werk erfordert (was nicht geplant ist) und natürlich bei den diversen Vertretern der diversen demokratietheoretischen Schulen auf heftigste Kritik stoßen wird, da sich alle falsch verstanden fühlen werden. Das gilt um so mehr, als ich – auf der Suche nach dem Kern und dem Zweck von Demokratie – mich der demokratietheoretischen Tradition als einer Art Steinbruchs bedienen werde, was mir unvermeidlich den Vorwurf des Eklektizismus eintragen wird.

II.

Anlaß und Aufhänger des vorliegenden Buches ist also das europäische Demokratiedefizit. Dieses scheint in der Zunft so unbestritten, daß man sich hierzu bereits auf eine ‚Standardversion' (Weiler et al. 1995) berufen kann, ohne sich noch die Mühe machen zu müssen, es im einzelnen zu beschreiben (s. aber u., I.2.). Innerhalb der Politikwissenschaft impliziert dies genaugenommen einen bemerkenswerten Perspektivenwechsel, nämlich von der Wahrnehmung der Europäischen Gemeinschaft als einer intergouvernementalen Veranstaltung – und insofern einem Gegenstand der Wissenschaft von den Internationalen Beziehungen – hin zu ihrer Einstufung als staatsähnliche Politie, die im Zeitalter des ‚demokratischen Verfassungsstaates' gewisse Mindestanforderungen an demokratischer Legitimation zu erfüllen hat. Trotzdem las man in den vergangenen Jahren in politikwissenschaftlichen Analysen allenthalben, daß die Europäische Union kein Staat sei und auch keiner werden wolle. Das hatte den Vorteil, daß man sich bei ihrer Beurteilung als Politie auf die Position zurückziehen konnte, ‚nationalstaatliche' Modelle und Legitimationsstandards seien auf sie nicht anwendbar – und andere, so scheint es, gibt es nicht. In den europäischen Institutionen selbst ist man sich der Sache weit weniger sicher. Gespräche mit Vertretern der Kommission oder mit Abgeordneten des Europäischen Parlaments fördern zutage, daß im selben Maße, in dem die Politikwissenschaft das Modell ‚Staat' als ungeeignet zurückweist, den Zustand der EU angemessen zu erfassen, deren offizielle Vertreter den Endpunkt ‚Staat' für so unvermeidlich wie zwingend und wünschbar halten. Nur auf Seiten mitgliedstaatlicher Politiker trifft man in dieser Hinsicht noch auf Zögern oder gar Abwehr. Die Dänen und die Briten z.B. wollen diesen Endpunkt partout nicht ins Auge fassen, Frankreich schwankt, während deutsche Politiker[1] offen den europäischen Bundesstaat propagieren – nach Möglichkeit nach deutschem Modell.

Das Demokratiedefizit bleibt damit unvermeidlich auf der Tagesordnung. Genaugenommen geht es um ein dreifaches Defizit: ein Legitimationsdefizit, ein Repräsentationsdefizit und ein Partizipationsdefizit. Was das erstere betrifft, so ist eine Reihe von Autoren inzwischen übereingekommen, daß es grundsätzlich mehrere Quellen oder Ressourcen der Legitimation von Entscheidungssystemen gibt, zwischen denen ein trade-off besteht. Wenn es z.B. an demokratischer (oder input-) Legitimation mangeln sollte, kann die Effektivität und Problemlösungsfähigkeit des Entscheidungssystems – die ‚output-Legitimation' – in die Bresche springen; d.h. dieses Defizit erscheint prinzipiell als lösbar (aber s. dazu u., I.1.). Dagegen ist das Repräsentationsdefizit unlösbar, solange der Adressatenkreis eines Regelungssystems unbestimmt bleibt, weil wir es – z.B. – mit ‚variablen Geometrien' (opt-outs, unterschiedlichen Reichweiten der beschlossenen Regelungen, unterschiedlichen Geschwindigkeiten der Integration, usw.) zu tun haben, also das System ‚offen' ist und seine Regelungen in ihrer Wirkung nicht eindeutig zuordenbar sind. Repräsentation nämlich ist nur möglich und sinnvoll, wenn man die zu repräsentierenden Grundgesamtheiten kennt. Dieses spezielle Defizit ist in der derzeitigen Europa-Debatte unterbelichtet, überwiegend deshalb, weil im Hinblick auf die Union Repräsentation nach wie vor einseitig territorial verstanden wird.[2]

Unser Hauptinteresse gilt allerdings dem dritten, dem Partizipationsdefizit. Der Kern dieses Defizits ist die Inkongruenz von Entscheidungsbetroffenheit und Entscheidungsbeteiligung: Die Bürger der Mitgliedstaaten der EU sind (in unterschiedlicher Weise) europäischen Regelungen unterworfen und in durchgängig unzureichender Weise an ihrem Zustandekommen beteiligt. Das liegt nicht nur an der – zumeist als erstes ins Feld geführten – defizitären Parlamentarisierung des europäischen Entscheidungssystems, sondern quasi vorgängig und von ihr ggf. unabhängig am Auseinanderfallen von ter-

---

1   S. z.B. Bundesaußenminister Joschka Fischer in seiner Humboldt-Rede vom Mai 2000, Bundespräsident Johannes Rau in seiner Rede vor dem Europäischen Parlament am 4.4.2001 sowie Bundeskanzler Gerhard Schröder in einem Papier vom 7.5.2001; ähnlich Wolfgang Schäuble in der Frankfurter Rundschau vom 9.3.2001.
2   Die große empirische ‚Europan Representation Study' der Jahre 1994ff. macht allerdings ein völlig anders geartetes Repräsentationsdefizit aus: Da keiner der tatsächlichen Repräsentanten (z.B. im EP) das ‚allgemeine europäische Interesse' in den Blick nehme, gebe es kein „truly European system of political representation" (Schmitt und Thomassen: 257).

ritorialer Repräsentanz und funktionaler Politik (und Betroffenheit). Im Sinne demokratischer Standards bedarf auch europäische Politik der ‚input-Legitimierung'. Wie aber ist die zu gewährleisten, wenn die Dimensionen von Mitbestimmungsrechten (territorial) und Betroffenheit (funktional) nicht zur Deckung gebracht werden können?

Dieses Dilemma charakterisiert nicht nur das Regieren in Europa, sondern genereller alles trans- bzw. supranationale Regieren; es wird in den letzten Jahren unter den Stichworten ‚Regieren in entgrenzten Räumen' oder auch ‚Demokratie ohne Grenzen' diskutiert (s. z.B. Kohler-Koch 1998; Landfried 2002). Allenthalben steht man ratlos vor dem Befund, daß Probleme zur Lösung drängen, die sich innerhalb von Nationalstaatsgrenzen nicht erfolgreich lösen lassen. Effektive Politik ist in einer Reihe von Politikfeldern nur noch grenzüberschreitend möglich (man denke etwa an den Umweltschutz und die Klimakatastrophe); d.h. Politik wandert in steigendem Umfang aus den innerstaatlichen Entscheidungszusammenhängen aus und verlagert sich stattdessen in internationale Kooperation. Diese wiederum ist quasi naturgemäß Sache der Exekutive, die sich auf solche Weise innerstaatlich von parlamentarisch-demokratischer Kontrolle zu emanzipieren vermag (s. bes. Wolf 2000a; Zürn 1998). Demokratische Bürgerrechte dagegen werden – auch innerstaatlich – insofern entwertet, als sie zunehmend ins Leere laufen. Und das Rad ist kaum zurückzudrehen: „The question is not whether effective policy-making can be confined within national borders; it cannot. The real question is whether transnational decision-making can be made democratic" (Schmitt und Thomassen 1999: 11).

Befund wie Dilemma sind allseits (nahezu) unbestritten. Aber natürlich gibt es verschiedene Wege, mit dem Dilemma umzugehen. Man kann sich damit aus der Affäre ziehen, daß man Demokratie *qua definitionem* an den Nationalstaat koppelt; dann ist eine Lösung des Problems schlichtweg unmöglich und weiteres Grübeln witzlos. Oder man kann versuchen, sich die betreffenden Entscheidungszusammenhänge quasi-staatlich umzudeuten (was speziell im europäischen Kontext naheliegt; s.o.), und staatliche Demokratisierungsformen, mehr oder weniger modifiziert, auf sie übertragen. Damit handelt man sich nicht zu Unrecht den Vorwurf ein, am Kern des Problems vorbeizugehen. Man kann natürlich auch die überkommenen demokratischen Standards relativieren und reduzieren: etwa die Beteiligung einiger weniger Bürger – die Hinzuziehung einiger Vertreter von Nichtregierungsorganisationen zu internationalen Verhandlungen beispielsweise – zum Ausweis ‚machbarer' demokratischer Qualität erklären. Und schließlich kann man eben diese überkommenen, an den Nationalstaat gebundenen demokratischen Standards selbst hinterfragen und nach neuen, alternativen Standards suchen (vgl. Eriksen und Fossum 2000: 5f.; Majone 1998: 6). Die Suche kann leicht in einer Falle enden: Wer vom Pfad der *mainstream*-Tugend abweicht, riskiert in sumpfiges Gelände zu geraten, in dem demokratisch und nicht-demokratisch sich nicht mehr recht unterscheiden lassen. Und da ist es dann eben hilfreich, sich auf den Zweck demokratischer Arrangements zu besinnen. Es ist die einzige Möglichkeit, den Weg aus dem Sumpf zu finden.

III.

Damit dürfte hinreichend umschrieben sein, welche Aufgabe die vorliegende Untersuchung sich stellt. Zunächst will sie immer noch eine Bestandsaufnahme liefern, also einigermaßen umfassend darstellen, wie die europäische Politikwissenschaft mit dem eben skizzierten Dilemma umgeht. Diese Frage ist im Ersten Teil zugespitzt zu der nach den Lösungsmöglichkeiten, die Politikwissenschaft und Demokratietheorie zum Thema ‚europäisches Demokratiedefizit' anzubieten haben. Die Debatte um das europäische Demokratiedefizit hat paradigmatischen Charakter, insofern sie die Frage nach den Ermöglichungsbedingungen von Demokratie, präziser: nach der Trennbarkeit von nationaler Vergemeinschaftung und Demokratie neu stellt. Ihre Defizite bilden darum den Anlaß, im Zweiten Teil die (allgemeinere) demokratietheoretische Debatte abzufragen danach, was denn der ‚unhintergehbare Kern' und Minimalgehalt von Demokratie sein könnte, aus dem die – ggf. alternativen – Standards abzuleiten wären, die im postnationalen Kontext offenbar so dringend gebraucht werden. Vor allem Vertreter der deliberativen Demokratietheorie haben hierzu in den letzten Jahren Beiträge vorgelegt; aber es wird zu prüfen sein, wie ‚demokratisch' (im Sinne eines Kerngehalts von Demokratie) ihre Vorschläge wirklich sind. Der Dritte Teil wird sich dann auf die Entwicklung solcher Standards konzentrieren. Ausgehend von einer Zweckbestimmung demokratischer Arrangements will er ein ‚Maß für Demokratie' entwickeln, das – so die optimistische Erwartung – auch auf supranationales Regieren[3] anwendbar ist und damit zugleich neue Perspektiven zur Lösung des Dilemmas ‚entgrenzter Demokratie' eröffnet. Ausgangspunkt der Überlegungen in allen drei Teilen des Buches ist ein intuitives Vorverständnis von Demokratie, das mit *common sense*-Vorstellungen wie mit (weitgehend unwidersprochener) Überlieferung konform geht. Demzufolge ist Demokratie im Kern unlösbar mit individueller Selbstbestimmung verknüpft und zielt ab auf die Herstellung einer Kongruenz zwischen den Betroffenen einer Entscheidung und denjenigen, „die auf die Entscheidung Einfluß nehmen kön-

---

3 Die Begriffe supra-, trans- und postnational mögen im Verlauf dieses Buches gelegentlich als Synonyme erscheinen, obwohl sie es nicht wirklich sind. Ihre penible Unterscheidung scheint dort entbehrlich, wo die Probleme – nämlich die des demokratischen Regierens ‚jenseits des Nationalstaats' – grundsätzlich identisch sind. Da das europäische Demokratie-Dilemma als Aufhänger dient, stehen zwar die sich aus *supra*nationaler Vergemeinschaftung ergebenden Probleme im Vordergrund. Doch stehen sie dort sozusagen stellvertretend für die allgemeineren Probleme *post*nationaler Demokratie.

nen" (Zürn 1998: 237)[4]. Demokratische Theorien und demokratische Praxis werden folglich daran gemessen und danach beurteilt, wie weit sie diesen Anspruch einlösen.

Um dem Leser Enttäuschungen zu ersparen, will ich gleich hinzufügen, was dieses Buch *nicht* leisten will und kann. Es will vor allem und definitiv kein Buch über die Europäische Union sein; eine Darstellung des – demokratischen oder nicht-demokratischen – Ist-Zustands ihres Entscheidungssystems wird man vergebens suchen. Zwar ist eine Bestandsaufnahme zum Thema ‚Lösungsvorschläge für das europäische Demokratiedefizit' intendiert, doch ist dabei – trotz redlichen Bemühens, alle relevanten Aspekte und Perspektiven zu berücksichtigen – nicht mit Vollständigkeit zu rechnen.[5] Die Beiträge zu dieser Debatte sind mittlerweile derart zahlreich, daß eine komplette Übersicht nicht nur schwer erzielbar, sondern überdies mühsam zu lesen sein dürfte, weil Redundanzen sich dann kaum vermeiden ließen. Aus dem gleichen Grund ist kein auf Vollständigkeit abzielender Überblick über die in der Diskussion befindlichen Demokratie-Definitionen geplant. Und schließlich sollte der Leser weder ein demokratietheoretisches Lehrbuch noch gar eine Art Einführung in die politische Philosophie – mit naturrechtlichen Letztbegründungen und dergleichen – erwarten. Stattdessen möge er sich darauf einstellen, gängige Auffassungen von Demokratie und über die Art ihrer Institutionalisierung aus komparativer Sicht gegen den Strich gebürstet zu finden.

---

4 Darauf verweist schon der alte Schlachtruf „no taxation without representation".
5 Die im Verlauf der folgenden Darstellung nicht genannten Autoren mögen mir darum bitte jetzt schon verzeihen.

I. Das Demokratiedefizit: Bestandsaufnahme einer europäischen Debatte.

1. Input- versus output-Legitimierung

Bevor wir uns den diversen Versuchen zur Heilung des europäischen Demokratiedefizits zuwenden, muß noch einmal auf die Frage eingegangen werden, ob im postnationalen Kontext ‚input-Legitimierung' denn wirklich zwingend nötig ist oder ob es nicht doch ausreichen könnte, auf ‚output-Legitimierung' zu bauen, d.h. auf die Problemlösungsfähigkeit supranationaler Kooperation in Politikfeldern, die innerhalb der Nationalstaaten nicht mehr zufriedenstellend bearbeitet werden können. Ohnehin meint ja Demokratie, einer klassischen Formulierung zufolge, nicht nur ‚Herrschaft *durch* das Volk', sondern auch ‚Herrschaft *für* das Volk'. Beide Aspekte werden gern als zwei Seiten einer Medaille, ja geradezu als dichotomisch betrachtet (vgl. Scharpf 1970: 21ff.) und zum Dilemma zugespitzt: „system effectiveness" und „citizen participation", so ein vielzitierter Aufsatz von Robert A. Dahl (1994), können in Konflikt geraten und lassen sich jedenfalls im allgemeinen nicht beide gleichzeitig in vollem Umfang umsetzen; d.h. will man das eine maximieren, muß man beim anderen Abstriche hinnehmen. Ein Defizit an ‚input-Legitimierung' erscheint in dieser Sicht als gängig und bis zu einem gewissen Grade unvermeidlich und Partizipation je nach Kontext ggf. als verzichtbar.

Fritz Scharpf (s. bes. 1999: 20ff.), der als einer der Hauptvertreter der These gilt, daß in der Europäischen Gemeinschaft etwas anderes als output-Legitimierung kaum zu erreichen sei, weist die legitimierende Qualität politischer Performanz nicht schlicht einem bestimmten Politikergebnis zu, was ihn der Notwendigkeit enthebt, etwa über output-Schwellenwerte nachzudenken, d.h. über die Frage, wann – ab welchem (gedachten) Grad von Bedürfnisbefriedigung oder sonstiger Zielerreichung – outputs in einzelnen Politikfeldern als ‚selbstlegitimierend' gelten können. Er macht vielmehr spezifische Ressourcen aus, ohne die diese Qualität nicht zu haben ist, präziser: die in den Politikadressaten Vertrauen in die tatsächliche Problemlösungskapazität der entsprechenden *set-ups* erwecken. Es sind dies die unabhängigen Experten, von deren Sachkompetenz sich ‚gute' Entscheidungen erwarten lassen; korporatistische oder auch intergouvernementale Verhandlungen, bei denen man vermuten mag, daß die eigene Position jedenfalls nicht völlig unter die Räder gerät; und Politiknetzwerke, die bei hinreichender Inklusivität fast schon in der Nähe der input-Legitimierung anzusiedeln sind. Obwohl die europäische Politik im Prinzip über alle drei Ressourcen in hohem Maße verfügt, kommt Scharpf bei einer Evaluation der Problemlösungsfähigkeit der europäischen Mehrebenenpolitik (ebd.: 81ff.) zu einem differenzierten und nur begrenzt positiven Urteil. Demnach läßt sich nur in einigen Problembereichen bzw. Politikfeldern – namentlich dort, wo es um Produktstandards und um unumstrittene Deregulierung (‚negative Integration') geht – so etwas wie output-Legitimation vorfinden.

Giandomenico Majone (1994 a und b, 1998) ist in dieser Hinsicht sowohl mutiger als auch optimistischer. Anknüpfend an den ursprünglichen Charakter der Europäischen Gemeinschaft als „Zweckverband funktionaler Integration" (Ipsen 1972) entdeckt er in der Union auch in ihrem jetzigen Entwicklungsstadium so viele Elemente einer geradezu idealtypischen ‚independent regulatory agency' nach dem Muster amerikanischer Regulierungskommissionen oder britischer ‚quangos', daß er sie als Ganze zu einem „independent fourth branch of government of Member States" erklärt, der sich durch technokratische Leistungsfähigkeit selbst zu legitimieren vermöge.[1] Abgekoppelt von der üblichen elektoralen und Parteipolitik seien die europäischen (De-)Regulierungsexperten frei und unabhängig genug, um die Problemlösung(en) zu finden und zu realisieren, die die jeweilige Situation erfordere. Da sie gleichzeitig einem „complex system of immanent control" (Majone 1994a: 29) unterlägen, seien nicht nur ein input der entscheidungsbetroffenen Bürger, sondern auch nachträgliche demokratische Kontrolle entbehrlich, wenn nicht gar schädlich. Immerhin findet sich die Einschränkung, daß redistributive und Sozialpolitik auf solchem Wege nicht zu regeln sei; die Folgerung daraus ist, daß ein Mehr an europäischer Sozialpolitik der Legitimation der europäischen Integration abträglich sei (Majone 1998: 13).

Das Konzept Majones wäre überzeugender, lägen ihm nicht (mindestens) zwei Denk- und Perzeptionsfehler zugrunde. Zum einen ist dies die Unterstellung, daß die typische ‚independent regulatory agency' tatsächlich ‚accountable' (wem gegenüber?) zu halten sei, wenn man sich nur mit dem ‚institutional design' genügend Mühe gebe. Majone baut demnach eher auf ein Potential (ebd.: 27) als auf die Empirie, die ja, z.B. was die Kontrollierbarkeit und ‚öffentliche Verantwortlichkeit' von öffentlichen Unternehmen oder gar der nach ihrer Privatisierung eingerichteten Regulierungskommissionen betrifft[2], ganz andere Auskünfte gibt. Zum anderen erscheint die Reduktion von Demokratie auf Verantwortlichkeit und Kontrolle so einseitig wie problematisch (s.u., II.3.). Majone orientiert sich hierbei am ‚Madisonian model' der Demokratie, das auf die Teilung, Limitierung und Delegierung von

---

1 Zur Selbst-Legitimierung eines solchen ‚technokratischen Regimes' s. auch Bach 1993.
2 S. hierzu die umfangreiche Literatur über die Kontrolle der britischen ‚public utilities' vor und nach der Privatisierung.

Macht abzielt; diesem Modell zufolge ist seiner Ansicht nach der „reliance upon qualities like independence and credibility" ggf. größeres Gewicht beizumessen als der „reliance upon majority rule" (ebd.: 18). Das Ergebnis läßt sich als Entwurf einer ‚nicht-majoritären Demokratie' deuten; doch ist auch das Verständnis von nicht-majoritär mehr als einseitig, wenn es so umstandslos mit de-politisierter Regulierung gleichgesetzt ist.

Wie auch immer: Selbst-Legitimierung funktionaler Entscheidungszusammenhänge und „accountability by results" (ebd.: 24) – so die Botschaft – sind möglich und sogar wünschbare Ergänzungen der majoritären Demokratie. Immerhin benennt Majone einige Voraussetzungen solcher „substantive legitimacy", nämlich die „expertise and problem-solving capacity of the regulators" zum einen und die Beschränkung dieses „fourth branch of government" auf „efficiency-oriented policies" zum anderen (ebd.: 21, 28). Beide Bedingungen sind so plausibel wie ihr tatsächliches Vorliegen bzw. ihre Einhaltung nicht abprüfbar. Und damit kommen wir zu einem dritten Denkfehler: Was schon innerstaatlich bei der Delegation bestimmter Aufgaben an ‚unabhängige', sprich quasi-unpolitische Agenturen ein nur schwer zu lösendes Problem darstellt – nämlich die möglichst präzise Zuordnung von Aufgaben, Zielformulierung, Effizienzkontrolle, nicht zu vergessen die Auswahl der geeigneten Personen! – , ist im suprastaatlichen Kontext der Europäischen Union gar nicht zu lösen. Hier geht es eben gerade nicht um Funktionserfüllung ‚im Auftrag' und in eng begrenztem Bereich; vielmehr hat sich mit der Gemeinschaft ein neues, ‚zentrales', den Staaten übergeordnetes Entscheidungssystem gebildet, das in tendenziell unbegrenztem Bereich Normen setzt, die auch noch von ‚direktem Effekt' für die Bürger sind. Die Analogie mit der ‚regulatory agency' kann die daraus resultierenden, nicht nur legitimatorischen Probleme nur verdecken.

Es wird aber niemanden überraschen, daß solche Interpretationen der Legitimationsproblematik bei der Europäischen Kommission gut ankommen. Das knifflige Thema weiterer Demokratisierung der Union kann von der Tagesordnung verschwinden, wenn das Vertrauen der europäischen Bürger allein dadurch zu gewinnen ist, daß Brüssel sich wirksam der Themen annimmt, die die Bürger ‚wirklich' interessieren; denn „At the end of the day, what interests them is not *who* solves these problems, but the fact that they are being tackled."[3] Tatsächlich allerdings hapert es an eben diesem Vertrauen. Der ‚permissive Konsensus' der europäischen Bürger gegenüber der europäischen Integration hat sich in den 90er Jahren kontinuierlich verringert; die Akzeptanz europäischer Politik schwindet, jedenfalls in der nördlichen Hälfte Europas. Auch politikwissenschaftlich ist das Problemlösungspotential des europäischen Entscheidungssystems mittlerweile heftig umstritten, auch wenn einige Autoren überzeugt sind, „daß die europäische Po-

---

3 Romano Prodi in einer Rede vor dem Europäischen Parlament, 21.7.1999. Zitiert bei Kohler-Koch 1999a, ms: 6.

litik in der Output-Perspektive in mehreren Politikfeldern viel besser ist als ihr Ruf." (Voelzkow 2000: 287). Die Gemeinsame Agrarpolitik beispielsweise – vom Umfang her immerhin nach wie vor der Kernbereich des Gemeinsamen Marktes – dürfte seit geraumer Zeit nicht mehr zu diesen Politikfeldern zählen. Mit der Unfähigkeit, die BSE-Krise zu bewältigen, und mit ihren Reaktionen auf den Ausbruch der Maul- und Klauenseuche hat die gerade in diesem Sektor hoch-technokratische sowie ‚korporatistische' Brüsseler Politik bei den beiden Hauptbetroffenengruppen, den Bauern wie den Verbrauchern, an Glaubwürdigkeit verloren. Es wäre nicht verwunderlich, wenn dies auf die Integration als solche durchschlüge, scheint hier doch eindrücklich unter Beweis gestellt, daß die berühmten ‚free flows', jedenfalls wo es um Tiere geht, Probleme nicht etwa lösen, sondern erst schaffen. Erstmals wurden nun auch Ländergrenzen wieder geschlossen – fürwahr kein Ausweis überzeugender Performance. Man darf mit einigem Grund vermuten, daß deshalb die Euroskepsis in den europäischen Völkern neue Höchstwerte erreichen wird. Doch auch die – Scharpf zufolge am ehesten als effektiv zu erachtende – Liberalisierungspolitik steht mittlerweile nicht mehr gut da, finden doch z.B. im Bereich des Güterfernverkehrs in den letzten Jahren Gegen-Mobilisierungen der Bürger mit Protestaktionen und Blockaden statt. Wie will man angesichts solcher Ergebnisse noch output-Legitimierung unterstellen?[4]

Aber eigentlich braucht man die deprimierende Empirie nicht zu bemühen, um die These, output-Legitimation könne (demokratische) input-Legitimierung ersetzen, als demokratisch defizitär abzuweisen. Hierfür reicht es, zwei systematische Überlegungen ins Feld zu führen. Die eine bezieht sich auf die Frage, wann eine Problemlösung als ‚effektiv, gut und richtig' gelten darf. Bei den meisten kollektiv zu entscheidenden Sachproblemen gibt es kein unabweisbares ‚gut und richtig', wie sich schon daran erkennen läßt, daß sich auch die ausgewiesensten Sachverständigen nur selten einig sind. Man muß vielmehr stets weiter fragen: ‚gut und richtig' im Hinblick auf welche (z.B. kurz- oder langfristigen) Ziele und von welchen Interessenstandpunkten aus? Dies verweist darauf, daß es im allgemeinen ratsam ist, Problemlösungen auf dem Verhandlungsweg zu finden; für die Beurteilung der dort gefundenen Kompromisse aber fehlen wiederum die eindeutigen Kriterien. Genau genommen bräuchte man sogar ein doppeltes Set von Kriterien: zum einen zur Messung des (vermuteten) Mehr oder Weniger an Zielerreichung, zum anderen zur Diskontierung des unvermeidlichen Mehr oder Weniger an Interessenrealisierung. Denn schließlich müßte bei der Wertung einer Problemlö-

---

4 David Beetham und Christopher Lord (1998a: 98-128) versuchen sich an einer differenzierten Evaluation der EU-‚performance' nach verschiedenen output-Typen, von der „security rights delivery" bis hin zur „civil rights delivery". Aber auch sie kommen zu dem Schluß, daß von der Performanz keine zureichende Legitimierung europäischer Politik zu gewinnen ist – nicht zuletzt wegen deren unterschiedlicher Bewertung in den Mitgliedstaaten.

sung als ‚effektiv, gut und richtig' vorweg die mutmaßliche Unzufriedenheit derer abgezogen werden, deren Interessen nicht oder nur unzureichend in die Entscheidung eingeflossen sind.

Damit sind wir schon bei der zweiten Überlegung: Problemlösungen stehen nicht für sich, sondern in Bezug zu den Präferenzen der Menschen, die von den Problemen betroffen sind. So gesehen, sind Lösungen nur dann ‚effektiv, gut und richtig', wenn sie auf deren Akzeptanz stoßen. Wie die Präferenzen aussehen und ob Entscheidungen als angemessen akzeptiert werden, läßt sich ohne einen entsprechenden input indessen nicht feststellen – oder erst dann, wenn unzufriedenes Gegrummel an der Basis sich zu Protestaktionen und damit zu offenkundigem Loyalitätsentzug auswächst. Ohne partizipatorischen input also zeigt sich die angebliche Selbst-Legitimierungsfähigkeit des ‚guten' Politik-outputs nur im Negativen: im manifesten Scheitern dieses Anspruchs.

Der langen Rede kurzer Sinn ist der, daß es vom demokratischen Standpunkt aus ‚selbst-legitimierende' Politik nicht geben kann, unabhängig davon, für wie gut ihre Macher sie halten. Die beiden Seiten der Medaille – ‚Herrschaft durch das Volk und für das Volk' – lassen sich (man möchte sagen: ‚legitimerweise') nicht auseinanderreißen und gegeneinander ausspielen, wenn man nicht unter dem Deckmantel demokratischer Verfassungsstaatlichkeit die ‚wohlwollende' Autokratie etablieren will. Output-Legitimierung funktioniert nicht wirklich; sie bedarf der Ergänzung durch input-Legitimierung – zumindest in dem Sinne, daß Konsens hergestellt wird für die zeiträumlich sowie nach Aufgaben begrenzte und mit Zielvorgaben versehene Auslagerung von Entscheidungen in quasi-nicht-politische Agenturen. In manchen Bereichen ist solche Art der Delegation nach allgemeiner Auffassung unvermeidlich; nicht zu Unrecht wird in diesem Zusammenhang gern auf die unabhängigen Notenbanken verwiesen. Man sollte sich dabei aber immer im Klaren darüber bleiben, daß es sich hierbei um Ausnahmen und ‚Notlösungen' handelt, die in engen Grenzen gehalten werden müssen, weil – wie oben schon angemerkt – es an der Kontrollierbarkeit dieser Delegierten im allgemeinen hapert. Der sich selbst legitimierende output jedenfalls ist, demokratietheoretisch betrachtet, eine Chimäre; jeder output bedarf zu seiner Legitimierung des vorgängigen und/oder nachträglichen (möglichst beides!) demokratischen inputs.

2. Wege zur Behebung des Demokratiedefizits

Was macht nun auf der input-Seite das europäische Demokratiedefizit aus? Die anfangs erwähnte ‚Standardversion' verortet es vor allem in der unzureichenden Parlamentarisierung der europäischen Entscheidungszusammenhänge⁵, gekoppelt mit der fortschreitenden Delegitimierung (i.S. von Ent-Parlamentarisierung) mitgliedstaatlicher Politik.⁶ Beides zusammen reduziert die Verantwortlichkeit von Politik (auf beiden Ebenen) und führt zu einer Pervertierung (Weiler et al. 1995: 7) der Balance zwischen Exekutive und Legislative bzw. zu einem „parlamentarischen Vakuum" (Chryssochoou 1998: 31f.). Verschärft und besonders akzentuiert wird das Problem durch den Mangel an Transparenz europäischer Politik, der sich wiederum in die mitgliedstaatliche Politik fortpflanzt.

Etwas weiter ausdifferenziert, lassen sich die in der Literatur üblicherweise aufgeführten Einzelelemente des Defizits wie folgt auflisten: (1) Zwar gibt es ein Europäisches Parlament, aber „it simply does not possess the functions of a ‚true' parliament" (Höreth 1999: 253); es ist weder wirklich repräsentativ⁷, noch kann es auf eine europäische politische Infrastruktur aufbauen; (2) die herausgehobene Rolle der Kommission – ernannt und nicht gewählt und darum ohne echte ‚demokratische Basis' – sorgt für den bürokratischen und technokratischen Charakter europäischer Politik; (3) dieser exekutivische *bias* wird verstärkt durch den Rat als Versammlung der Regierungen, der seinerseits als europäisches Organ niemandem verantwortlich ist und dessen indirekte Legitimierung über den mitgliedstaatlichen Parlamentarismus zunehmend in Frage steht; (4) zudem hapert es an der ‚demokratischen Proportionalität' sowohl der EP- wie der Rats-Zusammensetzung, weil die großen Mitgliedsländer jeweils unterrepräsentiert sind; (5) durchgängig fehlt das Element politischen Wettbewerbs, das den europäischen Bürgern erst gestatten würde, eine sinnvolle Beziehung zwischen ihren eigenen Vorstellungen und der jeweils realisierten europäischen Politik herzustellen; (6) vor allem haben die europäischen Bürger keinerlei Möglichkeit „to throw the rascals out" – und zwar auf keiner Ebene, da (abseits nomineller Rechte) allenthalben die wahren Verantwortlichkeiten im Dunklen bleiben. Das ganze läßt sich (in den Worten von Chris Lord 1998: 129) zusammenfassen und charakterisieren als eine „democracy without the people; or, if this sounds too self-contradictory, (as) a system that is based on a plurality of elites, each with its own uneven and unsystematic linkage to public opinion": ein System, das seinen Bürgern keine sinnvolle „choice" erlaubt.

---

5 In der britischen Variante der ‚Standardversion' wird dies gern in den Vorwurf des ‚konsoziationalen' Charakters der europäischen Politik gekleidet (vgl. bes. Beetham/Lord 1998a: 61ff., und Chryssochoou 1998: 178ff.); s. dazu u. (I.2.e.)
6 Für das letztere haben Weiler et al. (1995: 6f.) den schönen Begriff „inverted regionalism" gefunden.
7 Indem sie ein differenziertes Konzept von Repräsentation (das virtual, individual, judgmental, political und mandatory representation unterscheidet; s. hierzu u., II.3.d.) an das EP anlegt, kommt Mather (2000: 25ff. und 105ff.) zu dem Schluß, daß mit dem EP lediglich ‚judgmental representation' verwirklicht sei; darum sei das EP zwar „a representative body but it is not a model of representative democracy." (ebd.: 115)

a. Parlamentarisierung

I.

Diese gängige Liste an Einzeldefiziten (die im Detail noch verlängert werden kann) kreist im Grunde um das Ungenügen des Ensembles europäischer Institutionen *als parlamentarisches System*. Reformvorschläge haben sich dementsprechend im letzten Jahrzehnt überwiegend am Ziel einer Parlamentarisierung der EU orientiert – was insofern überraschen muß, als doch eigentlich allen politikwissenschaftlichen Autoren von vornherein klar sein müßte, daß eine ‚richtige' parlamentarische Demokratie nach dem Westminster-Modell auf ein komplexes Gebilde wie die Union unmöglich passen kann. Zunehmend fangen die betreffenden Beiträge neuerdings in der Tat (im übertragenen Sinne) mit einem ‚Eigentlich ...' an: Eigentlich erfordert das Prinzip der Demokratie die Weiterentwicklung des europäischen Institutionenensembles zum ‚normalen' parlamentarischen Zweikammersystem, sprich die Umwandlung des Rats zur Zweiten Kammer und der Kommission zur parlamentarisch voll verantwortlichen Regierung. Quasi im Kleingedruckten geht es dann zumeist mit Einschränkungen oder Modifikationen weiter, die hier der Reihe nach kurz skizziert werden sollen.

1. Die ‚reine' Parlamentarisierung. Nur noch selten bleibt es heute bei der schlichten und un-modifizierten Forderung nach voller Parlamentarisierung – in Reinkultur zu finden etwa in den Reformprogrammen der Europäischen Strukturkommission (Weidenfeld 1991 und 1994), die gewissermaßen lehrbuchmäßig nachzeichnen, welche Änderungen die Übertragung der wesentlichen Merkmale eines bikameralen (weil zwangsläufig föderalen) parlamentarischen Systems für die europäischen Institutionen und ihre Beziehungen untereinander nach sich ziehen würden (s. bes. Weidenfeld 1991: 27ff.). Typisch für die eben erwähnte Argumentation des ‚eigentlich ..., aber ...' ist dagegen Albert Weale (1999), der das Parlamentarisierungs-Postulat theoretisch aus seiner „demokratischen Prämisse" ableitet, die da lautet: „whenever there are political institutions making authoritative decisions for a population, then those institutions should be accountable to the population in the form of a representative assembly from which a government is chosen based upon the majority of the representatives" (ebd.: 126). Da die europäischen Institutionen eben solche ‚autoritativen Entscheidungen' treffen, ist der Standard, der an legitimes Regieren auch auf europäischer Ebene anzulegen ist, unabweisbar und eindeutig: (1) „the federal tier of government should be directly accountable to the citizens of Europe", d.h. indirekte Legitimierung über die Mitgliedstaaten ist grundsätzlich defizitär (ebd.: 139); (2) solche direkte Legitimierung erfordert „majoritarian representation for those spheres of public policy for which the federal level is accountable" (ebd.); (3) das bedeutet konkret, daß das direkt gewählte Europäische Parlament zum „locus of political power" werden, also eine Machtverschiebung weg von Rat und Kommission hin zum EP stattfinden muß (ebd.: 129).

In diesem puristischen Konzept ist schon das unumgängliche föderative Element (mit der Staaten-Kammer oder dem Senat, den es nach sich zieht) eigentlich nur eine „zweitbeste Lösung" (ebd.: 130). Es ist Teil des ‚aber ...', das der Konstatierung des Prinzips auf dem Fuße folgt: „But is the general direction of these proposals right?" (Weale 1997: 57). Anlaß zum Zweifel geben – z.B. – die Interessen der kleinen Mitgliedsländer, die bei reiner Geltung der Mehrheitsregel unter den Tisch fallen würden, das unterentwickelte Parteiensystem, das die Herausbildung von ‚party government' – der ‚politischen Demokratie' so umstandslos wie zwingend zugeordnet – auf lange Sicht als unwahrscheinlich erscheinen läßt, sowie die fehlende ‚politische Identität'. Die genannten Probleme sind indessen nicht grundsätzlich unlösbar. Vor allem beim kniffligsten, dem der politischen Identität (s.u., II.3.b.), ist Weale eher optimistisch; denn wenn nun schon einmal eine sichtbare neue europäische Entscheidungsebene existiert, „there is no reason in principle why this tier should not form a focal point for political identity" (Weale 1999: 139).

Ähnlich puristisch wie Weale argumentieren David Beetham und Christopher Lord (1998a). Dem als demokratisch hoch defizitär kritisierten Ist-Zustand der EU stellen sie das Idealbild der majoritären Demokratie gegenüber, das allein die Ausübung politischer Macht wirklich zu autorisieren vermag. Also ist volle Parlamentarisierung zu fordern, und hierzu reicht es nicht, ein gewähltes Parlament mit vollen legislativen Kompetenzen auszustatten. Würde man dabei stehen bleiben, wäre das EP „free of pressure to organise a majority"; denn Gesetzgebungs-Mehrheiten „can afford to be fluid while governing majorities need to be stable" (ebd.: 79f.). Der springende Punkt bei der Beseitigung des Demokratiedefizits ist also die Wahl der "European leadership" durch das Europäische Parlament in Verbindung mit der Herausbildung einer stabilen Regierungsmehrheit im Parlament. Was allerdings die Machbarkeit solcher Parlamentarisierung und ihre Angemessenheit für die Union anbetrifft, sind Beetham und Lord um einiges skeptischer als Weale. Was sie besonders beunruhigt, sind die erheblichen Werte-Differenzen und unterschiedlichen politischen Kulturen unter den Mitgliedsgesellschaften. „Ideal answers", so ihre resignative Folgerung, seien im derzeitigen Stadium der Integration darum nicht möglich (ebd.: 85f.): Es sei einfach zu schwierig „to design one European structure that can satisfy the democratic expectations of all."

2. *Verfahrenstechnische Rettung?* Einig sind sich auch die parlamentarischen ‚Idealisten', daß es einer Reihe von Änderungen bedarf, bevor es einen funktionierenden Parlamentarismus auf europäischer Ebene geben kann: Änderungen, bei denen zweifelhaft ist, ob sie ‚von oben' verordnet werden können. Die Kommission gibt sich (ausweislich des Etats der vormaligen DG X) so redlich wie vergebens Mühe, in den europäischen Völkern so etwas wie eine europäische ‚politische Identität' zu erwecken; sie versucht sich – dem An-

schein nach erfolgreicher – mit Anstößen für eine europäische ‚Zivilgesellschaft'; doch welche Möglichkeiten hat sie, den Europäisierungsgrad der europäischen Partei-Föderationen zu befördern? Nicht alle Politikwissenschaftler sind in dieser Hinsicht in gleicher Weise skeptisch. Es müsse schließlich möglich sein – so Simon Hix (1999: 186f.), der allerdings selbst keine eigenen Vorschläge vorlegt[8] –, institutionelle Mechanismen zu entwickeln, die dafür sorgen, daß sich auch in Europa ein Parteienwettbewerb entwickelt. In der Tat lassen sich (einheitliche) Wahlsysteme zum EP so konzipieren, daß sie die nationalen Parteien, z.B. über Anrechnungsverfahren, zur Kooperation schon im Wahlgang förmlich zwingen (s. bes. S. Wolf 2000: 736ff.). Schon die Wahl eines Teils der Parlamentsmitglieder über europaweite Listen könnte bewirken, daß die Abgeordneten die von ihnen zu vertretenden Interessen zumindest teilweise als transnationale definieren (van Parijs 1997: 295ff.) und damit die weitere Europäisierung der Parteien anstoßen.

Detailvorschläge dieser Art (von denen es nicht viele gibt!) beziehen sich gern auf die unabweisbare Problematik der wirksamen Minderheiten-Repräsentanz. Auch diese läßt sich nämlich ‚technisch' durch Wahl- und/oder Abstimmungsverfahren lösen (was denn allerdings stets Abweichungen vom majoritären Ideal und dem demokratischen Prinzip des ‚one man – one vote' impliziert). Philippe Schmitter (2000a: 88f.) z.B. regt hierzu differenzierte Abstimmungen in Rat und Parlament an: Abgestimmt werden soll jeweils in ‚colegii' großer, mittlerer und kleiner Mitgliedstaaten, deren ‚konkurrente' Mehrheiten dann zusammenaddiert werden. Dies scheint ein genialer Schachzug zur Versöhnung von wirklicher Proportionalität (bei der nicht via Stimmengewichtung bestimmte Länder über- oder unterrepräsentiert sind) und dem Schutz der kleinen Mitgliedsländer vor permanentem Überstimmtwerden zu sein. Nur ist die Frage, wie sinnvoll es ist – gerade in praktischer Hinsicht –, die Größe von Staaten zum alleinigen und entscheidenden Kriterium für eine Eingruppierung im Sinne bestmöglicher Repräsentanz zu machen.

Für Abstimmungen speziell im Rat wurden im übrigen vielfach ‚doppelte Mehrheiten' vorgeschlagen, zumeist von Politiker-Seite. Der Vorschlag diente indessen weniger weiterer Demokratisierung als vielmehr der Effektivierung der Entscheidungsverfahren bei gleichzeitiger Wahrung der Interessen der kleineren Mitgliedsländer. Nach zähen Verhandlungen hat auf dem Gipfel in Nizza das Prinzip der ‚doppelten Mehrheit' inzwischen seinen institutionellen Niederschlag gefunden.[9]

---

8   Zwar fordert er, die Nabelschnur zwischen nationalen Parteien und europäischen Parteigruppierungen im EP zu zerreißen und zu verhindern, daß nur die ersteren die Auswahl der MEPs kontrollieren, entwickelt indessen keinerlei konkrete Vorstellungen hierzu.(s. Hix 2000: 109)

9   Bei Mehrheitsentscheidungen im Rat (deren Bereich ausgeweitet wurde) muß auf Antrag eines Mitglieds der qualifizierten Mehrheit von 74.6% der Stimmen eine Mehrheit von Ländern entsprechen, die mindestens 62% der gesamten Bevölkerung der EU vereinen.

3. *Multikameralismus.* Föderalisten würden sagen, daß die kleinen Staaten, die bei ‚demokratischer', nämlich Gleichheit im Zählwert aller Stimmen anzielender Sitzverteilung im EP zu kurz kommen, in der Zusammensetzung einer neu zu schaffenden Zweiten Kammer des Parlaments ausreichend „entschädigt werden" könnten (Emmert 1995: 73) – vorausgesetzt diese erfolgt nach dem sogenannten Senatsprinzip, sieht also Gleich-Vertretung aller Mitgliedstaaten vor. Die Zweite Kammer als ‚Staatenkammer' taucht in praktisch allen Parlamentarisierungs-Varianten auf[10], wenn auch die in Erwägung gezogenen Bauprinzipien variieren. Mehrheitlich favorisiert wird – entgegen dem eben benannten föderalistischen Ideal-Modell – das Bundesratsprinzip (z.B. Weidenfeld 1991: 28f.), sicher nicht zuletzt im Hinblick darauf, die mitgliedstaatlichen Regierungen für eine solche Reform gewinnen zu können; und Regierungen geben nun einmal ungern Entscheidungsrechte ab. Damit bleibt das leidige Stimmengewichtungs-Problem allerdings ebenso auf der Tagesordnung wie das des Bedeutungsverlusts der nationalen Parlamente.

Was kann man tun, wenn man die Parlamentarisierung will, ein simpler, majoritärer Parlamentarismus aber der komplexen Natur des zu parlamentarisierenden Ganzen ersichtlich nicht gerecht wird? Wo immer als Folge von Integration wie Parlamentarisierung wichtige Akteure aus dem Spiel zu fallen drohen, bietet sich die Einrichtung einer zusätzlichen Kammer an[11]. Zwei Typen vor allem sind in dieser Hinsicht im Gespräch: eine zusätzliche Kammer nationaler Parlamentarier und eine Kammer zur Vertretung der ‚dritten Ebene'. Der letztere Vorschlag, z.B. von der European Constitutional Group (1993) unterbreitet, zielt auf eine Aufwertung des Ausschuß der Regionen ab und ist demokratietheoretisch weniger von Interesse als föderalismustheoretisch, kann er doch als ein ernstzunehmender Versuch gelten, dem Problem des dreistufigen Föderalismus zu Leibe zu rücken (s. hierzu auch Abromeit 2002b).[12] Im Demokratisierungs-Kontext ist die in verschiedenen Varianten vorliegende Überlegung, den nationalen Parlamenten ein direktes Mitspracherecht auf europäischer Ebene einzuräumen, von größerer Relevanz. Wiederum kommen entsprechende Vorschläge übrigens vorwiegend von Seiten der Politik, insbesondere – wen wundert es – von Parlamentariern.[13] Die zunehmende Delegitimierung der innerstaatlichen Politik, die Verluste an interner ‚public accountability' auf Grund des Leerlaufens parlamentarischer

---

10 – wenngleich Weale als Vertreter der ‚reinen Lehre' ein unikamerales Parlament für zumindest diskussionswürdig hält (1997: 56f.).
11 – oder auch spezieller ‚Sub-Parlamente'. Philippe Schmitter (2000a: 57) schlägt zur parlamentarischen Lösung des Problems der ‚variablen Geometrie' europäischer Politik die Etablierung von „functional subparliaments" vor, in denen nur die jeweils betroffenen Mitgliedsländer vertreten sind. Der Vorschlag ist allerdings wenig konkretisiert.
12 Auch andere Vorschläge zur Etablierung einer „Dritten Kammer zur Vertretung der Dritten Ebene" werden im Folgenden darum nicht weiter diskutiert.
13 Ein belgischer Abgeordneter soll hier den Anfang gemacht haben. Bekannt geworden ist vor allem der Vorschlag des französischen Senats (Guéna-Report 1995). S. aber auch Leon Brittan 1994.

Kontrollrechte und der reduzierten Verantwortlichkeit der Regierungen werden heute aber auch von praktisch allen Politikwissenschaftlern als zentraler Aspekt des europäischen Demokratiedefizits eingestuft (s.o.). Dieser Teil des Defizits – so die sich anschließende These – läßt sich nicht durch Stärkung eines europäischen Parlaments kompensieren, die ja eher umgekehrt den Bedeutungsverlust der nationalen Parlamente beschleunigen wird; er ruft vielmehr nach irgendeiner Art von Verkoppelung von Europäischem Parlament und mitgliedstaatlichen Parlamenten – zumindest nach einer arbeitsteiligen Kooperation zwischen beiden (so Lord 1998: 58f.).

Bloße Kooperation oder auch gelegentliche gemeinsame Sitzungen (wie die *assizes*) dürften zum Ausgleich für das konstatierte Defizit kaum ausreichen. Eine eigene Kammer erscheint vielversprechender. Die Frage ist, ob sie als Zweite oder Dritte Kammer konzipiert wird – oder gar als Erste, wie das in Joschka Fischers Humboldt-Rede (2000) aufscheint. Der Bundesaußenminister stellt sich offenbar ein europäisches Zweikammer-Parlament vor, dessen erste Kammer „durch gewählte Abgeordnete besetzt wird, die zugleich Mitglieder der Nationalparlamente sind." Was die zweite Kammer betrifft, hat er sich zwischen Senats- und Bundesrats-Modell nicht festlegen mögen, ebensowenig in der Frage, ob die künftige europäische Regierung aus dem Rat (was beim Senatsmodell wohl zwingend wäre) oder aus der Kommission hervorgehen soll (s. hierzu u., 4. in diesem Kap.). Der die Erste Kammer betreffende Vorschlag ist demokratie- und parlamentarismustheoretisch so atemberaubend, daß verwundern muß, ihn in der Politikwissenschaft nicht häufiger diskutiert zu finden.[14] Er könnte darauf hinauslaufen, das Rad der bisher erfolgten Parlamentarisierung der Union ein Stück zurückzudrehen, oder aber darauf, daß entweder die EP- oder die nationalen Parlamentswahlen (ggf. beide) zu ‚gemischten' Wahlen mit unklarem Repräsentationsziel mutieren (denn wer wird unter welchen Gesichtspunkten für welche Vertretung gewählt ...?). Jedenfalls ist nicht ersichtlich, wie aus einer derart hybriden Veranstaltung ein Legitimierungseffekt – für welche Ebene auch immer – herausspringen kann. Sollte es in der Absicht des Verfassers gelegen haben, durch diese Art der Verklammerung den Bedeutungsverlust der nationalen Parlamente aufzuhalten, wäre der Zweck verfehlt. Auch die Intention des Abbaus möglicher Gegensätze zwischen den Parlamenten beider Ebenen ist auf solche Weise nicht wirklich zu realisieren, da die Europa-Abgeordneten, so sie denn ihren Job ernst nehmen, im nationalen Parlament kaum je präsent sein dürften.

---

14 Auf dem von J.H.H. Weiler u.a. veranstalteten „Symposium: Responses to Joschka Fischer" (2000) problematisiert genaugenommen nur ein einziger Beitrag (Holzinger/Knill) diesen Vorschlag als zugleich „entdemokratisierend" und „renationalisierend". Andere Beiträge kritisieren Fischers Ambivalenz im Hinblick auf das deutsche und das amerikanische Föderalismus-Modell (Börzel/Risse) oder diskutieren die föderalistische Zielvorstellung als solche. Kritisch zur Fischer-Rede s. im übrigen Lepsius 2000 (S.273) und Kohler-Koch 2000b.

Würde eine Kammer aus nationalen Abgeordneten als Zweite, also als Staatenkammer konzipiert (was, soweit ich sehe, nicht ernstlich debattiert wird), müßte logischerweise die jetzige ‚Proto-Staatenkammer', der Rat, in die Rolle einer Regierung hineinwachsen. Die föderalistisch betrachtet unabdingbare ‚Staatenvertretung' wäre damit allerdings dubios, weil nationale Parlamentarier nun einmal nach anderen Kriterien gewählt werden als Staatenvertreter nach dem Senatsmodell: Im einen Fall spielen innerstaatliche, im anderen (idealtypischerweise) supranationale Entscheidungsgründe die ausschlaggebende Rolle; d.h. wir stünden vor ähnlichen Repräsentationsproblemen wie beim Fischer-Vorschlag.

Angesichts solcher konzeptioneller Dilemmata ist es kein Wunder, daß die Vertretung der nationalen Parlamentarier zumeist als zusätzliche Dritte Kammer konzipiert ist. Das löst das Repräsentationsproblem, wirft aber Kompetenzprobleme auf, denn wofür soll eine solche Dritte Kammer zuständig sein? Der französische Senat (s. Guéna 1995) stellt sich vor, daß ein europäischer Senat kontrollierend und beratend in Angelegenheiten der ‚zweiten und dritten Säule' tätig wird sowie die Einhaltung des Subsidiaritätsprinzips überwacht. Im Verfassungsentwurf der European Constitutional Group (1993) dagegen wäre die entsprechende Vertretung gleichberechtigter Teil eines Dreikammersystems mit besonderen Einspruchsrechten in Kompetenzverteilungsfragen. Sobald auch nur annähernde Gleichberechtigung der Kammern angezielt ist, entpuppt der Multikameralismus sich selbst als das Problem, das zu lösen er vorgibt. Zunächst weckt er praktische Bedenken; sie richten sich zum einen auf Effektivitätsverluste und vermehrte „pork barrel tendencies" bzw. Kungelgeschäfte (Weale 1997: 59), zum anderen ist zu befürchten, daß eine solche Dritte Kammer vermutlich keine eigenständige Rolle spielen kann. Wahrscheinlicher ist, daß ihre Entscheidungen die des Rats quasi verdoppeln (schließlich sind die jeweiligen Parlamentsmehrheiten im allgemeinen *Regierungs*mehrheiten); sie würde darum bestenfalls symbolische Funktionen erfüllen (s. Abromeit 1998a: 40ff.).[15]

Schwerwiegender ist indessen ein systematischer Einwand. Der Multikameralismus stellt nämlich die Parlamentarisierungsstrategie als solche in Frage, ist er doch die mißglückte Reaktion auf die – bestenfalls halb eingestandene – Einsicht, daß majoritäre Formen der Demokratie zur Demokratisierung der EU nicht taugen, ihr in ihrem jetzigen Zustand nicht angemessen sind. Zusätzliche Kammern – ähnlich übrigens wie ‚concurrent majorities' – sind nichts anderes als die kaschierte Abkehr vom majoritären Prinzip; sie laufen auf die Etablierung von Super-Majoritäten und damit auf einen ‚un-

---

15 Eine interessante Version hat übrigens der Economist vorgelegt. Sie sieht eine Zurückstufung des (stark verkleinerten!) EP vor und schreibt dem ‚Council of Nations' als Vertretung der nationalen Parlamentarier die Aufgabe des „constitutional oversight" zu. Bemerkenswert ist auch die projektierte Änderung im Rat, in dem jedes Land nur noch mit *einer* Stimme vertreten sein soll (The Economist, Oct. 28th, 2000: 22ff.).

echten' Parlamentarismus hinaus. Während Vorschläge zu innovativen Wahlverfahren (s.o., 2. in diesem Kap.) auf eine Verbesserung der Infrastruktur eines europäischen Parlamentarismus abzielen, verraten die Advokaten des Multikameralismus letztlich ihr eigentliches – parlamentarisches – Projekt.

4. *Präsidialisierung als Alternative.* Angesichts der Schwierigkeiten mit der parlamentarischen Variante der repräsentativen Demokratie suchen einige Kollegen das Heil in der präsidialen Variante oder fragen sich zumindest, ob das Demokratiedefizit nicht auch durch direkte Legitimierung der europäischen Exekutive vermindert werden kann. Schon 1986 hat Vernon Bogdanor vorgeschlagen, analog zum amerikanischen System den Kommissionspräsidenten direkt wählen zu lassen. Wie die Dinge liegen, so seine Argumentation, würde die bloße Direktwahl des EP in einem – dem italienischen Parlamentarismus oder dem französischen der IV. Republik vergleichbaren – ‚unverantwortlichen' und instabilen Parteiensystem und im Mangel an „effective leadership" resultieren (1986: 174). Dagegen hätte die Direktwahl des Kommissionspräsidenten mit ihrer „inherently bipolar logic" (ebd.: 175) nicht nur den Effekt, so legitime wie effektive „political leadership" zu produzieren; überdies würde sie die politische Relevanz („salience") Europas in den Köpfen der Bürger fester verankern und ihr politisches Interesse auf europäische Fragen fokussieren (ebd.: 175f.). In dieser Lesart kann man bei der Präsidentenwahl, anders als bei Parlamentswahlen, auf das vorgängige Vorhandensein der entsprechenden Infrastruktur – sprich: europäischer Parteien – weitgehend verzichten.[16] Auch ohne sie wären die Parteien-Föderationen nämlich gezwungen, untereinander Bündnisse einzugehen sowie so etwas wie konkurrierende europäische Politik-Programme zu präsentieren (s. Hix 1998b: 45), was ein entschiedener Vorteil gegenüber dem Ist-Zustand wäre, bei dem der europäische Wähler von den allein für die Wahlkampfführung zuständigen nationalen Parteien zumeist gar keine europäischen Themen vorgesetzt bekommt. Im Idealfall könnte es sich bei der Wahl des Kommissionspräsidenten also um eine wirklich transnationale Wahl handeln.

Bogdanor und Hix nennen als zweiten Vorteil einer Präsidialisierung, daß das majoritäre Element bei dieser Personalwahl nicht notwendigerweise das System insgesamt zu einem majoritären machen müßte; der legislative Prozeß könnte weitgehend konsensual bleiben und den Untereinheiten überdies ein hinreichendes Eigenleben erlauben. Was sie nicht erwähnen, sind die wahrscheinlichen Nachteile des Vorschlags. Deren wichtigster dürfte sein, daß Präsidentschaftskandidaten mit einiger Wahrscheinlichkeit nach wie vor zwischen den nationalstaatlichen Politikern ausgehandelte Kompromißkandidaten und daher nur begrenzt in der Lage wären, eine eigenständige europäi-

---

16 „... this would give European citizens someone to throw out, without having to rely on cohesive EP parties to translate voters' preferences into executive selection" (Hix 1998a: 53).

sche Agenda zu entwickeln. Solange die europäische Infrastruktur unterentwickelt ist, käme der ins Auge gefaßten reinen Personalwahl, selbst wenn sie mehr europäische Wähler hinter dem Ofen hervorlocken sollte als bisher die Wahlen zum Europäischen Parlament, doch kaum mehr als symbolische Qualität zu; sie würde die Legitimität europäischer Politik nicht wirklich erhöhen. Die europäischen Bürger könnten sich nicht stärker als bisher auf europäischer Ebene ‚vertreten' sehen; der Zugewinn bliebe auf den Show-Teil der Politik beschränkt.

Die direkte Legitimation der europäischen Politik könnte aber auch am Ministerrat ansetzen. So regt Michael Zürn an, daß die nationalen Vertreter im Rat „von den nationalen Wählern direkt und getrennt von der Bestellung der nationalen Regierung bestimmt werden" sollten (1998: 353); damit, so glaubt er, wäre der Rat „als kollektives Organ legitimiert". Doch wäre er dies mitnichten, denn als kollektives Organ ist er ein europäisches, das nur von den europäischen Bürgern legitimiert werden kann. Innerstaatlich dagegen dürfte der Zürnsche Vorschlag chaotische und destabilisierende Konsequenzen zeitigen – wenn z.B. die Wähler beschließen, Vertreter der mitgliedstaatlichen Opposition in den Rat zu entsenden.

II.

Ob in ihren parlamentarischen oder präsidialen Versionen bleiben Entwürfe zur Weiterentwicklung einer europäischen repräsentativen und im Grundkonzept majoritären Demokratie unbefriedigend. Vor allem an der parlamentarischen Variante wird kritisiert, daß sie das diagnostizierte Legitimationsdefizit nicht nur nicht behebt, sondern im Gegenteil ihrerseits delegitimierend wirken kann. Angesichts des *sui generis*-Charakters der Union, so Renaud Dehousse (1995: 119), „it could be argued that the strengthening of the European Parliament and of European parties, far from solving the current legitimacy crisis, as is often alleged, might in some respects aggravate it." Hauptgrund hierfür ist seiner Ansicht nach die föderalistische Erfahrung, "that the majoritarian features of parliamentary systems are often detrimental to centre-periphery relations." Im wesentlichen ist dies der zentralisierenden Wirkung majoritärer Gesetzgebung auf Bundesebene zuzuschreiben. Die Direktwahl des Kommissionspräsidenten (statt seiner Wahl durch das Parlament) würde an diesem Befund zunächst nichts ändern (so auch Decker 2001: 37, der sich von der Präsidialisierung gleichwohl einen „bedeutenden Demokratisierungsschub" erhofft), so daß der Einwand cum grano salis auch für die präsidiale Variante gilt, wenngleich institutionalisierte ‚checks and balances' hier den Trend ggf. zu verlangsamen vermögen.

Zumeist setzt die Kritik an beiden Modellen jedoch grundsätzlicher an. Ich selbst habe mehrfach darauf hingewiesen (s. bes. 1998a: 35ff.), daß *allein* über repräsentative (parlamentarische) Institutionen im Zentrum der Union deren Demokratiedefizit nicht wirklich zu beheben ist, solange die Repräsentationsbasis – auf Grund von Offenheit, ‚variablen Geometrien' u. dgl. – unklar ist. Parlamentarische Mehrheitsentscheidungen im Zentrum, die naturgemäß auf Geltung ‚für alle' abzielen, würden dann vielfach bedeuten, daß Nicht-Betroffene über Betroffene entscheiden, und folglich die eingangs erwähnte Kongruenz-Bedingung der Demokratie verletzen (hierzu s. weiteres u., III.1.). Ähnlich argumentierend betont Philippe Schmitter (2000b: 46 und 1997: 29ff.) zudem den üblicherweise ausschließlich territorialen Charakter parlamentarischer Repräsentation, der dem funktionalen Charakter europäischer Politik nicht gerecht werde[17]. Die zweite Stoßrichtung der Kritik zielt auf die Fiktion der europäischen Mehrheit, die an der Realität der extremen Segmentierung der europäischen Gesellschaft(en) vorbeigeht. Parlamentarische Mehrheiten, selbst Super-Majoritäten, können hier im Prinzip nur künstliche sein und werden immer wieder das Gefühl des Nicht-Vertreten-Seins hervorrufen und folglich Frustration an der Basis erzeugen. Andere Kritiker – man darf sagen: die überwiegende Mehrheit – nehmen die Heterogenität der europäischen Völker zum Anlaß, das Fehlen einer ‚europäischen Identität' und eines ‚europäischen Demos' zu beklagen; es sei vor allem dieser Mangel, der verhindere, daß europäische Wahlen, seien es nun die zum Parlament oder die des Präsidenten, die von ihren Befürwortern unterstellte Legitimierungswirkung entfalten (s. als ein Beispiel für viele Lepsius 2000).

Eine Reihe von Einwänden kann man zu entkräften versuchen. Chris Lord z.B. (1998: 72) weist darauf hin, daß das EP mittlerweile eine konsensuale Arbeitspraxis entwickelt habe, „that accommodates multi-dimensionality". Damit ist der oben genannte Einwand gegen die fiktive bzw. künstliche Majorität allerdings noch nicht hinfällig, wie Lord selbst einräumt, denn „the pattern of supermajoritarian coalition formation I have outlined may lead MEPs to drift substantially from the ‚ideal positions' they share with their electorates", womit denn die „representativeness of the EP" in Frage steht (ebd.: 73).[18] An der Identitäts-Problematik dagegen kommt offenbar niemand vorbei.[19] Zusammen mit der vielberufenen *sui generis*-Natur (aber s. dazu Abromeit 2002b) erweist sie sich als die Barriere, an der sich das Gros der Politikwissenschaft die Köpfe einrennt. Denn „a political system should cor-

---

17 In einer seiner neueren Veröffentlichungen regt Schmitter (2000a: 59ff.) an, dieses Manko durch Anwendung seines früher (1994) entwickelten *voucher*-Konzepts zu beheben. Demzufolge könnten Wähler zusammen mit ihrer Wahlentscheidung ihre Präferenzen im Hinblick auf organisierte Interessen (die dadurch „semi-public status" errängen) kundtun. Kritisch zur Tauglichkeit des Konzepts für die EU s. Abromeit 1998a: 77f..

18 So kritisieren denn auch die Medien gelegentlich die ‚Unsichtbarkeit' des EP und seinen mangelnden Konnex zu den europäischen Wählern; s. z.B. The Economist Febr. 24th 2001 („For Europe's Parliament, power without love").

19 „But the no-demos problem would still remain: in a multinational polity, the losers of a majoritarian contest would not accept the winners as legitimate" (Hix 1998a: 53). Indessen, so Hix, besteht Hoffnung, denn ein europäischer Demos werde sich ohne europäische Demokratie kaum entwickeln können; „In other words, a real European electoral contest could be the ‚democratic baptism' of a European democratic community" (ebd.).

respond to a felt sense of political identity" (Lord 1998: 15); wo dieser fehlt, scheint Demokratisierung so unmöglich wie sinnlos. Da erübrigt es sich eigentlich sogar, nach alternativen Standards abseits der gewohnten majoritärrepräsentativen zu suchen. So macht denn Resignation sich breit: „a deficit of democracy will remain endemic to the EC as long as the Member States remain, for their people, the principal focus of collective loyalty and the real arena for democratic politics." (Majone 1998: 14)

Die meisten neueren Beiträge seitens der ‚Parlamentarisierer' enden in Ratlosigkeit. Die üblichen Kriterien der Legitimation politischer Systeme sind offenkundig transnational nicht anwendbar; gleichwohl erfordert die EU – ob als Prozeß oder als ‚state of affairs' – „normative justification" (Beetham/Lord 1998b: 32); nur welche? Warum in dieser Situation nicht gleich zur „Verteidigung des Demokratiedefizits" übergehen? Sverker Gustavsson (1998 und 2000) unternimmt einen solchen Versuch unter der Überschrift „provisional suprastatism", kommt dabei aber seinerseits (auch nach eigener Einschätzung) zu keinem befriedigenden Ergebnis. Denn „provisional suprastatism" hypostasiert die Rolle der mitgliedstaatlichen Regierungen und postuliert eine Reversibilität der Integration, die es längst nicht mehr gibt. Resignativ vermerken schließlich Beetham und Lord (1998a: 91f.), daß die EU sich wohl noch auf lange Zeit mit einer Art von „dual legitimation" (d.h. der Kombination von erodierender indirekter Legitimation über die Mitgliedstaaten und defizitärer direkter Legitimation auf europäischer Ebene) werde einrichten müssen, ebenso wie mit all den negativen Begleiterscheinungen von „extremer Konsensusdemokratie", als da sind „crisis and stress", Frustration, Immobilismus, Intransparenz usw. usf. – ein Schreckensbild fürwahr. Angesichts dessen erscheint es fast als Trotz-Reaktion, darauf zu beharren, daß im Hinblick auf das EP und seine Entwicklungsmöglichkeiten „the outlook is not as gloomy as it might appear. It should not claim to be the central legitimising factor in the EU, but still a highly important one. Its strength lies in providing a public arena of debate and political discussion ... In this sense, Parliament is and will ever more be a kind of symbol for this European polity ..." (Wessels/Diedrichs 1997: 10).

b. Post-Parlamentarismus

I.

Unabhängig von der europäischen Integration haben indessen die nationalstaatlichen Parlamente längst nicht mehr (alle) die Position inne, die ihnen lehrbuchmäßig zuzukommen hätte. Das Stichwort ‚kooperativer Staat' belegt, daß gesamtstaatliche Entscheidungen sich aus den Parlamenten in Verhandlungssysteme zwischen der Exekutive und Interessenten bzw. potenten Adressatenkreisen verlagern. Auch innerstaatlich stehen Transparenz, ‚public accountability' und die Gleichheit politischer Beteiligung zunehmend in Frage, sind die entscheidenden normativen Postulate der parlamentarischen Demokratie nur noch unzureichend erfüllt, gibt es Demokratiedefizite. Warum also ein Ideal, das schon in den Mitgliedstaaten nicht mehr recht zu realisieren ist, an einen supranationalen Entscheidungszusammenhang anlegen?

Ohne gleich das Kind mit dem Bade auszuschütten, d.h. einer bloßen output-Legitimierung das Wort zu reden, hat Arthur Benz eine Reihe von Arbeiten vorgelegt, die unter der Überschrift ‚Post-Parlamentarismus' der input-Legitimierung via Parlamente einen wenn auch begrenzten Stellenwert zu erhalten versuchen. Basis seines „europafähigen Demokratiekonzepts" (1998a) sind zwei generelle Überlegungen: (1) Demokratie kann (im Anschluß an Sartori) heute nur noch als ein Netz von verschiedenen Entscheidungsprozessen in verschiedenen Institutionen und Arenen verstanden werden (Benz 1998b: 201); sie ist im übrigen grundsätzlich als repräsentative konzipiert. (2) Entscheidungsfindung erfolgt im ‚verhandelnden Staat' (und insbesondere in Mehrebenensystemen) optimalerweise (und das heißt für Benz: wenn sie nicht in ‚Politikverflechtungsfallen' versickern soll) in „loser Kopplung" zwischen Ebenen bzw. Arenen (Benz 2000: 109ff.). Lose Kopplung bedeutet vor allem, daß eine Ebene oder Arena der jeweils anderen gegenüber nicht über eine Vetoposition verfügt, sondern im wesentlichen über „Informationsbeziehungen" in bestimmten Stadien des Entscheidungsprozesses mit ihr verbunden ist (ebd.: 109).

Die Europäische Union ist nun nach unbestrittener Ansicht aller Politikwissenschaftler nicht nur als Mehrebenensystem, sondern zudem als mehrdimensionales Entscheidungssystem zu charakterisieren. Repräsentation findet hier auf mehreren, unterschiedlichen Wegen statt (Benz 1998a: 350ff.): Zum einen sind die europäischen Völker als jeweils ganze Entitäten im Rat repräsentiert; Benz nennt dies die „gouvernementale Repräsentation" und kennzeichnet sie als vermittelte. Direkt und unvermittelt sind die europäischen Bürger im EP repräsentiert. Diese zweite, die parlamentarische Form der Repräsentation – deren ‚unvollständiger' Charakter (unvollständig wegen der begrenzten Rechte des EP) nach verbreiteter Meinung den Kern des Demokratiedefizits ausmacht – wird von einer dritten, der „assoziativen" Form der Repräsentation flankiert. Den drei Repräsentationsformen entsprechen drei verschiedene Politik-Arenen: die Arena intergouvernementaler Verhandlungen, die parlamentarische Arena und die Arena der Interessenvermittlung in Ausschüssen und „mehr oder weniger formalisierten Netzwerken und Beratungsgremien" (ebd.: 351). Zwischen ihnen bestehen Konflikte und Spannungen, und zwar nicht nur wegen der unterschiedlichen Interessenstrukturen, die sich in ihnen zur Geltung bringen. Spannungen erwachsen zumal aus den unterschiedlichen und nur schwer zu vereinbarenden Handlungslogiken und -imperativen: öffentliche Debatte hier, selektives Aushandeln dort.

‚Lose Kopplung' der Arenen untereinander soll diese Konflikte entschärfen und Vereinbarkeit herstellen. Dem Benzschen Konzept entsprechend erfolgt die Kopplung in der Weise, daß zwar in jeweils einer Arena die Entscheidung fällt, aus den jeweils anderen aber, z.b. in Form von Initiativen und spezieller Information, ein gewisser input kommt, der ggf. in die Entscheidungsfindung eingeht. Das mag realiter um so eher der Fall sein, als die Arenen zumindest teilweise personell und durch informelle Interaktion miteinander verbandelt sind.[20] Entscheidungen in einer der Arenen würden demzufolge die in den anderen Arenen zwar nicht determinieren, wohl aber beeinflussen können: „Decisions in one arena do not create constraints for decision-making in another but ... set a cognitive framework of ideas and values" (Benz 1999, ms.: 16). So kann es nicht zu Pattsituationen kommen, aber – so die Hoffnung – zu allseits befriedigenden Ergebnissen.

Die erste Frage, die sich dazu aufdrängt, ist die nach der Art der „Funktionsdifferenzierung" zwischen den Arenen: Wer ist wofür zuständig? Die allgemeine Regel, die Benz vorschwebt (1998a: 358f.), ist die, daß in allen Politikfeldern, in denen die EU „über die ausschließliche Kompetenz verfügt", die parlamentarische Arena die Entscheidungsinstanz zu sein hätte, in allen Politikbereichen dagegen, „die als Mehrebenensysteme organisiert sind" (wie z.B. die Strukturfondsförderung), die intergouvernementale Verhandlungsarena dominiert. Für die Interessenvermittlungs-Arena allerdings ist kein Zuweisungs-Kriterium formuliert. Die zweite Frage ist die nach dem demokratischen Charakter des lose verkoppelten Systems, das doch offenbar primär auf die Vermeidung von Entscheidungsineffizienz (in Gestalt von Politikverflechtungsfallen) hin konzipiert ist. „Effektive Kooperation ist nur möglich in oligarchischen, elitären, intransparenten und selektiven Politikstrukturen" (1998b: 212); das ist ein deutlicher Kontrast zu den von Benz selbst benannten Demokratie-Merkmalen der politischen Gleichheit sowie der Öffentlichkeit und Kontrollierbarkeit politischer Entscheidungsprozesse (ebd.: 202). Sein drittes Definitionsmerkmal indessen ist (in Anlehnung an Scharpf 1970) das der Effektivität von Problemlösungen, und diesem Effektivitätspostulat läuft die Intensivierung demokratischer Beteiligung und parlamentarischer Kontrolle im Zeitalter des ‚kooperativen Staates' häufig zuwider.

Gleichwohl schlägt Benz sich nicht auf die Seite der ‚output-Legitimierer', sondern sucht im Sinne seiner eigenen Demokratiedefinition nach Ansatzpunkten, die sein post-parlamentarisches Modell abseits des Effektivitätsarguments als tendenziell demokratisch erscheinen lassen könnten. Zum einen ist dies die Erwartung vermehrter Öffentlichkeit: Die lose Verkopplung der intergouvernementalen und der assoziativen Verhandlungsarenen mit der parlamentarischen Arena werde die Transparenz des Ganzen auf Dauer erhö-

---

20 Ohnehin ist das ‚Raumschiff Europa' in Brüssel äußerst kommunikativ und hängt alles mit allem ‚irgendwie' zusammen – untereinander, aber ohne Bodenhaftung.

hen. Hoffnung wird auch auf demokratische Impulse beim Agenda-Setting und beim Durch-Filtern von Werten gesetzt. Und schließlich nimmt Benz neuerdings eine ‚deliberative Wende', indem er darauf baut, daß informelle „policy communities" sich zu „forums of a deliberative democracy" weiterentwickeln (1999, ms.: 16). Da er dabei nur das übernimmt, was Vertreter der betreffenden demokratietheoretischen Richtung ins Feld zu führen haben, kann man die Diskussion des Benzschen Konzepts hier abbrechen und auf den nächsten Abschnitt verweisen. Als einzige darüberhinausgehende Konkretisierung bietet er die nationalen „Committees of European Affairs" an (ebd.: 18f.), was insofern unbefriedigend bleibt, als die angesprochenen Ausschüsse als Parlamentsausschüsse nicht *prima facie* die drei Arenen europäischer Politik zu verbinden vermögen – ganz abgesehen davon, daß ihre Debatten zwar formell öffentlich sein mögen, in den jeweiligen Ländern bisher aber auf keine öffentliche Resonanz stoßen.

II.

Das post-parlamentarische Konzept einer „europafähigen Demokratie" mag in der Tat ‚europafähig' sein; es ist die demokratische Komponente, die in Zweifel steht. Es ist bestechend und überraschend, insofern es Kernelemente dessen, was gemeinhin als Demokratiedefizit identifiziert wird – namentlich der exekutivische Charakter europäischer Politik, ihr Versickern in so informellen wie intransparenten Netzwerken und die fehlende Verantwortlichkeit – zu Ansatzpunkten post-parlamentarischer Demokratie um-erklärt. Doch weder konventionellen noch radikalen Demokraten vermag dies einzuleuchten; sie werden eher befürchten, daß es sich bei dem theoretisch immerhin anspruchsvollen Konzept letztendlich um nichts weiter als eine affirmative Uminterpretation dessen handelt, was ist. Zudem bleiben (mindestens) zwei Fragen offen: (1) Auch Benz' differenziertes Modell politischer Repräsentation löst nicht das Problem der ungewissen Repräsentationsbasis, das in funktionaler Hinsicht ja noch viel diffiziler ist als in territorialer; (2) die ‚funktionale Differenzierung' zwischen den drei Arenen, d.h. die Zuständigkeitsverteilung zwischen ihnen, erscheint beliebig, ist jedenfalls unter demokratie- wie föderalismustheoretischen Aspekten – vage wie sie ist – unbefriedigend.

c. Deliberative Gremien

I.

Im Grunde laufen auch die Vorschläge der Vertreter der deliberativen Demokratietheorie auf eine Variante post-parlamentarischer Demokratie hinaus. Darüberhinaus entwickeln sie spezifische Standards, die die Praxis des Parlamentarismus in den Mitgliedstaaten tendenziell als defizitär erscheinen lassen und dem Post-Parlamentarismus eine besondere Weihe verleihen. Ausgangspunkt der Überlegungen ist die Abwertung der gängigen „voluntaristischen Logik von Interessenverfolgung, öffentlicher Willensbildung und politischer Entscheidungsfindung" und deren – möglichst auch praktische – Ersetzung durch ein (an Habermas orientiertes) diskurstheoretisches Ideal des „öffentlichen Vernunftgebrauchs" (Schmalz-Bruns 1999: 188; s. im übrigen u., II.2.e.). Dieses legt die Verlagerung von Politik in „dezentrale Prozesse der Entscheidungsfindung in deliberativen Arenen" (ebd.: 189) nahe. Das hat den Charme – und das ist auch der Anspruch des Ansatzes –, eine Konzeptualisierung von demokratischer Politik abseits von Nationalstaaten zu erlauben.

Für die Debatte in ‚deliberativen Arenen' gelten Postulate, die sich unter dem Begriff des „epistemischen Prozeduralismus" zusammenfassen lassen: (1) Die Teilnehmer erstreben Problemlösung, nicht Interessendurchsetzung; (2) sie rechtfertigen ihre Positionen mit ‚Gründen', die für alle einsehbar und ‚zumutbar' sind und dem Licht der Öffentlichkeit standhalten können; (3) die Problemlösung basiert auf Information und Wissen, d.h. sie ist zugleich auch ‚Verständigung'; (4) nicht Interessen werden aggregiert, sondern es wird ein Konsens gesucht, der aus Lerneffekten bei allen Beteiligten resultiert. Und natürlich müssen sich alle Teilnehmer gegenseitig als Gleiche akzeptieren, deren ‚Gründen' in gleicher Weise Respekt zu zollen ist (zum „mutual respect" s. bes. Gutmann/Thompson 1996: 52ff.). Zudem bedarf es institutioneller Vorkehrungen, die größtmögliche Inklusivität der betreffenden Arenen bzw. Gremien sicherstellen, indessen selten konkretisiert und spezifiziert werden. Zumeist bleibt es beim Verweis auf die nötige Verkopplung mit den assoziativen Strukturen der Gesellschaft, sprich auf die ‚Zivilgesellschaft', sowie auf die Notwendigkeit einer ‚neutralen' Instanz, die ein unparteiisches Diskussionsklima garantiert. Ungewiß ist, ob zu den institutionellen Bedingungen auch die Gewährleistung von Öffentlichkeit gehört. Theoretisch müßte dies so sein, da erst Öffentlichkeit den Zwang zur Rechtfertigung an ‚guten Gründen' konstituiert; doch verschwimmt gelegentlich, ob dies tatsächlich öffentliche Verfahren impliziert oder doch vielleicht die ‚inklusive' Zusammensetzung eines deliberativen Gremiums dieses schon zu einem (quasi-) öffentlichen macht. Jedenfalls scheint dort, wo die deliberativen Arenen sich zu deliberativen Gremien verdichten, der Fall nicht immer eindeutig.

Fragt man nach den ‚alternativen Standards' von Demokratie, die aus dem hier nur knapp skizzierten Ansatz abzuleiten sind, so erfährt man zunächst, was alles *nicht* dazu gehört. Die demokratische Qualität im transnationalen Raum läßt sich demnach nicht (zumindest nicht ausschließlich) messen am Vorhandensein bestimmter Institutionen, nicht am Vorliegen der Mehrheitsregel, nicht einmal unbedingt an der Praxis von Wahlen und Abstimmungen. Ein entscheidendes Kriterium dagegen wäre die Existenz (1) von Problemlösungszusammenhängen mit (2) größtmöglicher zivilgesellschaftlicher Beteiligung sowie (3) einer ‚öffentlichen Sphäre', in der der

Prozeß der Problemlösung initiativ wie evaluativ begleitet wird. „Inclusion, freedom, equality, participation and open agenda" sind Merkmale einer als „set of argumentative or communicative presuppositions and procedural conditions" umdefinierten Demokratie (Eriksen/Fossum 2000: 32), die zugleich den traditionellen Standard der Kongruenz nicht nur beibehält, sondern via Inklusivität und Partizipation sogar besser zu erfüllen verspricht als die herkömmliche parlamentarische Demokratie.

II.

Wie läßt sich nun dieser Ansatz auf den europäischen Kontext anwenden? Die meisten Beiträge (von denen es inzwischen viele gibt!) bleiben eher nebelhaft, was insofern wenig verwundert, als die entscheidenden Vorbedingungen der deliberativen Demokratie, nämlich die europäische Zivilgesellschaft und die europäische Öffentlichkeit, noch in den Kinderschuhen stekken (s. Richter 1999: 145ff. und 160ff.). Transnationale deliberative Politik „is largely about questioning, criticizing and publicizing" (Dryzek 1999: 45). Ein solches Konzept verträgt sich zwar theoretisch bestens mit "fluiden Grenzen" (ebd.: 44), doch ist ihm praktisch der Boden entzogen, wenn es an der (sprach-)grenzüberschreitenden ‚public sphere' fehlt. Immerhin besteht die Hoffnung, daß über die Ausweitung schon bestehender Teilöffentlichkeiten (s.u., I.2.d.) sowie über vermehrte „plurale Netzwerkbildung" mittelfristig sowohl eine „verbesserte Inklusion der Bürgerinnen und Bürger" als auch eine „Förderung argumentativer Dispositionen von Beteiligten" in „funktional gestifteten und assoziativ vermittelten Handlungszusammenhängen" erreichbar ist und somit die Möglichkeit der „supranationalen Transformation der Demokratie" in greifbare Nähe rückt (Schmalz-Bruns 1999: 83, 86). Hierzu vermerkt Christian Joerges (2000: 156) zu Recht, man „wüßte ... dennoch gern Konkreteres über die Institutionalisierung der direkt-deliberativen Polyarchie in europäischen Kontexten".

Konkreter werden in der Tat Joerges und Neyer, wenn sie Elemente eines „deliberativen Supranationalismus" bereits in bestehenden Merkmalen des europäischen Entscheidungssystems ausmachen. In ihren vielbeachteten Beiträgen zum Thema haben sie die Praxis der Komitologie hierauf befragt und sind zu erstaunlichen Schlüssen gekommen: „comitology (is) ... a locus of deliberative proceedings" (Joerges 1999: 320). Überraschend ist ihr Urteil insofern, als Jürgen Neyer sich empirisch ausgerechnet mit dem Lebensmittelsektor beschäftigt hat. Doch interessierte dabei von vornherein nicht die Entscheidungsmaterie als solche, auch nicht der Entscheidungs-output im einzelnen, sondern die Art und Weise, wie Entscheidungen (bis hin zum ‚Krisenmanagement' im Fall BSE) in den von Politikwissenschaftlern bis dahin gern als ganz besonders technokratisch und undemokratisch gescholtenen Ausschüssen zustande kommen. Joerges und Neyer zufolge sind sie weit besser als ihr Ruf, mehr noch: die bisher von der Politikwissenschaft an sie angelegten analytischen Ellen seien ungeeignet, das Ausschußwesen zureichend zu erfassen. Weder mit der Brille des (intergouvernementalen) „rationalistischen Institutionalismus", der die Interessengegensätze zwischen den institutionellen Akteuren hypostasiere, noch mit der des „bürokratischen Supranationalismus" lasse sich der ganz eigene, von den nationalen Interessen partiell abgelöste, problemlösungsorientierte Arbeitsstil in den Blick nehmen, der sich in den Ausschüssen entwickelt habe (Joerges/Neyer 1998: 219ff.; Neyer 1999: 220ff.). Der sozialkonstruktivistische Ansatz, der gegen die ‚analytischen Ansätze' ins Feld geführt wird, braucht hier nicht weiter diskutiert zu werden. Entscheidend ist der Perspektivenwechsel und die darauf aufbauende Neuinterpretation, die er erlaubt: Demnach bilden sich in den Experten-Diskussionen der Komitologie Normen heraus, die das weitere Verhalten der Beteiligten prägen, namentlich die Norm supranationaler Kooperation und Problemlösung. Dies wiederum belegen sie mit dem Namen „deliberativer Supranationalismus", den sie kennzeichnen als Kern eines „Konstitutionalismus jenseits des nationalen Verfassungsstaates" (Joerges/Neyer 1998: 225).

Was hat das Ganze aber mit dem europäischen Demokratiedefizit zu tun? Dieses, so die erstaunliche Volte, exisitiert eigentlich gar nicht! In der deliberativen Sichtweise nämlich ist die Legitimität gerade einzelstaatlichen Regierens defizitär, weil es einseitigen Interessendefinitionen verhaftet bleibt. Dagegen kann „die Legitimität supranationaler Institutionen ... als Antwort auf diese Unzulänglichkeiten konzipiert werden ...: als Korrektur eines Versagens nationalstaatlich organisierter Demokratien." (ebd.). Verkürzt ausgedrückt: das Regieren in der EU, insoweit es in der neuen ‚Regimeform' der Komitologie erfolgt, ist deliberativ im oben definierten Sinn und tendenziell legitim – ja erreicht ggf. einen höheren Grad an Legitimität als die übliche nationalstaatliche Demokratie.

Natürlich ist es nicht immer und in allen Fällen legitim. Dazu sind vielmehr die Verfahrensbedingungen der deliberativen Politik einzuhalten, als da sind: (1) Die Teilnehmer an den jeweiligen Entscheidungsverfahren sollten ein (vorweg definiertes?) gemeinsames Ziel haben und sich über „the substantive boundaries of the discourse" einig sein; (2) formelle Abstimmungen sollten bei der Beschlußfassung von untergeordneter Bedeutung sein: „subordinated to argumentative interaction"; und (3) sollte eine „neutrale Partei" präsent sein (Neyer 1999: 284f.). Bei Komitologie-Ausschüssen spricht allerdings eine starke Vermutung dafür, daß alle drei Bedingungen gegeben sind, ebenso – offenbar – wie dafür, daß Experten dem epistemischen Ideal des Argumentierens nachkommen, statt schnöde partikuläre Interessenstandpunkte auszutauschen.

Zwei Fragen bleiben gleichwohl unbeantwortet: die nach der Demokratie und die nach deren neuen Standards. Dazu muß vorweg bemerkt werden, daß beides *nicht* das Thema der beiden Autoren ist. Sie erheben nirgends den Anspruch, alternative Standards zu entwickeln (noch auch, sich an solchen zu orientieren). Stattdessen geht es ihnen zunächst um alternative *Interpretation*: um eine „konstitutionelle (Um-)Interpretation von Supranationalismus" (Joerges/Neyer 1998: 208) am Beispiel der Komitologie. Mit Demokratie hat das *prima facie* nichts zu tun, sondern mit „good governance" (Joerges 1999). Vor allem in den neueren Publikationen werden Demokratie und Legitimation denn auch deutlich voneinander abgesetzt: „democracy as a theoretical concept can be understood as referring to a set of political institutions ... which aim at enabling a demos to rule itself"; europäische Politik aber dreht sich nicht darum, einem – nicht-existenten – Demos die Selbstregierung zu ermöglichen, sondern darum, mit wachsender transnationaler Interdependenz in einer begrenzten Zahl von Politikfeldern umzugehen. „Accordingly, supranational decision-making is not to be seen as a virtual democratic procedure, but rather as a more or less legitimate way of making collectively binding decisions" (Neyer 1999: 230f.).

Die Nähe dieser Argumentation zur These der output-Legitimierung ist unverkennbar, auch wenn es im direkten Anschluß heißt, „Effizienz allein" vermöge nicht für die nötige Legitimität zu sorgen. Legitimität liege vielmehr erst dann vor, wenn ein supranationales Entscheidungsverfahren „can convincingly be justified by reasonable arguments, and (is) therefore accepted by its addressees" (Neyer 2000: 121). Wie schon oben (I.1.) diskutiert, liegt die zweite Bedingung nachprüfbar indessen nur bei entsprechendem input vor, während fraglich bleiben muß, wer – außer ggf. den Beteiligten selbst – über das Vorliegen der ersten zu urteilen vermag.

Die oben aufgelisteten – potentiellen – neuen Standards demokratischer Legitimität, namentlich Öffentlichkeit, Inklusivität und Verklammerung mit der Zivilgesellschaft, werden von der Komitologie deutlich verfehlt; sie vermag nur im Hinblick auf Problemlösungsorientierung zu punkten.[21] Sowohl die vermehrte Partizipation von Betroffenen-Gruppen wie größere Transparenz zählen denn auch zu den Desiderata des deliberativen Ansatzes (Joerges 1999: 334ff.).[22] Bei Vertretern der deliberativen Demokratietheorie wie z.B. Rainer Schmalz-Bruns ist der ‚deliberative Supranationalismus' auf erhebliche Kritik gestoßen. Das Konzept laufe „Gefahr, die Spannung zwischen europäischer Faktizität und normativer Geltung zu weit einzuziehen und so den normativen Grund der Demokratie zu verfehlen" (1999: 218).[23] Dem um-interpretativen

---

21 Daß diese in der Tat häufig gegeben ist, belegt eine Reihe empirischer Analysen zur Komitologie (z.B. Malek 2000). Sie beruhen allerdings in der Regel auf Experteninterviews und sind von daher nicht gänzlich ‚unparteiisch'.
22 Renaud Dehousse (1999: 120ff.) schlägt zur Erhöhung von „transparency and openness" der Komitologie eine „soft proceduralization" in Form einer Kodifizierung ihrer Verfahrensregeln vor. Zwar müsse man dabei das Risiko von "judicial interference" im Auge behalten, doch wertet er dies geringer als die durch Prozeduralisierung induzierte "public debate on committee decisions".
23 J.H.H. Weiler (1999: 348) stuft das Konzept – in ansonsten wohlwollender Betrachtung – als so elitistisch ein wie die „philosopher king models" vergangener Zeiten.

Ansatz von Joerges und Neyer stellt Schmalz-Bruns (ebd.: 233ff.) das normative Ideal einer „direkt-deliberativen Demokratie" (Cohen/Sabel 1997) gegenüber, das supranational die Gestalt einer „experimentellen Demokratie" anzunehmen hätte. Deren Kernbestandteile wären zum einen der „reflexive Funktionswandel des Parlaments in einer post-parlamentarischen Ordnung", in der das Parlament nicht mehr entscheidet, sondern sich „auf die Bearbeitung der Legitimations- und Integrationsprobleme konzentriert", die die Entscheidungsinstanzen ungelöst hinterlassen; d.h. die verbleibende Aufgabe eines europäischen Parlaments wäre die einer Art deliberativer Begleit-Instanz. Zum anderen hätten die Gerichte im supranationalen Kontext in die Rolle der eigentlichen „Supervisions"-Agenturen hineinzuwachsen. Politik im Sinne materialer Problemlösung fände demnach ebenso wie ihre Kontrolle abgekoppelt von den repräsentativen Organen des ‚souveränen Volkes' statt; die letzteren wären auf ‚Reflexivität' beschränkt, was im besten Fall kritische Begleitung, im schlechtesten Fall symbolische Politik bedeutet.

III.

Die Versuche der deliberativen Demokratietheoretiker, dem Problem des europäischen Demokratiedefizits zu Leibe zu rücken, lassen den Zeitgenossen am Ende doch recht ratlos zurück. Die praktische Empfehlung, die man aus ihren Überlegungen ziehen könnte, wäre die, die EU mit einer Vielzahl deliberativer Gremien zu bestücken und die schon bestehenden inklusiver, ggf. symmetrischer, und transparenter zu gestalten. Im übrigen darf man zu dem Schluß kommen, daß die Union bereits auf einem guten Wege ist. Die Defizite liegen „letztlich nicht im europäischen Entscheidungssystem selbst, sondern im noch unterentwickelten ‚öffentlichen Forum'. Da dieses sich nicht wirklich von oben installieren läßt, seine Herausbildung nur sehr begrenzt steuerbar ist, ist der zweite (natürlich nicht explizite) Ratschlag der, abzuwarten.

Das Bestechende an diesem Ansatz ist, daß er in der Tat trans- und international anwendbar ist. Deliberative Foren sind nicht notwendigerweise, schon gar nicht begriffsnotwendig, auf den Nationalstaat beschränkt. Stattdessen sind sie sach- (ggf. fach-) bezogen; d.h. die Fixierung auf Territorialität, diese eindimensionale Eingrenzung von Politik, die das postnationale Demokratiedilemma recht eigentlich erst erzeugt, wird durch die funktionale Dimension ersetzt. Tendenziell rückt damit das Kongruenzpostulat der Demokratie in die Nähe der Realisierbarkeit, denn in den Foren deliberieren die, die das jeweilige Problem etwas angeht. Auch der fehlende Demos steht einer deliberativen Demokratisierung nicht im Weg, weil nicht nationale Solidarität gefragt ist, sondern Sachbezogenheit und -betroffenheit. Das Konzept „decouples citizenship and nationhood" und verträgt sich daher bestens mit Post- und Supranationalismus (Eriksen/Fossum 2000: 51).

Doch ist die offene Frage, ob es wirklich Demokratisierung ist, die auf diesem Wege supranational erreichbar ist – und weiter, ob Demokratisierung ernstlich angezielt ist. Nicht umsonst insistiert Neyer (1999: 230) auf der Unterscheidung zwischen Demokratie und Legitimität; ihm zumindest geht es um die letztere, und er läßt offen, ob die erstere supranational machbar oder auch nur wünschbar ist. Wenn dagegen der Anspruch erhoben wird, mittels deliberativer Politik lasse Volkssouveränität sich realisieren – nicht im Sinne einer „sovereignty of public assemblies", sondern eines „de-substantialized and intersubjectivist concept of sovereignty" (Eriksen/Fossum 2000: 52) – melden sich Zweifel: Zweifel nicht zuletzt daran, ob der zugrundeliegende Begriff von Demokratie und Volkssouveränität demokratietheoretisch plausibel und akzeptabel ist. ‚Das Volk' – hier nicht als Demos, sondern als Gesamtheit der entscheidungsunterworfenen Individuen verstanden – kommt nämlich gar nicht vor; es ist nicht einmal ‚repräsentiert', denn die Beteiligten in supranationalen deliberativen Gremien lassen sich kaum als Repräsentanten begreifen. Oder *wenn* sie etwas repräsentieren, dann eher eine Seite eines Sachproblems, eine nationale Regierung, ggf. einen Verband, aber in den letzten beiden Fällen idealtypischerweise so, daß sie von deren spezifischen Interessen losgelöst sind. Mit anderen Worten, es fehlt ihnen die Kopplung an eine Basis und damit die Bodenhaftung.

Als Standard, dem die EU in legitimatorischer Hinsicht zu genügen vermag, bleibt angesichts der verschiedenen eben gemachten Einschränkungen eigentlich nur die Problemlösungsorientierung *einiger* ihrer Organe übrig; das Gesamt ihrer Institutionen anzusehen als „the embodiment of a set of structural and procedural arrangements that induce actors to override national self-interests" (Eriksen/Fossum 2000: 258), ist denn wohl doch mehr als blauäugig. Der Verdacht wäre noch auszuräumen, daß es sich bei der demokratietheoretisch ‚alternativen' Betrachtung der EU und ihres Demokratiedefizits um nicht mehr handelt als eine (affirmative) Uminterpretation elitärer Entscheidungsprozesse zu einer Veranstaltung, die auch in demokratischer Hinsicht dann legitim ist, wenn und solange man unterstellen kann, daß die Prozesse argumentativ ablaufen. Schmalz-Bruns (1999) erscheint da mit seinem Anliegen, die demokratische Qualität im Sinne einer systematischen Verkoppelung der technokratischen Eliten mit der gesellschaftlichen Basis nachdrücklich einzufordern, geradezu als einsamer Rufer in der Wüste.

d. Ein ‚demokratischer Funktionalismus'[24]

I.

Am Anfang politikwissenschaftlicher Beschäftigung mit der europäischen Gemeinschaft stand der Funktionalismus, nämlich die These, daß die ökonomische Integration über unvermeidliche ‚spill-overs' – insbesondere in der Gestalt einer Verschiebung der Loyalitäten wichtiger Akteure von der nationalen auf die europäische Ebene – quasi-automatisch, d.h. nicht intentional von den Regierungen befördert, die politische Integration nach sich ziehen werde (vgl. Haas 1958 und 1964). Dieser ‚integrationistische' Funktionalismus findet inzwischen seine Ergänzung durch einen demokratischen, wofür schon die eben vorgestellte Interpretation der Komitologie als Beispiel dienen kann. Auch die These der output-Legitimierung läßt sich in solcher Weise lesen, so wenn argumentiert wird, daß schon *ohne* (formelle) Demokratisierung auf Grund der ‚horizontalen Kontrollen' zwischen den diversen, in europäisches policy-making involvierten Akteuren die demokratische Mindestvoraussetzung der ‚accountability' (bei der das ‚public' denn allerdings stillschweigend fallen gelassen wird) partiell bereits verwirklicht sei (Héritier 1997: 180). Im Unterschied zu den Vertretern der deliberativen Demokratietheorie sieht Adrienne Héritier das entscheidende *movens* allerdings nicht im problemlösungsorientierten Diskurs, sondern geradezu umgekehrt im gegenseitigen Mißtrauen: „Because decision-making involves a consensus among different actors who monitor each other suspiciously, every step in policy development implies a high degree of mutual control ... The same distrust which hinders swift decision-making also functions as a powerful mechanism of accountability" (ebd.), der als "substitute form of democratic legitimation" zu werten sei (ebd.: 184).[25] Man muß also nur abwarten; bestehende Defizite beziehen sich auf Entwicklungen, die sich ohnehin nicht steuern lassen, doch der beschrittene Pfad der – nunmehr *auch* politischen – Integration wird in absehbarer Zeit die nötigen spill-overs in Richtung Demokratisierung bzw. die dafür nötige Infrastruktur hervorbringen: Kommt Zeit, kommt Demokratie.

II.

1. Zum Beispiel kann man die Maxime gelassenen Abwartens anwenden auf die Ausbildung einer europäischen *Öffentlichkeit*, die nach Auffassung eigentlich aller Autoren, die sich mit dem Thema Demokratie befassen, als die

---

24 Den Begriff gebrauchen Trenz und Eder (2000) unter Verweis auf Jürgen Neyer (s. FN 31, ebd.).
25 Zu solchen Substituten oder Vorläufern zählt Héritier im übrigen auch die von der Kommission initiierten ‚social compacts' der Gemeinschaft mit regionalen und lokalen Akteuren wie mit privaten Unternehmen (ebd.).

entscheidende Konstitutionsbedingung von Demokratie gewertet und deren Fehlen im europäischen Kontext als der Stolperstein schlechthin auf dem Weg zur Demokratisierung der Union ausgemacht wird. Der Konnex Demokratie-Öffentlichkeit läßt sich sogar zur Kette ausbauen, denn „Gibt es eine Öffentlichkeit ohne Volk?" (Eder/Hellmann/Trenz 1999: 324), woraus sich nun gleich wieder das sattsam bekannte Dilemma transnationaler Demokratie ableiten läßt (vgl. Abromeit 2001b). Die Antwort, die der ‚demokratische Funktionalismus' hierauf parat hat, ist die These der „Pluralisierung von Öffentlichkeit" (Eder et al. 1999: 325). Ihr liegt die Konzipierung von Gesellschaft als Kommunikationsraum zugrunde, ein Konzept, das per se schon nahelegt, sie sich als das Gesamt verschiedener, mehr oder weniger verschachtelter und miteinander verknüpfter sektoraler Kommunikationsräume vorzustellen. Der *eine*, gesamtheitliche Kommunikationsraum fehlt zwar (noch) in Europa, wohl aber und ganz definitiv haben sich längst etliche issue-spezifische und sektorale Kommunikationsräume entwickelt, und zwar auf zweierlei Weise, die auf jeweils unterschiedliche Breite des Raumes verweisen. Zum einen entstanden Kommunikationsnetzwerke organisierter Akteure, die auf europäischer Ebene Interessen durchzusetzen versuchen und untereinander, d.h. in relativ engem Rahmen, eine ‚Netzwerköffentlichkeit' herstellen; sie kann allerdings fallweise „zur symbolischen Aufwertung eines Issue passiv mobilisiert werden" (ebd.: 325f.) und dann ggf. weit über die vergleichsweise engen Grenzen des Netzwerks hinausreichen.

Der zweite Fall ist theoretisch und im funktionalistischen Sinn der interessantere, geht es hier doch um die Induzierung der Entwicklung von (Teil-) Öffentlichkeit ‚von oben'. Öffentlichkeiten (so Klaus Eder und Hans-Jörg Trenz in einer Reihe neuerer Arbeiten) seien nicht allein als Kommunikations-, sondern zuvörderst als „Resonanzstrukturen" zu bestimmen: Reaktion auf das, was politische Institutionen an Öffentlichkeit für bestimmte zur Entscheidung anstehende Themen entfalten (s. bes. Trenz/Eder 2000, ms.: 8ff.). Die Resonanz kann „indifferent" ausfallen (i.S. des ‚permissiven Konsensus', der der respondierenden Öffentlichkeit eigentlich nicht bedarf), „manipuliert" (der Zweck der ‚von oben' veranstalteten Übung) oder „kritisch", d.h. in Gegenposition zu den Institutionen. Das letztere zwingt die Institutionen zur Rechtfertigung; und so beginnt ein öffentlicher Diskurs und kommt die Bildung eines issue-spezifischen „public space" in Gang, der zwar thematisch enger sein mag als die zuvor erwähnten Netzwerk-Öffentlichkeiten, aber personell, gewissermaßen – die engen Netzwerk-Grenzen transzendiert. Und wenn das jeweilige Thema grenzüberschreitend relevant ist und die politischen Institutionen supranationale sind, transzendiert dieser ‚öffentliche Raum' obendrein Ländergrenzen.

An dieser Analyse[26] ist in unserem Kontext zweierlei von besonderer Relevanz: Transnationale Teil-Öffentlichkeiten entstehen (1) eher in Arenen der „symbolischen Mobilisierung" als in solchen der Interessenvermittlung (Eder et al. 1999: 337ff.), und sie sind, als issue-spezifische, (2) primär „negativ"[27]: „volatile publics do no longer act positively ... The voice of the people is transformed into a negative voice." (Eder 1999, ms.: 7). Eben die negative Resonanz auf ‚von oben' entfaltete Öffentlichkeit induziert eine Art Automatismus, der verstärkte Selbst-Legitimierung seitens der europäischen Institutionen erzwingt – ein Prozeß, der als solcher schon als intrinsisch demokratisch gewertet wird. Stellt man nun noch in Rechnung, daß die Zahl regelungsbedürftiger Konflikte in Europa wächst, darf man folgern, daß „in Europa ein Publikum (entsteht), das zuhört. Dieses Publikum ist noch kein politischer Akteur im Sinne der Demokratietheorie", aber doch ein „potentieller Träger eines kollektiven Meinungsbildungsprozesses" (Eder/Kantner 2001: 325). Eine entscheidende Konstitutionsbedingung transnationaler Demokratie ist demnach derzeit im Entstehen begriffen; „This implies that it is difficult to avoid democracy" (Trenz/Eder 2000, ms.: 30) – selbst transnational. „The EU is thus in a process of permanent democratic transition" (ebd.); und der spill-over von ökonomischer zu politischer zu demokratischer Integration funktioniert deshalb so verläßlich, weil die Union – die Kommission insbesondere – nicht umhin kann, für ihre Politik und für weitere Integrationsschritte zu werben.

Die These ist im Prinzip bestechend. Pessimisten werden einwenden, daß es sich bei den europäischen ‚public spaces' um Eliten-Öffentlichkeiten handelt und nicht danach gefragt wird, wie der issue-spezifische Eliten-Diskurs ‚unten' ankommt und wie dort die – transnationale – Resonanz aussieht. Nimmt man neben den Eliten auch deren Referenzgruppen in den Blick, kommt eine Reihe von Problemen ins Spiel, die von Eder und seinen Mitarbeitern nicht hinreichend reflektiert werden. Die Vermittlungsagenturen zwischen beiden Ebenen sind bisher praktisch ausschließlich nationale, nämlich die Medien, deren Europäisierungsgrad nicht eben weit fortgeschritten ist (vgl. Abromeit 2001b). Dem darf man die unterschiedlichen Sprachen und unterschiedlichen politischen Kulturen hinzuaddieren: alles Faktoren, die eine transnational gemeinsame Problemwahrnehmung zu behindern vermögen. Der vermutete Automatismus steht also bis zum Beweis des Gegenteils durchaus in Frage.[28]

---

26 die im übrigen empirisch auf einer Fallstudie über die Entstehung einer europäischen Teil-Öffentlichkeit zum Thema Migration basiert.
27 Zur besonderen Relevanz des Aspekts der Negativität s. im übrigen u., I.2.e. sowie III..
28 S. hierzu aber Abromeit und Schmidt (2000), die mittels eines code-theoretischen Ansatzes herauszufinden versuchen, ob es transnational gemeinsame Problemwahrnehmungen zu spezifischen issues tatsächlich gibt und ob folglich die ‚sektoralen Teilöffentlichkeiten' über eine transnationale Basis verfügen.

2. Ein anderer Strang des ‚demokratischen Funktionalismus' (der sich selbst allerdings nicht so benennt) verknüpft sich mit dem Begriff ‚*citizenship*'. Die entscheidende These ist hier, daß die mit dem Vertrag von Maastricht eingeführte ‚Unions-Bürgerschaft' „a kind of normative spill-over" (Beetham/Lord 1998a:119) in Gang gesetzt habe, der letztlich in der (weiteren) Demokratisierung der Union enden müsse. Die in den letzten Jahren hierzu geführte Debatte – verbunden mit den Namen (z.B.) Elizabeth Meehan, Jo Shaw, Antje Wiener – ist mittlerweile so umfangreich wie selbstbestätigend. Ihr optimistischer Kern ist die Wahrnehmung, daß ‚citizenship' (und der damit assoziierte Komplex von Rechten) vom Nationalstaat getrennt nicht nur gedacht werden kann, sondern tatsächlich realisiert wird. Sie gründet sich auf die Beobachtung eines geradezu klassischen spill-over-Effekts, denn den Anfang bei der Etablierung europäischer Bürgerrechte machten die Marktfreiheiten. Der ‚free flow of persons' hatte unvermeidlich Auswirkungen auf Wohn- und Bleiberechte, Paßrecht und schließlich das Wahlrecht. Territoriale (angestammte) ‚Zugehörigkeit' wird so durch andere (supranationale) Zugehörigkeiten überlagert.

Die einschlägigen Arbeiten sind überwiegend deskriptiv – indem sie den ‚acquis' der europäischen Bürgerrechte und dessen Expansion beschreiben –, haben aber einen (weitgehend) einheitlichen normativen Ausgangspunkt. Citizenship ist demnach fest mit Freiheitsrechten und dem Anspruch auf Selbstregierung verkoppelt, ist ein Mitgliedschaftsrecht, in dem sich „rule of law" und „self-rule" verbinden (Tully 2000: 213f.). Traditionellerweise war solche Mitgliedschaft an das Vorhandensein einer ‚kollektiven Identität' gekoppelt, die angeblich nur im Nationalstaat gegeben war. Solche kollektive Identität muß indessen nicht notwendigerweise im Sinne eines nationalen (oder gar ethnischen) Demos verstanden werden; vielmehr vermag sie sich unabhängig davon durch den Gebrauch von Rechten zu entwickeln: „citizenship (is) an achievement – something that is brought into being through its exercise ... It is an achievement acquired through engaging in the multitude of activities of imposing the laws on ourselves." (ebd.) Aus diesem Ansatz folgen mehrere Argumente, die die gesamte citizenship-Debatte durchziehen: (1) Mit dem Konzept der citizenship läßt sich das leidige Demos-Problem quasi abhaken; die entsprechende kollektive Identität muß nicht mehr als vorgängig und als unumgängliche Vorbedingung von Konstitutionalisierung und Demokratisierung gedacht werden; (2) citizenship impliziert ab einem bestimmten Entwicklungsstadium stets auch Partizipationsrechte und hat mit „self-rule" ein eindeutiges telos; (3) „the mere possession of constitutional rights and duties" allein allerdings (Tully 2000: 215) bewirkt noch gar nichts: entscheidend ist der Gebrauch dieser Rechte.

In genau diesem Sinne identifiziert Jo Shaw (2000a: 296) die citizenship-Elemente Identität, Rechte, Zugang, Erfahrung und Gebrauch und folgert daraus, daß es bei der citizenship um mehr als um einen Rechtsstatus gehe, vielmehr stets „the claim to be politically sovereign" impliziert sei; daraus ergebe sich quasi-automatisch die Entwicklungsrichtung von der Gewährleistung von Bürgerrechten zur Demokratie (ebd.: 299). Über „the practice and experience of citizenship" hinaus (als den „crucial elements in polity formation"; ebd.: 317) mißt sie den "rights struggles" von Bürgergruppen noch besondere Bedeutung bei (ebd.: 314). Auf jeden Fall ist der Prozeß in ihrer Sichtweise wichtiger als das Endprodukt; und so wertet sie denn die Etablierung und Ausweitung der Unions-Bürgerschaft als „an essential part of the process of what the EU is becoming whatever that might be" (ebd.: 317).

Meehan (1999) und Wiener (1999; 2000) argumentieren in gleicher Weise, vermeiden aber den skeptischen Unterton, der bei Shaw gelegentlich anklingt, und bauen stattdessen den Gedanken der ‚rights struggles' empirisch aus, indem sie auf den ihres Erachtens durch die Einführung der Unions-Bürgerschaft induzierten „spread of activity by civil organisations beyond national boundaries" (Meehan 1999: 76) verweisen. Die bloße Einfügung des Artikels 8 b in den EG-Vertrag habe schon in der Vorbereitungsphase der Amsterdamer Regierungskonferenz Bürgerinitiativen, Interessengruppen und NGOs auf den Plan gerufen, die eine Ausweitung der europäischen Bürgerrechte (z.B. auf Dritt-Ausländer) forderten (Wiener 2000, ms.: 17). Diese Dynamik, so die Vermutung, lasse sich nicht stoppen. Schon allein deswegen könne auch der Prozeß der Konstitutionalisierung der EU nicht länger als ein ‚top-down'-Prozeß konzipiert werden (Wiener/della Sala 1997: 600): Die (rechtlich nunmehr aufgewerteten) europäischen Bürger werden ihre Angelegenheiten zunehmend selbst in die Hand nehmen.

3. Aber so ganz von allein geht das wohl doch nicht. Auf dem Papier gewährte Rechte müssen erst einmal umgesetzt werden – im europäischen Fall nicht nur gegenüber den europäischen Institutionen, sondern überdies gegenüber den Mitgliedstaaten –, und hier kommt die *europäische Gerichtsbarkeit* ins Spiel, der faktisch ganz unbestreitbar eine entscheidende Rolle im Prozeß der Konstitutionalisierung der EU zukommt, der einige Autoren darüber hinaus aber die Rolle des Motors ihrer weiteren Demokratisierung zuschreiben. Ausgangspunkt ihrer Argumentation ist die plausible These der Gleichrangigkeit und Interdependenz von Bürgerrechten und Demokratie: Das eine ist ohne das andere nicht (auf Dauer) zu haben. Vor der Kodifizierung der (allerdings bisher nicht ins europäische Vertragswerk integrierten) europäischen Grundrechts-Charta war es in der Tat allein der Europäische Gerichtshof, der sich der Aufgabe annahm, europäische Grundrechte „definitorisch auszugestalten und deren Anwendung zu sichern" (Hitzel-Cassagnes 2000: 29). Die hieran sich knüpfenden weiteren Erwartungen, daß nämlich der EuGH dem europäischen Bürger nunmehr auch eine politische Rolle zuschreiben werde[29], läßt sich indessen nur bedingt in der funktionalistischen

---

29 Die Erwartungen gehen teilweise so weit, den EuGH normativ-theoretisch als „Bürgergerichtsbarkeit" zu konzipieren: als „Hüter und Föderer demokratischer Willensbildungspro-

Schublade unterbringen, geht es hier doch um das intentionale Handeln identifizierbarer Akteure. Allenfalls indirekt könnte man einen funktionalistischen Aspekt darin erkennen, daß der EuGH nach eigenem Selbstverständnis und ausweislich seiner Spruchpraxis sich der in der Präambel des Vertragswerks angelegten Teleologie („the ever closer union") verpflichtet sieht.

4. Dagegen darf die Annahme einer unaufhaltsamen, wenn auch quasi subkutanen *Konstitutionalisierung* der EU wiederum unter der Rubrik Funktionalismus verbucht werden. Denn natürlich verfügt die EU bisher über keine Verfassung im strengen (‚konstitutionalistischen') Sinn; teilweise wird übrigens sogar heftig bestritten, daß sie einer solchen überhaupt bedürfe. Gleichwohl ist im letzten Jahrzehnt zunehmend vom Verfassungs-Charakter der europäischen Rechtsordnung, vom bestehenden „constitutional framework" oder auch dem „constitutional acquis" die Rede (sowohl zusammenfassend wie als ein Beispiel: Shaw 2000b: 10f.). Am Beginn dieser speziellen Debatte stand wohl J.H.H. Weilers These, daß die europäische Gemeinschaft längst eine Verfassung habe, es aber noch am Konstitutionalismus mangele: „What Europe needs, therefore, is not a constitution but an ethos and telos to justify, if they can, the constitutional order it has already embraced." (Weiler 1996: 518).

Je nach Verfassungsbegriff konnte man schon immer argumentieren, daß die EG über ‚eine Art Verfassung' in Gestalt ihrer Verträge verfüge; deren Konstituante wären seit je die mitgliedstaatlichen Regierungen als ‚Herren der Verträge'. Doch das ist nicht, was Weiler und die ihm nachfolgenden Beiträge zur europäischen Verfassungsdebatte im Sinn haben. Was darüber hinausgehend die europäische Rechtsordnung zu einer konstitutionellen mache, sei vielmehr die Interpretation der Vertragsnormen seitens des Europäischen Gerichtshofs, die im Lauf der Zeit und der inneren Logik der Verträge folgend mit der Entwicklung der Doktrinen der Überordnung europäischen Rechts über das nationalstaatliche (‚supremacy') und der direkten Geltung europäischer Rechtsnormen für die Bürger der Mitgliedstaaten (‚direct effect') einen verfassungstheoretisch eminent wichtigen Qualitätswandel bewirkt habe: „Individuals, not only states, are thus subjects" (Weiler 1996: 521), d.h. die neue Rechtsordnung bindet nicht nur die Mitgliedstaaten, sondern auch deren Bürger. Im demokratischen Verfassungsstaat setzt dies in der Tat die Existenz einer Verfassung voraus: eines höherrangigen Rechts, das die Bindungswirkung der übrigen Rechtsnormen rechtfertigt. Dafür wiederum bedürfte es zum einen einer ‚echten' Konstituante, also eines anderen Akteurs als der Regierungen oder auch einer Handvoll Richter in Luxemburg. Zum zweiten sollte der Korpus höherrangigen Rechts anders aussehen als eine aus diversen EuGH-Urteilen mühsam zusammen zu klaubende (quasi-)Verfassung „of bits and pieces" (Curtin 1993), nämlich sich durch einen

---

zesse", der den selbstbestimmten Bürger „als Normautor begreift" und unterstützt (s. Abromeit et al. 2000, ms.: 13f.).

deutlich erkennbaren systematischen und normativen Zusammenhang auszeichnen. Was das letztere betrifft, scheint die Union mit der Etablierung einer Unions-Bürgerschaft sowie der Grundrechte-Judikatur schon auf einem guten Wege – und das sogar unvermeidlicherweise, als Folge der ‚normativen spillovers' der Garantie der Marktfreiheiten (s.o., 2. in diesem Kap.). Die Verabschiedung einer Grundrechts-Charta war hier nicht mehr als ein erwartbarer (wenn nicht überfälliger) nächster Schritt. Entsprechend wird jede weitere institutionelle Abrundung der EU als Fortschritt bei ihrer Konstitutionalisierung gehandelt. Ist die Verabschiedung einer endgültigen und ‚richtigen' europäischen Verfassung also nur noch eine Frage der Zeit? Diese Frage erscheint weit kniffliger und ist jedenfalls umstrittener als die nach der inhaltlichen Vervollkommnung. Eine Reihe von Autoren – insonderheit die, die ansonsten auf ‚normale' Parlamentarisierung und/oder Föderalisierung setzen – fordert den eindeutigen ‚konstitutionellen Akt', nach Möglichkeit abgesegnet durch die „democratic baptism" einer Abstimmung der europäischen Völker (ECG 1993; Weale 1995: 90ff.). Dagegen ist für die ‚demokratischen Funktionalisten' ein solcher Akt nicht nur unnötig, sondern ggf. sogar schädlich, weil er einen Endzustand fixieren will, der kein wirklicher Endzustand sein wird, und ‚Vollendung' vorgibt, wo keine sein kann, weil beides dem spezifischen, fluiden Charakter einer supranationalen Politie widerspricht. Analog zu Simone Chambers' Analyse kanadischer Verfassungsprobleme (1998) kann, dieser Sichtweise zufolge, die Konstitutionalisierung Europas nur als ein (schrittweiser) Prozeß in der Art eines kontinuierlichen Dialogs konzipiert werden: als „continuing conversation", „a dialogic and conversational process, rather than as a contractual one producing a fixed outcome" (Shaw 2000b: 21, 23).[30] Die Vorstellung eines „constitutional continuum" (ebd.) kommt auf mysteriöse Weise ohne Konstituante aus. Shaw's Verweis auf die Konstitutionalisierungs-Fortschritte bei den mittlerweile in rascher Abfolge stattfindenden Intergouvernementalen Konferenzen legt den Verdacht nahe, daß die ‚Herren der Verträge' auch in dieser Hinsicht die ‚Herren' bleiben (sollen?); doch ist die funktionalistische Erwartung eine andere, nämlich die, daß mit fortschreitender institutionell-konstitutioneller Abrundung mehr und mehr Bürgergruppen verschiedenster Art darauf drängen werden, in den Prozeß einbezogen zu sein. „What the outcomes of these processes might be is a question which remains to be answered" (ebd.: 37).

III.

Die funktionalistische Sichtweise hat einiges für sich – nicht zuletzt weil sie sich auf schon erfolgte, also beobachtbare Entwicklungen stützt und nicht

---

30 Eine völlig entgegengesetze Position findet sich bei Abromeit und Hitzel-Cassagnes (1999), die gerade für ‚composite polities' auf einem kontraktualistischen Verfassungsverständnis beharren.

viel mehr tut als diese in die Zukunft zu projizieren. Und für das letztere sprechen auf Grund der Pfadabhängigkeit sozialer Entwicklung gute Gründe. So mag es denn sein, daß die EU – wenn sie nicht durch Osterweiterung, den Absturz des Euro, MKS oder gar durch aufmüpfige Dänen und Iren in die abgrundtiefe Krise stürzt – eine Gesamt-Öffentlichkeit herausbildet, sich in der Tradition der europäischen Verfassungsstaaten (wenn auch in anderen Formen) konstitutionalisiert und schließlich den europäischen Bürger an den Platz setzt, der ihm nach derselben Tradition zukommt. Die grundlegende Kritik an einem Ansatz, der sich darauf *verläßt*, ist in den schlichten Satz zusammenzufassen: Nicht alles was ist, ist gut, und nicht alles, was wird, wird gut sein. Auch wenn der einmal eingeschlagene Pfad dank einer Reihe von spill-overs zu einer konstitutionellen (föderativen) Politie führt, in der die ‚rule of law' gilt, ist damit noch lange nicht gesichert, daß dies etwas mit der ‚self-rule' der europäischen Völker zu tun hat. Oder anders ausgedrückt: Die Vermutung eines Pfades in eine bestimmte Richtung – nämlich Demokratisierung – sagt noch nichts aus über die Art des demokratischen Systems, das auf solche Weise quasi-automatisch erreichbar ist, und enthebt uns nicht der Notwendigkeit des Nachdenkens darüber, welche weitere Institutionalisierung der spezifischen Situation der EU angemessen und welche Konstitutionalisierung bürgerschaftlicher Selbstbestimmung in dem speziellen Kontext am förderlichsten ist. Bevor es an solche durchaus nicht nebensächlichen Details geht, tritt der ‚demokratische Funktionalismus' gedanklich auf die Bremse und verlegt sich aufs Abwarten.

Am wenigsten trifft diese Kritik *prima facie* die Überlegungen zur allmählichen Ausbildung einer europäischen Öffentlichkeit, die in der Tat nicht steuerbar, präziser: nur in engen Grenzen organisierbar und institutionalisierbar ist. Doch auch Klaus Eder und seine Mitarbeiter bleiben, wenn sie in bestehenden Partial-Öffentlichkeiten den Keim von Demokratie entdecken, einen Schritt zu früh stehen. Denn was könnte einen Eliten-Diskurs als demokratischen ausweisen? Der Schritt von der Eliten-(Netzwerk-)Öffentlichkeit zur Basis der Betroffenen bleibt ungeklärt, und zwar sowohl empirisch als auch theoretisch oder gar normativ. Bei den Themen citizenship und Konstitutionalisierung wiegen der Verzicht auf ein ‚Vordenken' und der Verlust der normativen Dimension schwerer. Was citizenship betrifft, scheint dieser Verlust einer Soziologisierung des Begriffs geschuldet, die bei der Gender-Forschung sowie beim Umgang mit der Multikulturalismus- Problematik ihren Ausgang nahm. Auf den ersten Blick mag der revidierte Bürger-Begriff auf die multinationale EU gut passen, zielt er doch auf Anerkennung von ‚Differenz' (vgl. z.B. Kymlicka 1995; s. dazu auch u., I.2.e.). In der Tat ist es sinnvoll, bei den verschiedenen ‚kollektiven Identitäten' anzusetzen, die die europäische Gesellschaft ausmachen (auch wenn man hier kaum von marginalisierten Gruppen sprechen kann, die um ihre Anerkennung ringen); doch ist der möglicherweise adäquate Ansatz erkauft mit einer Reduktion des normativen, auf Demokratie zielenden Anspruchs. So ist es kein Zufall, daß sich das Gros der derzeitigen citizenship-Debatte weniger mit Demokratisierung als z.B. mit dem Migranten-Problem befaßt (und deswegen mit gutem Grund hier nicht im einzelnen diskutiert wurde). Der Bezug zwischen citizenship und europäischer Demokratisierung bleibt bestenfalls nebulös; er geht über die Erwartung von gruppenspezifischen „emerging patterns of belongingness" (Wiener 1998: 299ff.) – die dann ihrerseits einen Beitrag zur (Gesamt-)Gemeinschaftsbildung leisten (oder auch nicht!) – selten hinaus. Systematisch ungeklärt bleibt die Frage, wie – konkret! – gerade differenzierte Bürgerschaft in demokratische Verfahren umgesetzt werden kann.

Ein zusätzlicher Kommentar zur funktionalistischen Variante der Überlegungen zur europäischen Konstitutionalisierung erübrigt sich nach dem zuvor Gesagten eigentlich. Der Hinweis auf die fehlende Konstituante in diesem Konzept scheint demokratietheoretisch aussagekräftig genug. Verfassungen können der Selbstbestimmung der Bürger mehr oder weniger Raum geben, sie können der gesellschaftlichen Struktur mehr oder weniger angemessen sein, sie können den unterschiedlichen Interessen bessere oder schlechtere Repräsentanz zubilligen. Sich in dieser Hinsicht auf kontinuierliche ‚Konversation und Dialog' zu verlassen, ist in sich defizitär und in der Demokratisierungsdebatte wenig hilfreich, solange nicht wenigstens konkrete Ansatzpunkte identifiziert werden, über die die diversen Gruppen sich zur Geltung zu bringen vermögen.

e. Warum nicht ‚direkt' ...?

I.

Oben wurde schon darauf hingewiesen, daß nach Ansicht einer Reihe von Politikwissenschaftlern die EU in ihrem Ist-Zustand deutlich konsoziationale Züge aufweist. Nun ist der Konsoziationalismus kein theoretisches Konstrukt oder Modell, sondern ein Konzept, das Komparatisten (s. bes. Lijphart 1977; 1984) aus der Beobachtung ‚pluraler', segmentierter Gesellschaften gewonnen haben.[31] Seine Merkmale sind (1) die Machtteilung an der Spitze der Politie: Machtteilung zwischen den Eliten aller ‚relevanten' Segmente der Gesellschaft; (2) weitgehende Autonomie der Segmente; (3) durchgängige Proportionalität (nicht nur im Hinblick auf Repräsentation, sondern auch auf Ressourcen-Verteilung); (4) Minderheiten-Vetos (vgl. u.a. M.G. Schmidt 2000b: 41). Aus diesen (formalen) Merkmalen resultieren in der Praxis Systeme, die von Eliten-Kartellen dominiert sind und deren Politik nicht nach majoritären Regeln, sondern konsensual abläuft. Was bei solcher Auflistung gern vergessen wird, ist das weitere Merkmal der Multidimensionalität: Alle bekannten konsoziativen politischen Systeme basieren auf Gesellschaften, die

---

31 Die angeführten Beispiele sind meist die Niederlande, Belgien, Österreich und die Schweiz, neuerdings auch Südafrika.

nicht nur territorial, sondern auch funktional/sektoral/soziokulturell stark segmentiert sind.

In der politikwissenschaftlichen Europa-Debatte ist dieses Konzept vereinfacht zur Kombination von Elitenkartell und konsensualer Politik, während der mehrdimensionale Charakter konsoziationaler Systeme unterschlagen wird. Als besonders prägnantes Beispiel mag Dimitris Chryssochoou (1998: 181ff.) gelten, der die EU insgesamt als „konföderale Konsoziation" charakterisiert: konföderal in ihrer Struktur, konsoziational in ihren Entscheidungsprozessen. Zur Erklärung konsensualer Politik allerdings muß man nicht den Konsoziationalismus bemühen; sie ist ebenso für Konföderationen typisch, die im Unterschied zum Bundesstaat jeweilige Einigkeit unter den Bündnispartnern voraussetzen. Nationalstaatliche Vetos sind in Chryssochoous Interpretation gleichgesetzt mit Einspruchsrechten gesellschaftlicher Segmente, ‚summit diplomacy' mit gesellschaftlicher Eliten-Akkommodation, Regierungen mit Funktionseliten, die Staaten selbst mit gesellschaftlichen ‚Säulen' (analog zum ‚verzuiling' der niederländischen Gesellschaft). All dies gilt als demokratisch hoch defizitär: wegen der Etablierung einer ‚Minderheitenherrschaft' („a negative minority rule", ebd.: 179), der fehlenden Verantwortlichkeit einem föderalen Demos gegenüber (ebd.: 185), generell wegen der Abweichung von der „majoritarian democracy" (Beetham/Lord 1998a: 75ff.) sowie im Speziellen wegen des einseitig bürokratischen Charakters des europäischen Konsenssystems (M.G. Schmidt 2000b: 43).

Das tiefgreifende Mißverständnis konsoziationaler Systeme wird deutlich, wenn die Dominanz territorialer Segmentierung (und Akkommodation) als besonderes Demokratisierungs-Hemmnis ausgemacht wird: „a monopoly of representation by national governments would ... distort processes of democratic aggregation", weil viele von europäischer Politik zu regelnde Konflikte (mitsamt den entsprechenden ‚alignments') der national-territorialen Segmentierung der EU quergelagert seien (Beetham/Lord 1998a: 69). Das idealtypische konsoziationale System basiert eben gerade *nicht* auf einer „compartmentalisation ... along national lines" (ebd.: 70). Ein zweites Mißverständnis besteht in der Unterstellung, daß der Konsoziationalismus grundsätzlich und immer geschlossene, nach unten abgeschottete Elitenkartelle impliziere und folglich als solcher nicht demokratisierbar sei, seine Demokratisierung also einen Systemwechsel (zur majoritären Demokratie) erfordere. Komparatisten sollten demgegenüber wissen, daß es auch ‚konsoziationale Demokratien' gibt – das prominenteste Beispiel ist hier die Schweiz –, die auf anderen als auf dem majoritären Wege ihre Demokratisierung bewerkstelligt haben. Was speziell die Schweiz betrifft, verlief die Entwicklung allerdings genau anders herum: Nicht ein konsoziatives Elitenkartell wurde nachträglich mit demokratischen ‚Ventilen' versehen, sondern eine hochgradig segmentierte Gesellschaft mit ausgeprägt demokratischem Ethos endete in einem ‚demokratischen Konsoziationalismus'.

II.

Aus der – richtig verstandenen – konsoziationalen Analogie lassen sich zwei Desiderate für ein der Komplexität der europäischen Gesellschaft adäquates und gleichwohl demokratisches Entscheidungssystem ableiten: Es muß (1) *auch* die funktionale Dimension der Politik abbilden und (2) die Bürger einbringen. Nimmt man beides zusammen, steht man sofort vor dem Rätsel, wie in einer in jeder Hinsicht ‚offenen' Politie Repräsentation, noch dazu mehrdimensionale, bewerkstelligt werden soll. Repräsentation macht nur Sinn, wenn die jeweiligen Grundgesamtheiten bekannt und abgrenzbar sind. Diese Bedingung aber ist auf der funktionalen Ebene schon grundsätzlich (und nicht nur im europäischen Fall) nicht gegeben – jedenfalls dann nicht, wenn man dem demokratischen Prinzip der Kongruenz von Entscheidungsbeteiligung und Entscheidungsunterworfenheit folgend auf Repräsentation der jeweils Betroffenen abhebt. Dann verbietet es sich nämlich, auf der funktionalen Schiene Repräsentation an Organisation (in Verbänden) zu koppeln; ebenso inadäquat wäre es, darauf zu vertrauen, daß der nicht-organisierte, entscheidungs-betroffene Rest vom Netz der territorialen Repräsentation aufgefangen wird. Das ‚funktionale Repräsentations-Dilemma' läßt sich nur lösen, wenn man sich vom Grundsatz der Repräsentation als alleinseligmachender Methode der Demokratisierung abkehrt und stattdessen – besser: zusätzlich – auch direktdemokratische Beteiligung zuläßt.

Die Anregung, bei der Demokratisierung der Union ggf. auch direktdemokratische Instrumente in Betracht zu ziehen, findet sich im vergangenen Jahrzehnt zwar nicht häufig, doch gelegentlich; immerhin – so Vernon Bogdanor in einem frühen Beitrag zum Thema – wäre dies „an explicit recognition of the principle of the sovereignty of the people which ought to underpin the construction of a federal Europe" (1990: 15). Der Gebrauch des Referendums sollte seiner Ansicht nach allerdings auf „major constitutional changes" sowie „certain major policy issues" (wie z.B. die Social Charter) beschränkt bleiben; zudem schlägt er vor, in diesen Fällen nach dem Prinzip der doppelten Mehrheit (analog zum ‚Volksmehr' und ‚Ständemehr' in der Schweiz) vorzugehen. Mit dem letzteren ist Bogdanors Vorschlag um einiges konkreter als die meisten anderen einschlägigen Beiträge; doch knüpft er mit dem ‚Staatenmehr' die direkte Mitsprache in unnötig enger Weise an die territoriale Dimension der Politik. Man könnte auch sagen, er verschenkt das Potential, das der direkten Demokratie innewohnt. Die Auffassung, Referenden sollten auf ‚besonders wichtige' Fragen beschränkt bleiben, wird in der einschlägigen Debatte allgemein geteilt; am besten reserviert man sie ohnehin für den Akt der „democratic baptism" einer europäischen Verfassung (Weale 1995). Sofern ‚major policy issues' zugelassen werden sollen[32], erhebt sich

---

32 Als Beispiel für eine besonders restriktive Aufzählung möglicher Anwendungsfälle s. Pogge 1997: 184.

die Frage, wer denn hierüber zu befinden hätte. Meist sind die Überlegungen hierzu zu unkonkret, um auch nur Vermutungen zu erlauben (s. z.B. Grande 1996; Zürn 1996). Doch spricht Michael Zürn (1998: 356) sicher den anderen Autoren aus der Seele, wenn er darauf insistiert, daß vor der Ansetzung eines Referendums „anspruchsvolle Bedingungen erfüllt sein" müssen; beispielhaft nennt er hier den Beschluß einer qualifizierten (!) Mehrheit des EP oder ein Bürgerbegehren mit einem transnationalen Quorum von 10 Prozent aller Stimmberechtigten europaweit. So wie die Dinge liegen, dürfen solche Bedingungen getrost als prohibitiv bezeichnet werden.

Was an diesen (und den wenigen anderen[33]) Beiträgen auffällt, ist ihre Randständigkeit – gleich in zweierlei Hinsicht: Referenden werden zum einen stets nur am Rande erwähnt; zum anderen wird die Anregung in der übrigen (*mainstream*-) Debatte nicht aufgegriffen. Auffällig ist überdies, daß die betreffenden Autoren der Rechtfertigung der Idee der direkten Bürgerbeteiligung als solcher weit mehr Aufmerksamkeit widmen als der konkreten Ausgestaltung eines Vorschlags. Das schlagende Argument ist demzufolge das pragmatische, „that because the EU does not have a ‚government ... to throw out', there should be more opportunity for direct democracy" (Hix 1999: 184; s. auch Weiler 1997: 152). Auf der eher theoretischen Ebene wird die Einführung von Elementen der direkten Demokratie mit dem Kongruenzprinzip begründet, das allein mittels eines europäischen Parlamentarismus nicht zu realisieren sei (Zürn 1996; Grande 1996). Hinzu kommt der Verweis auf mögliche „integrative Leistungen" von Referenden (Zürn 1998: 355), auf ihren Beitrag zu europäischer Identitätsbildung (Grande 1996: 354f.; Zürn 1996: 49) sowie darauf, „daß Referenden in der Tat helfen, die Defizite von Verhandlungsdemokratien teilweise aufzufangen" (Zürn 1998: 355). Wichtig ist den Autoren schließlich, mit Hinweis auf komparative Erkenntnisse klarzustellen, daß direkte Bürgerbeteiligung besser sei als ihr Ruf[34], weil sie über die „gemeinschaftsstiftende" Qualität hinaus sogar „ein gewisses deliberatives Potential besitzen" (Zürn 1998: 354).

Der erhoffte positive Beitrag von Referenden bei der Herausbildung von Demos und Infrastruktur tritt gelegentlich derart in den Vordergrund, daß ihnen überhaupt nur noch instrumenteller Wert beigemessen wird. J.H.H. Weiler (1997) baut auf einen solchen Schub bei der Formierung von „true European Parties" wie bei der „transnational mobilization of political forces", daß Volksabstimmungen sich im Lauf der Zeit überflüssig machen werden („until such time as one could speak of meaningful democracy at the European level"; ebd.: 152f.). Für Philippe Schmitter (2000a: 37) besteht der Beitrag von Referenden (die seiner Ansicht nach nicht einmal unbedingt bindend sein müßten) vorwiegend darin, daß sie das Interesse an europäischer Politik erhöhen und unter der Voraussetzung, daß sie jeweis mit den Wahlen zum EP

---

33 S. z.B. noch Nentwich 1998; Hix 1999; Weiler 1997.
34 „Referendums are crap": ein anonymer Gutachter zu Abromeit/Schmidt 2000.

gekoppelt werden, den Trend zu weiterem Sinken der Wahlbeteiligung stoppen werden.

All diese Vorstellungen schöpfen das Potential der direkten Demokratie nicht wirklich aus. Sie bleiben vor allem territorialer Politik verhaftet, verschieben sie nur auf den größeren (europäischen) Rahmen; überdies ist die Konzeption europa-weiter Referenden tendenziell prohibitiv. Cum grano salis gilt das auch für Weilers Vorschlag (1997: 152f) eines „legislative ballot", das auf der Basis von Gesetzesinitiativen von mindestens fünf Mitgliedstaaten den europäischen Wählern erlauben soll, im Zusammenhang mit den Wahlen zum EP über die betreffenden Sachfragen abzustimmen (wobei der EuGH vorweg darüber zu befinden hätte, ob die Initiativen im Rahmen europäischen Rechts verbleiben). In allen Fällen, in denen der Vertrag Einstimmigkeit vorsieht, wären für den Erfolg solcher Abstimmungen jeweils eine Mehrheit unter den europäischen Wählern sowie eine Mehrheit in sämtlichen Mitgliedsländern nötig. Der Pfad territorialer Politik wird hiermit nicht verlassen. Dagegen sind aber gerade direktdemokratische Instrumente geeignet, die funktionale Dimension von Politik auch abseits von Organisationen zu erfassen, wie das Beispiel des schweizerischen fakultativen Referendums lehrt, das in der Praxis sektoralen Gruppierungen ein Widerspruchsrecht einräumt. Es ist praktisch wie theoretisch die Antwort auf die Frage, wie „group-differentiated rights" mit den liberalen Prinzipien der Freiheit und Gleichheit vereinbart werden können (Kymlicka 1995: 34) und wie die Verantwortlichkeit von an der politischen Spitze agierenden Gruppen-Repräsentanten der weiteren Referenzgruppe gegenüber zu sichern ist (ebd.: 146ff.).

Wie vergleichbare Instrumente in Europa aussehen könnten, habe ich selbst mit dem Vorschlag der Einführung direktdemokratischer – regionaler und sektoraler – Vetos zu entwickeln versucht (Abromeit 1998a: Kap.V[35]). Sie sind als Minderheitenrechte konzipiert, die zum einen (was im demokratietheoretischen Kontext weniger relevant ist als im föderalistischen) der ‚dritten Ebene', also den verfaßten Regionen in den Mitgliedstaaten, zum anderen sektoralen ‚Betroffenen-Gruppen' Einspruchsmöglichkeiten eröffnen gegenüber den Vereinbarungen, die – von welchen ‚Repräsentanten' auch immer – im europäischen Mehrebenensystem bzw. in europäischen Politiknetzwerken ausgehandelt wurden und als Rechtsnormen Bindungswirkung entfalten. Das sektorale Veto ist dabei insofern ‚europa-weit', als es als transnationales konstruiert ist, nicht indessen in der Weise, daß jeweils eine gesamteuropäische Stimmbürger-Mehrheit zustandezukommen hätte. Stattdessen basiert es auf der Annahme, daß diejenigen, die sich von einer aktuellen europäischen Regelung intensiv tangiert fühlen, zur Abstimmung gehen, diejenigen aber, denen die Sachfrage gleichgültig ist, zu Hause bleiben werden; d.h. der Vorschlag fordert vergleichsweise geringe Quoren für Begehren

---

35 S. dort auch alle relevanten Details (betr. Quoren usw.). S. ebenso Abromeit 1998b und 2000.

wie Abstimmung. Das gesamte Konzept beruht im übrigen auf ähnlichen Vorstellungen wie die, die Klaus Eder und Mitarbeiter (s.o., I.2.d.) zum Thema der europäischen Öffentlichkeit angestellt haben: daß nämlich angesichts des unfertigen Zustands des europäischen ‚öffentlichen Raumes', der unklaren Konturen der europäischen Politie und der sich erst langsam entwickelnden europäischen ‚kollektiven Identität' der Bedarf an politischer Beteiligung sich zunächst im Wunsch nach Widerspruch aktualisisert, also primär ‚negativ' ist.

Mit dem Vorschlag erscheint nicht nur das europäische Repräsentations-Dilemma gelöst. Er ist flexibel – also im Prinzip auch bei offenen Grenzen – anwendbar, berücksichtigt die enorme gesellschaftliche Heterogenität in Europa, befördert Transparenz und Öffentlichkeit in Sachfragen europäischer Politik und stellt die Reversibilität europäischer Entscheidungen sicher, ist kompatibel mit den politischen Strukturen der Mitgliedstaaten – und sorgt überdies für interne Verantwortlichkeit innerhalb der Sektoren: Netzwerk-Akteure können nicht länger abgehoben von ihrer Basis agieren. Man kann aber nicht sagen, daß der Vorschlag auf große Resonanz gestoßen ist.[36]

III.

Die lang gehegten Vorurteile der (*mainstream-*) Demokratietheorie gegenüber der direkten Demokratie scheinen unüberwindlich. Der überraschendste Vorwurf[37] gegenüber Vorschlägen dieser Art ist der, sie seien ‚undemokratisch', und zwar deswegen, weil sie das Mehrheitsprinzip aushebelten. Dies ist die typische Reaktion britischer Kollegen, die im übrigen, was die erwartbare Praxis betrifft, vermuten, daß europäische Referenda stets nur die Rolle von „second-order elections" spielen werden, in denen die jeweilige *nationale* Regierung abgestraft oder unterstützt wird (Hix 1999: 184); sie könnten deshalb keine zusätzliche Legitimierung europäischer Politik generieren. Deutsche Kollegen dagegen, eher deliberativ orientiert, beklagen den „voluntaristischen Grundzug" solcher Konzepte, den „metaethisch" nicht weiter begründeten „Partikularismus" sowie das „System generalisierten Mißtrauens", das auf diese Weise institutionalisiert werde (Schmalz-Bruns 1999: 224ff.); „die auf eine rein retrospektive Kontrolle ... hin ausgelegten Rechte" müßten zwangsläufig weitere „Verflechtungsblockaden" nach sich ziehen (ebd.: 226) und würden das von deliberativer Politik intendierte „solidaritäts- und vertrauensstiftende Potential" der „assoziativen Grundstruktur transnationaler Politik" verschenken (ebd.: 225). Der Bürger, so der Eindruck, zumal der nicht-‚assoziierte', stört. Daß er anscheinend so gar nicht ins demokratietheoretische Schema paßt, legt es nahe, die moderne Demokratietheorie auf ihren ‚demokratischen Gehalt' hin zu überprüfen.

---

36 S. aber z.B. Kohler-Koch 2000 und Wolf 2000a.
37 Nicht weiter erwähnt werden hier Kritiken im Hinblick auf Entscheidungsineffizienz, Blockaden u.dgl.

3. Die Defizite der Debatte

I.

Bevor es allerdings an die demokratietheoretische ‚Gewissenserforschung' geht, harrt die hier vorgelegte Bestandsaufnahme der systematisierenden Zusammenfassung und Auswertung. Grundsätzlich hat Politikwissenschaft verschiedene Möglichkeiten, mit ihrer jeweiligen Thematik umzugehen: deskriptiv, analytisch, kritisch-evaluativ und präskriptiv. Die drei letztgenannten Varianten machen ohne theoretische Grundierung wenig Sinn, zielt doch Analyse auf Erklärung, ggf. sogar Prognose; die entscheidenden Faktoren aber, von denen man annimmt, daß sie die Entwicklung bestimmen, lassen sich nur mit Hilfe erklärungskräftiger Theorien ermitteln. Kritische Evaluation wiederum bedarf sowohl vorgängiger Analyse als auch theoretischer und/oder normativer Maßstäbe, um Defizite in der Realentwicklung auszumachen; und Vorschläge, wie man es besser machen könnte, bedürfen in gleicher Weise theoretischer (aus normativen Zielvorstellungen abgeleiteter) Standards. Alle drei Varianten gewinnen im übrigen meist durch einen komparativen Zugang: Der Vergleich eröffnet einen unbefangeneren Blick auf Erklärungsfaktoren und lehrt, welche Fehler man vermeiden muß. In der zeitgenössischen Politikwissenschaft steht der theoretische Zugriff deutlich im Vordergrund. Das hat gelegentlich zur Folge, daß der eigentliche Gegenstand einer Untersuchung nur der Illustration bei der Entfaltung eines ‚neuen Ansatzes' dient und im Grunde Staffage ist, die man braucht, um theoretische Eleganz zu demonstrieren. Diese (fünfte) Variante des ‚l'art pour l'art' nimmt gern die Gestalt einer Neu-Interpretation von (scheinbar) längst Bekanntem an. Sie ist im allgemeinen nicht präskriptiv, da es ihr vorrangig ja nicht um Wirklichkeit geht; sie könnte kritisch sein; häufig allerdings ist sie affirmativ: Nach erfolgter Uminterpretation sieht die Welt zumeist heiler aus, als man vorher für möglich hielt.

Legt man dieses Raster an die politikwissenschaftliche Debatte zum europäischen Demokratiedefizit an, tritt ein Befund zutage, der erklärungsbedürftig ist. Der Zunft geht es nämlich nur wenig, ja eigentlich sogar immer weniger, um Präskription, was sich bei dem Thema nicht eben von selbst versteht. Mehrheitlich scheint das Hauptanliegen das der Um- und Neuinterpretation einzelner Aspekte europäischer Politik sowie der Gesamt-Politie der Union. Ein erster Erklärungsgrund hierfür könnte sein, daß einschlägige Forschung und Publikation nur selten in praktischer Absicht erfolgt. Vorgängig und vorrangig ist das Gros der Arbeiten natürlich analytisch, insofern es das Objekt in seiner Komplexität zu erfassen und die Determinanten der in ihm ablaufenden Prozesse auszumachen versucht. Die theoretische Basis hierfür lieferten anfangs nahezu allgemein die in der Lehre der Internationalen Beziehungen entwickelten – intergouvernementalen oder funktionalen – integrationstheoretischen Ansätze (vgl. Risse-Kappen 1996; Abromeit 2001a: 177ff.). Im Lauf der 90er Jahre, spätestens seit den vom Maastricht-Vertrag bewirkten Systemänderungen, kam die Föderalismustheorie hinzu, die sich bei der Analyse von Mehrebenensystemen als hilfreich erwies (s. z.B. Jachtenfuchs/Kohler-Koch 1996). Aus der Policy-Forschung wurde das akteurszentrierte Analyseraster entlehnt und unter Zuhilfenahme von Netzwerkanalyse, Spieltheorie und generell der Theorie von Verhandlungssystemen weiter ausgebaut.

Europäische Politik-Prozesse ließen sich damit immer besser erklären; die Charakteristika ‚supranationalen Regierens' können mittlerweile als hinreichend erforscht gelten; und je mehr man sie versteht, desto weniger bieten sie – so scheint es – Anlaß zur Kritik. Weiter ungeklärt blieben indessen „the nature of the beast" (Risse-Kappen 1996) als *Politie* sowie der Endpunkt des einmal eingeschlagenen Entwicklungspfades: Föderation, Konföderation, Konsoziation, Kondominium oder was (Schmitter 1996: 136) – und überhaupt ein Staat? Eine Antwort auf diese Frage ist, wie man sich denken kann, von erheblicher Relevanz für die Möglichkeit(en) einer Demokratisierung der Politie. Mit der Entscheidung, sich hier nicht festzulegen und auf dem (fluiden, ‚dynamischen') *sui generis*-Charakter der EU zu beharren (kritisch dazu: Abromeit 2002b), stellte die Politikwissenschaft mehrheitlich die Weichen in eine bestimmte Richtung, denn ein solches unbestimmtes System bietet für Demokratisierung keinen Ansatzpunkt. In diesem Zusammenhang ist die Art der Nutzung von Systemvergleichen aufschlußreich: Man nutzte sie gewissermaßen negativ, indem man aus ihnen zuvörderst das entnahm, was an der europäischen Politie *anders* ist als an den bekannten politischen Systemen, und schloß daraus, daß die EU sich eigentlich gar nicht vergleichen läßt. Die Richtung ist so eingefahren, daß auch die neuerdings in Mode gekommene konsoziationale Analogie nicht produktiv genutzt wird; stattdessen bündelt der Oberbegriff Konsoziation nun alles das, was am Ist-Zustand europäischer Politik noch kritikwürdig und undemokratisch ist.

Der analytische Befund und insbesondere die Festlegung auf das *sui generis* liefern immer weniger Anknüpfungspunkte für kritische Evaluation; denn das letztere verweist darauf, daß in der neuen supranationalen Politie Legitimation auf traditionell-konventionellen Wegen nicht zu haben ist, während der erstere die Entdeckung einer „new governance" impliziert, die, als „a mix of complementary elements – functional representation, technocratic regulation, institutionalised deliberation –", ihre eigene Legitimierung aus sich heraus schon befördert und vermehrt (Kohler-Koch 1999b: 18). So bietet sich nicht nur wenig Raum für Präskription, ja sie scheint letztlich unnötig. Reform- und insbesondere Demokratisierungsvorschläge müssen ja, um plausibel und glaubwürdig zu sein, sich auf gegebene Strukturen und Funktionslogiken erst einmal einlassen. Und so erklärt sich – zu einem Teil –, daß entsprechende Vorschläge in den letzten Jahren an Zahl wie Relevanz abnahmen. Ihre Hoch-Zeit kann man ‚zwischen Maastricht und Amsterdam' ansiedeln: Die ursprünglich für 1996 angesetzte Regierungskonferenz weckte Hoffnungen, daß das Rad der weiteren politischen Integration sich noch in eine andere Richtung umlenken lassen werde. Nach Amsterdam – und das ist der andere Teil der Erklärung – durften solche Hoffnungen zu den Akten gelegt werden; seither ist offenbar jedem Politikwissenschaftler klar, daß es zur Beförderung selbst der schönsten Demokratisierungspläne in Europa derzeit keine Akteure gibt. Der zuvor vermutete Mangel an praktischer Absicht findet damit letztlich seine Rechtfertigung.

Seither sind vor allem die Befürworter einer weiteren ('vollen') Parlamentarisierung der EU – und, wie es scheint, hier insbesondere die britischen Kollegen – in Resignation verfallen. Zu der Überzeugung gelangt, daß die majoritäre parlamentarische Demokratie in der EU nicht zu realisieren ist, sehen sie nunmehr der (aus ihrer Sicht) mutmaßlich undemokratischen Zukunft der EU gefaßt ins Auge. Ein erheblicher Teil der Politikwissenschaftler dagegen hat sich nach und nach umorientiert; überdies hat die faktische Entwicklung zuvor unbeteiligte Kollegen – die Empiriker – auf den Plan gerufen, und sie alle sind nunmehr bestrebt, aus der Not eine Tugend zu machen, indem sie das Samenkorn politischer Legitimität bereits im Ist-Zustand zu entdecken suchen. Sie vergewissern sich untereinander, daß die Lage gar nicht so trostlos und Resignation unangebracht ist, und bauen mit theoretischer und/oder analytischer Begründung darauf, daß die Saat zu gegebener Zeit (ggf. mit ein bißchen Unterstützung) schon aufgehen werde. Den Anfang machten die Vertreter der These der output-Legitimierung. Sie reichten den Stab an die ‚demokratischen Funktionalisten' weiter, die gleich ihnen ohne größeren normativ-theoretischen Apparat auskommen und uns an Hand bisheriger Abläufe in verschiedenen Bereichen zu überzeugen versuchen, daß die Entwicklung, wenn man sie denn nicht behindert, letztendlich in demokratischen Zuständen resultieren müsse. Die interessanteste Gruppe in diesem Kontext ist die der Anhänger der deliberativen Demokratietheorie (ursprünglich überwiegend deutsche Kollegen, doch inzwischen ziehen die skandinavischen nach), die mit erheblichem theoretischem Aufwand nachweisen, daß die EU demokratischer ist als ihr Ruf, ja im Hinblick auf die Legitimierung ihrer Politik den Nationalstaaten partiell sogar überlegen ist. Präskriptive Varianten desselben Ansatzes bleiben dagegen häufig so unkonkret, daß sie gegenüber der Interpretation europäischer Politik als deliberativer weniger Beachtung finden.

Der Tenor solcher Versuche ist affirmativ – nicht immer von der Intention her, wohl aber im Effekt: Die Realität wird so (um-) interpretiert, daß man mit ihr leben kann. Neben der affirmativen Wirkung haben solche Versuche noch den erfreulichen Nebeneffekt, die besondere Leistungsfähigkeit, ja die überlegene Erklärungskraft des zugrundeliegenden Ansatzes unter Beweis zu stellen. Zumindest bei der deliberativen Variante scheiden sich hierin (wie erwähnt) immerhin die Geister, insofern den affimativen Uminterpreten diejenigen gegenüberstehen, die darauf beharren, daß gerade die

Theorie die eine oder andere (nur: welche ...?) institutionelle oder Verfahrensänderung fordere, *bevor* dem Ist-Zustand wirklich Legitimität attestiert werden könne. So ziehen sich denn nicht alle Autoren, die zur europäischen Demokratie-Debatte im letzten Jahrzehnt beigetragen haben, in gleicher Weise aus der Affäre. Gleichwohl ist festzuhalten, daß der Debatte der praktisch-politische Impetus – und genaugenommen auch der kritische – weitgehend abhanden gekommen ist. Die Zunft hat sich wieder in ihren Elfenbeinturm zurückgezogen, natürlich nicht ohne zuvor den Kenntnisstand über das neue supranationale System erheblich erweitert zu haben. Solchem Rückzug kommt im allgemeinen keine praktische Bedeutung zu, ist er doch ein Verzicht darauf, reale Politik wissenschaftlich anleiten zu wollen. Im gegebenen Fall allerdings liegen die Dinge etwas anders: Auch wenn die neueren Uminterpretationen europäischer Realität nicht in praktischer Absicht erfolgen, entbehren sie nicht der praktischen Relevanz. Denn mit guten Rechtfertigungsgründen versehen, nehmen europäische Akteure gern zur Kenntnis, daß das Heil im ‚Weiter so', ‚Mehr vom Bisherigen', schlimmstenfalls im klugen Zusammenfügen bestehender Einzelelemente liegt und sie also ohne Bedenken die Dinge so weiterlaufen lassen können, wie sie es nun einmal tun.

II.

Kommen wir nun zu den theoretischen Defiziten der Debatte. Hierzu gehört als erstes und wichtigstes, daß – der erwähnten Einigkeit über die ‚standard version' des Demokratiedefizits zum Trotz – die jeweils zugrundgelegten Begriffe von Demokratie höchst unterschiedlich sind. Für die einen ist Demokratie zwingend mit Mehrheitsherrschaft, parlamentarischer Regierungsweise und der Möglichkeit ‚to throw the rascals out' verknüpft; für die anderen reicht ‚public accountability' im Sinne horizontaler Kontrollen; für wieder andere ist Demokratie erst beim Vorhandensein deliberativer Zusammenhänge gegeben; und schließlich tauchen sogar die Version einer „démocracie de négociation et/ou diplomatique" und das „modèle techno-démocratique" auf (Telò 1995: 35ff.). Versucht man wiederum zu systematisieren, lassen sich – neben der deliberativen Variante, die gewissermaßen eine Klasse für sich darstellt – (grob) drei Richtungen identifizieren: (1) Eine einseitig-konventionelle, institutionelle Definition von Demokratie, die nicht nur bei den britischen Beiträgen überwiegt. Ihr steht die Kontrolle politischer Macht im Vordergrund; und sie hat eine Reihe von gesellschaftlich-organisatorischen Implikationen wie z.B. die Möglichkeit/Wahrscheinlichkeit von ‚party government' (s. z.B. Katz/Weßels 1999: 21ff.), die Existenz von Parteien-Wettbewerb und nicht zuletzt das Vorhandensein eines ‚vergemeinschafteten' Demos. Aus dieser Perspektive sieht das europäische Demokratiedefizit besonders unüberwindlich aus. (2) Die zweite Richtung möchte ich hier vorläufig die des ‚à la carte' oder der Beliebigkeit nennen. Ihr zufolge kann Demokratie so oder so definiert werden: z.B. werte-orientiert, prozeß-orientiert oder an der Vorstellung eines Gesellschaftsvertrags orientiert (s. als ein Beispiel Seidelmann 1995: 77). Je nach Sichtweise ist dann das Demokratiedefizit größer oder geringer; denn Wert-Realisierung ist durch den EuGH partiell gesichert, Entscheidungsprozesse enthalten bereits horizontale Kontrollen und sind ‚nur' in vertikaler Hinsicht defizitär, und nur bei einem *auch* die Individuen einschließenden Gesellschaftsvertrags-Modell hapert es noch grundsätzlich. (3) Oder Demokratie (zumindest eine ‚legitime' Politie, wenn man etwa Neyer oder Scharpf folgen möchte) ist im Prinzip schon alles, was ist, sofern es kein Entscheidungsmonopol gibt, sondern Entscheidungen zwischen verschiedenen Akteuren ausgehandelt werden (s. z.b. Scharpf 1998: 237); und dann haben wir eigentlich gar kein Defizit. Dann mag „the very strength of the Union as an elite-level consensus democracy ... an important cause of its defects as a mass democracy" sein (Lord 1998: 129), aber ‚demokratisch' ist sie gleichwohl, wenn auch in einer ziemlich spezifischen Spielart[38].

All das deutet auf eine tiefe Verunsicherung der Zunft darüber, was denn eigentlich mit Demokratie gemeint ist. Das bleibt nicht ohne Auswirkungen auf die Standards, die bei der Beurteilung von politischen Systemen generell und der EU im besonderen anzuwenden sind. Nur selten finden sich klare Aussagen wie die, „that we should not lower our normative standards to make them fit the EU reality" (Kohler-Koch 1999a, ms.: 12) und daß stets dann, wenn „equal access" und „public accountability" fehlten, von Demokratie eben nicht gesprochen werden könne: „Expanding network governance is – as such – no taming of the Leviathan" (ebd.: 16). Stattdessen überwiegt die Ansicht, daß „sich das vorherrschende Demokratiemodell der westeuropäischen Nationalstaaten – also das Modell der repräsentativen Demokratie mit Mehrheitsentscheid – nicht oder nur sehr eingeschränkt auf die europäische Ebene transferieren" läßt (Voelzkow 2000: 288), daß „the conventional methods of democratic accountability are difficult to apply to the European Union" (Lord 1998: 106), daß „both the procedural and substantive model of national democracy may miss the mark" (Héritier 1999: 279), und daß zur demokratischen und legitimatorischen Evaluation der EU folglich (wie schon oben angemerkt) andere Standards als die hergebrachten vonnöten seien (s. bes. Majone 1998: 6).

Aber woher nehmen? Die Effektivität des Entscheidungssystems schien sich einigen Autoren (s.o., I.1.) als alternativer Standard anzubieten, doch das Auseinanderdividieren von „Effektivität und Authentizität der Selbstbestimmung" (Scharpf 1993: 27; Benz 1998b: 202) rief erhebliches Unbehagen hervor. ‚Networking' und die Ausweitung von Netzwerken könnten als neuer Standard dienen. Aber nach welchen Standards darf eigentlich ‚network governance' seinerseits als legitim gelten? Reichen die wie immer gearteten

---

38 Um Chris Lord nicht unrecht zu tun: Er selbst teilt diese Sichtweise nicht.

Bindung an „highly organised social sub-systems", die „recognition of a plurality of interests", die Orientierung am „problem-solving" sowie die Herausbildung bestimmter „rules of behaviour" bzw. „patterns of interaction" (Kohler-Koch 1999b: 25f.) schon aus, um das ‚networking' zum legitimatorischen Anker zu nehmen? Eine Mindestbedingung hierfür wäre doch wohl „the assumption that each component of each network remains accountable to those it represents" (Lord 1998: 104): eine Annahme, die angesichts der Realität erkennbar ‚heroisch' ist. Und müßte nicht weiterhin ein Anspruch auf Beteiligung seitens derer hinzutreten, die – zufällig? – an der ‚network governance' keinen Anteil haben? Als möglicher weiterer alternativer Standard böte sich der des deliberativen Charakters der Entscheidungsfindung an, der indessen genauso wenig nachprüfbar ist wie der der Effektivität (s.o., I.2.c.) und ebenso wie beide zuvor genannten Alternativen mit dem Makel der bloßen Eliten-Veranstaltung behaftet ist. Andere Standards sind nicht in Sicht, weswegen die gesamte europäische Demokratie-Debatte Majone zufolge (1998: 6) in den Kinderschuhen steckengeblieben ist: „the debate about Europe's democratic deficit is still in the standard-setting stage" und zu Aller Frustration aus diesem Stadium bisher nicht herausgetreten.

„Work on the ‚democratic deficit' tends to distort the nature of the legitimacy problem in the EU" (so Banchoff/Smith 1999: 11), weil es an deren fluiden, unfertigen Zustand inadäquate Maßstäbe anlegt und die „constraints", unter denen ihr Entscheidungssystem operiert, nicht hinreichend berücksichtigt. Was beiden Autoren zufolge zudem nicht ernstlich in Rechnung gestellt wird, ist die „multi-level perspective", sind die „informal policy-making channels" und die damit verbundenen „new forms of representation" und „new patterns of contestation" (ebd.: 11ff.). Auch wenn man dieser Diagnose zunächst zustimmen mag: Die unleugbare Tatsache, daß europäische Politik „has ... proved more responsive to *certain* (Hervorhebung H.A.) social interests than its national counterparts" (ebd.: 14) und daß „an increasing range of actors" in ihr Entscheidungssystem inkludiert sei (ebd.: 12), besagt noch immer nichts über ihre demokratische Qualität – und liefert auch noch keinen neuen Standard –, weil damit weder etwas (z.B.) über Symmetrie und politische Gleichheit noch über Verantwortlichkeit gegenüber Referenzgruppen ausgesagt ist. Verräterisch ist der Satz „The multi-level perspective redirects attention away from popular attitudes ... to new patterns of political activity that contribute to legitimacy" (ebd.: 12). Hat demnach Mehrebenen-Politik – also Föderalismus – nichts (mehr) mit dem Volk bzw. den entscheidungsunterworfenen Individuen zu tun ...?

Solche und ähnliche (andere) Schlußfolgerungen aus der Diskussion des europäischen Demokratiedefizits legen den Verdacht nahe, daß das *eigentliche* Defizit in der Unsicherheit darüber besteht, was Demokratie denn nun im Kern ausmacht und wozu man sie braucht. Vielleicht besteht das Demokratiedefizit ja nur in den Köpfen einer Reihe von engstirnigen und traditionellen Vorstellungen verhafteten Sozialwissenschaftlern? Mit anderen Worten:

über das europäische Demokratiedefizit läßt sich im Grunde erst dann halbwegs Zuverlässiges aussagen, wenn wir uns zuvor mit dem demokratischen Theoriebestand auseinandergesetzt und uns darüber vergewissert haben, was die Institutionen bezwecken, die wir landläufig mit dem Etikett ‚Demokratie' versehen.

II. Ein Theoriedefizit?
Demokratietheoretischer Rück- und Überblick

1. Leerstellen und ungelöste Fragen

Verschiedentlich ist nun schon angeklungen, daß das europäische Demokratiedefizit realiter vielleicht gar keines ist, sondern sich erst bei falscher Betrachtungsweise ergibt: einer Betrachtungsweise nämlich, die dem *sui generis*-Charakter der EU und den Spezifika supranationalen Regierens nicht hinreichend Rechnung trägt. Statt eines Demokratiedefizits hätten wir demnach mit einem ganz spezifischen Theorie- oder gar mit einem Wahrnehmungsdefizit zu tun. Simon Hix (1998a) spricht in diesem Zusammenhang von einer ‚new governance agenda', die die Frage der Demokratisierung und Demokratisierbarkeit der EU zunehmend von der Tagesordnung verdränge. Indessen läßt sich nur bedingt ein Gegensatz zwischen ‚new governance' und demokratischer Legitimierung konstruieren, denn die meisten einschlägigen Autoren gehen ja doch mehr oder weniger explizit davon aus, daß die ‚new governance' den Keim einer neuen, ‚anderen', EU-spezifischen Demokratie bereits in sich trage. Die relevanten Stichworte hierbei sind: nicht-majoritär, konsensual, problemlösungsorientiert (via ‚arguing statt bargaining'), kollektive Entscheidungsfindung auf der Basis auch funktionaler Repräsentation. Skizzenhaft wird hier in der Tat ein anderes als das konventionelle Demokratiemodell erkennbar. Besser gesagt: aus dem Nebel treten die Umrisse eines neuen Modells des Regierens, von dem wir noch nicht wissen, ob und wieviel es mit den Grundgedanken (nicht: -Institutionen!) des Demokratieprinzips gemein hat, und ob es zu leisten vermag, was Demokratie leisten soll. Dies ist die zentrale Frage, über die wir alle ins Schwimmen geraten und die im allgemeinen unbeantwortet bleibt.

I.

Die große Leerstelle der Debatte befindet sich demnach mitten im demokratietheoretischen Zentrum, betrifft die Dahlsche Frage „why is democracy desirable anyway?" (Dahl 1998: 4). Erst eine überzeugende Antwort auf diese Frage könnte die verschiedenen, eben aufgelisteten Demokratievorstellungen in einen plausiblen Kontext bringen, die unterschiedlichen Bewertungen des Demokratiedefizits in Bezug zueinander setzen und den alternativen Überlegungen ihre Beliebigkeit nehmen. Doch aus demokratietheoretischer Warte wird das Pferd vom Schwanz aufgezäumt: Nicht Sinn und Zweck von Demokratie stehen am Ausgangspunkt (fälschlicherweise hält man beides wohl für selbstevident?), sondern ihre Bedingungen.

Als deren wesentliche gilt die Existenz eines Demos: eines ‚vergemeinschafteten' Volks, das sich als Einheit versteht, sich selbst regieren will und zu dem Zweck einen einheitlichen Willen ausbildet. Wo kein Volk, kein solcher Wille, kein Konsens in Basisfragen, da – so das Argument – ist Demokratisierung witzlos. Alle anderen Vorbedingungen, namentlich Öffentlichkeit, eine entwickelte Organisationsstruktur, zur Regierungsmacht strebende bzw. ‚verantwortliche' oder auch kompetitive Parteien, sind im Grunde aus dieser einen abgeleitet. Die These, ohne ‚fertiges' Volk – sprich Nation – kein (demokratischer) Staat, ist historisch indessen kaum haltbar. Die europäischen Nationalstaaten entstanden, legt man den Maßstab ‚Demos' an, z.T. recht willkürlich, nämlich aus dynastischen Erwägungen, aus solchen der sicheren Grenzen, des geschlossenen Wirtschaftsraums u. dgl.. Das Volk paßte sich dem *nolens volens* und nicht ohne Kämpfe und Rebellionen an. Auch die Demokratisierung der Nationalstaaten folgte nicht der ‚fertigen' Infrastruktur und als Reaktion auf den ‚einheitlichen Willen' des Demos, sondern war häufig das Produkt hartnäckigen Agierens kleiner Gruppierungen, gern Intellektuellen-Zirkeln. Organisationslandschaft und ‚Zivilgesellschaft' formierten sich erst nachgängig, als nämlich Beteiligungsmöglichkeiten bestanden, die die betreffenden Aktivitäten lohnend erscheinen ließen. Intellektuellen-Zirkel wären nun zwar auch im an der Spitze integrierten Europa vorhanden; doch drängt es sie offenbar nicht zur europäisch-demokratisierenden Aktion. Auch fehlt es nicht an gesellschaftlichen Eliten, die sich zu Wortführern einer Demokratisierung machen könnten; nur liegt ihnen anscheinend (und abseits praktischer Unmöglichkeiten) wenig daran, ihre jeweilige Basis ins Integrationsgeschäft einzubeziehen. Dies ist, nur nebenbei bemerkt, ein Aspekt, der bei der Evaluation des europäischen Ist-Zustands im allgemeinen zu kurz kommt, obwohl hierzu einige empirische Befunde vorliegen[1]. Dabei mag demokratietheoretisch wie -praktisch von einiger Relevanz sein, ob es am ‚Gesamtwillen' des Demos oder ‚nur' am entsprechenden Willen der diversen, den Demos vorgeblich repräsentierenden Eliten gebricht.

Aus der Bindung der Demokratie an Demos und Nation folgt ein zweiter Stolperstein auf dem Weg zur Konzeptualisierung einer ‚europafähigen' Demokratie, nämlich die Behauptung eines „unauflöslichen Zusammenhangs zwischen Staat und Demokratie. Demokratisch kann danach notwendig nur ein Staat sein. Volkssouveränität wird demzufolge durch den Staat ermöglicht und begrenzt." (Gusy 2000: 141). Über die Definition der Demokratie als Volkssouveränität erfolgt eine Verkopplung von Demokratie mit Souve-

---

[1] S. die in den Jahren 1994 ff. durchgeführte European Representation Study (Katz/Weßels 1999; Schmitt/Thomassen 1999).

ränität als solcher, und souverän ist (qua definitionem) eben nur der Staat. Da eine supranationale Politie wie die EU nicht wirklich souverän sein kann[2] (worauf ihre Mitglieder allergrößten Wert legen), ist sie logischerweise auch nicht wirklich demokratisierbar (besonders prägnant bei Telò 1995: 3ff.). Das Argument ist, wohlgemerkt, nicht das der Machbarkeit von Demokratie oder das der diversen Dilemmata beim Erfinden entsprechender Konzepte, sondern das der logischen Unmöglichkeit; demnach brauchen wir über das Thema nicht weiter nachzugrübeln. Das logische Problem besteht indessen nur dann, wenn – in m.E. unzulässiger Weise – Demokratie und staatlich-völkerrechtliche Souveränität ineins gesetzt werden. So weist der Verfassungsrechtler Christoph Gusy zu Recht darauf hin, daß „die Anerkennung einer Volkssouveränität ... noch lange nicht die völkerrechtliche Souveränität jenes Volkes" begründe (2000: 142). Faßt man Volkssouveränität stattdessen als Letztentscheidungsrecht des Volks in den Fragen, von denen es sich tangiert sieht, ist sie sowohl unterhalb als auch oberhalb der Ebene überkommener Staatlichkeit konzipierbar sowie realisierbar.

Mit anderer Begründung kommt Jürgen Habermas (1998) ebenfalls zu dem Schluß, daß Demokratie recht eigentlich und wesentlich an den Staat gebunden sei. Demokratie intendiert „Selbststeuerung der Gesellschaft"; bevor aber „eine Gesellschaft auf sich selbst einwirken kann, muß sich ein Teilsystem ausdifferenzieren, das auf kollektive Entscheidungen spezialisiert ist" (ebd.: 97) – eben ein Staat; zudem setzt solche ‚Selbsteinwirkung' „ein wohlbestimmtes ‚Selbst' – als Bezugsgröße der Einwirkung – voraus", zu welchem Zweck „die soziale Abgrenzung der politischen Gemeinschaft mit der territorialen Begrenzung eines staatlich kontrollierten Gebietes kombiniert werden (muß)" (ebd.: 98). Doch warum sollte die Verknüpfung der sozialen mit der territorialen Abgrenzung zwingend sein (sie ist es selbst innerstaatlich nicht)? Und ‚auf kollektive Entscheidungen spezialisierte' Systeme haben sich längst auch abseits von Staatlichkeit etabliert, worauf Habermas mit dem Verweis auf ‚deliberative Prozesse', also auf Verfahren abseits ‚normaler' (innerstaatlicher) Partizipation reagiert. Die Kernfrage nach der Möglichkeit postnationaler Demokratie bleibt damit allerdings ungelöst, jedenfalls solange nicht geklärt ist, inwieweit die bezeichneten ‚deliberativen Prozesse' dem Zweck von Demokratie entsprechen.

Die Frage nach dem Zweck von Demokratie stellen, heißt zunächst einmal, Demokratie instrumentell verstehen. Hierzu gibt es immerhin die eine oder andere bemerkenswerte Antwort. Wenn nämlich der Zweck im Sinne des Nutzens (der ‚benefits') der demokratischen Regierungsweise verstanden, der wiederum als ‚responsive government' und dies vorwiegend materiell definiert wird, landet man mit mehr oder weniger langen Umwegen bei der

---

[2] „Indeed, to ask whether sovereignty is being ‚transferred' from nation-states to a community may be quite misleading: more relevant may be the question of whether sovereignty being lost by individual states can be focused at all ..." (Keohane/Hoffmann 1990: 293).

eingangs schon diskutierten output-Legitimation. Bei wertbezogener Sicht ihrer Instrumentalität sind die Folgerungen mindestens so radikal. Wir schätzen die Demokratie – so Richard Bellamy und Dario Castiglione (2000: 73) – nicht nur wegen ihrer „intrinsic values"; „our approval of democratic institutions is equally conditional ... on their delivering the beneficial effects associated with democratic decision-making"; die Folgerung daraus ist, daß „the relatively instrumental and contingent nature of democracy ... makes its legitimacy no longer self-standing, rendering the democratic imperative less compelling." Demokratisierung ist dann ggf. sogar verzichtbar – oder jedenfalls eine nicht hinreichende Legitimation europäischen Regierens: „The implications for Europe are that an injection of democratic institutions is not sufficient to give legitimacy to its system of governance" (ebd.: 81). Sie ist es zweifellos nicht, wenn man (wie viele Autoren in der europäischen Demokratie-Debatte) das Hauptmerkmal von Demokratie darin sieht, „that a given majority is in a legitimate position to impose its will on any given minority" (Neyer 1999: 231). Wiederum haben wir mit unzulässigen, zumindest vorschnellen Begriffsverengungen zu tun; denn weder liegt der Zweck von Demokratie zwingend in der Garantie bestimmter ‚benefits', noch muß Demokratie zwingend mit Mehrheitsherrschaft identisch sein.

II.

Damit sind zwei wichtige theoretische Leerstellen der europäischen Demokratie-Debatte ausgemacht: Sie fragt nicht – oder nicht gründlich genug – nach dem Zweck demokratischer Institutionen und Verfahren, und sie vernachlässigt die Kontextabhängigkeit solcher Verfahren. Im Hinblick auf die Möglichkeit postnationaler Demokratie – über die, entgegen allen vermeintlich logischen Schlüssen, das letzte Wort noch nicht gesprochen ist – läßt sie überdies eine Reihe von Fragen offen. Die ‚ungelösten Fragen' sind im Folgenden zu einer Reihe von Problemkomplexen zusammengefaßt, die uns im Verlauf dieser Arbeit noch weiter beschäftigen werden.

1. Wer ist das Subjekt postnationaler Demokratie?[3] Mit der Abwesenheit einer der nationalen Identität vergleichbaren, vergleichsweise homogenen trans- oder supranationalen ‚kollektiven Identität' wird man zu rechnen haben; aber ist damit die Existenz eines (quasi-) Demos als Träger partizipatorischer Rechte zwingend ausgeschlossen? Ist „the ability of the European citizenry *as a whole* (Hervorhebung H.A.) to claim democratic control" (Chryssochoou 1998: 29) wirklich eine unerläßliche Voraussetzung demokratischer Beteiligung? Muß man, um es anders herum zu formulieren, die jeweils betroffenen Individuen aus trans- bzw. supranationalen Entscheidungsprozessen grundsätzlich und unweigerlich ausschließen und als Demokrat nach Surro-

---

3 Vgl. auch Eriksen und Fossum (2000: 74): Wer kann hier „the legitimate subject of authorization" sein?

gaten suchen, die sich etwa in Gestalt von NGOs anbieten mögen[4], oder schlicht darauf vertrauen, daß die verschiedenen beteiligten Eliten sich schon responsiv und ‚verantwortlich' ihrer jeweiligen Basis gegenüber verhalten werden?

2. Ist auf supranationaler Ebene Repräsentation sinnvoll und überhaupt möglich? ‚Jenseits des Nationalstaats' und auch in der EU werden kollektiv bindende Entscheidungen getroffen, die häufig nur einen Ausschnitt der potentiell Entscheidungsunterworfenen etwas angehen (daher das Stichwort ‚variable Geometrie'); darum wäre eine zentrale Gesamtvertretung aller vereinigten Populationen nur sehr bedingt der rechte Ort, die Interessen der tatsächlich Betroffenen wirksam zur Geltung zu bringen. Hinzu kommt, daß trans- und supranationale Entscheidungssysteme primär funktionaler bzw. sektoraler Natur sind. In funktionalen Zusammenhängen aber ist es schwierig, wenn nicht gar unmöglich, vorweg eine Art von Demos abzugrenzen. Repräsentation wird folglich prekär; doch wie steht es mit den Alternativen?

3. Wahlen sind sicher nicht die einzige Möglichkeit der Demokratisierung. Aber gehört deshalb gleich die prozedurale Komponente von Demokratie insgesamt auf die Müllhalde der (postnationalen) Geschichte? Wenn man die gern zitierte demokratische Trias – Regierungsform, Werte, majoritärer Entscheidungsprozeß – entkoppelt und die Einzelelemente aus ihrer Verbundenheit untereinander löst, dann bleiben, folgt man den Vorstellungen (z.B.) von Bellamy und Castiglione (2000: 69ff.), supranational nur noch die Werte übrig. Wie ist deren Geltung dann aber sicherzustellen? „The very principle of democracy may need revision" (ebd.: 69), doch scheint mir unnötig, bei der Revision das Kind mit dem Bade auszuschütten, demokratische Verfahren, welcher Art auch immer, zur Disposition zu stellen und Demokratie wegen ihrer „instrumental and contingent nature" (ebd.: 73) quasi abzuhaken.

4. Schwierig, wenn nicht gar unmöglich, wird im supranationalen Kontext auch die ‚exit'-Option; zumal aus funktionalen Zusammenhängen kann man nicht ‚abwandern'. Nicht zuletzt deswegen verbietet sich hier die Konstruktion von Ersatz-Legitimation via ‚stillschweigender Zustimmung' (vgl. Abromeit/Schmidt 1998: 295ff.). Um so dringlicher wird folglich ‚voice', also Widerspruch im Sinne der Kontestierung von Entscheidungen. Wie aber läßt solche Kontestierbarkeit sich sicherstellen? Über die Abwahl – bzw. Nicht-Wiederwahl – von Entscheidungsträgern geht dies schon allein deshalb nicht, weil wir mit Aushandlungsprozessen zu tun haben, an denen viele (und unterschiedlich legitimierte) Akteure beteiligt sind.

5. Bei unbestimmter Grundgesamtheit und systematisch unklaren Wegen der Repräsentation wird es problematisch, sich Mehrheiten vorzustellen. Wie läßt sich demokratietheoretisch hiermit umgehen, was bleibt von Demokratie

---

[4] – in die manchernorts große Hoffnungen gesetzt werden; s. z.B. die Arbeiten der Forschungsgruppe „Weltgesellschaft".

abseits der „majoritarian avenue" (Dehousse 1995)? Bisher charakterisiert die Demokratiedebatte der Unwille, über die majoritäre Demokratie hinauszudenken; lieber verzichtet man auf das Prinzip als solches.

6. Der Grad an Vergemeinschaftung und Solidarität, der in der demokratietheoretischen Debatte gemeinhin mit dem Begriff des Demos verbunden und dessen Existenz in ‚Nationen' als quasi selbstverständlich unterstellt wird, der aber supranational mutmaßlich nicht zur Verfügung steht, ist nicht für alle Politik-Typen in gleicher Weise erforderlich. Im Umkehrschluß heißt das, daß ‚anspruchsvolle' – z.B. redistributive – Politik auf supranationaler Ebene demokratisch nicht legitimierbar ist. Eine auch auf supranationale Kontexte anwendbare Demokratietheorie hätte sich also auch auf die kontextbedingte Machbarkeit von Politiken einzustellen. Nicht umsonst wird gelegentlich auf ‚negative Politik' verwiesen. Damit kann zum einen gemeint sein, daß supranationale Politik, wenn sie denn legitim sein will, von vornherein als von der Kompetenz her strikt eingegrenzte zu konzipieren ist (s. z.B. Haupt 1993: 233f.)[5].

7. Zum anderen aber könnte dies (wie schon oben verschiedentlich angemerkt) bedeuten, daß das im fraglichen Kontext allein realisierbare Maß demokratischer Beteiligung sich auf Widerspruch zu beschränken hätte, sich also nicht auf (‚positive') Mitgestaltung erstrecken würde. Die Frage an die Demokratietheorie ist hier, ob positiv und negativ, Gestaltung und Blockade, sich legitimerweise auseinanderdividieren lassen.

8. ‚Positive' Mitgestaltung scheint deliberativer Prozesse in der Öffentlichkeit in stärkerem Maße zu bedürfen als ‚negative Politik'. Hieran knüpfen sich gleich zwei Fragen: Ist ‚negative Politik' zwingend durch den Mangel an öffentlicher Diskussion gekennzeichnet und deshalb in demokratietheoretischer Betrachtung minderwertig? Und ist der vermutete Mangel so schwerwiegend, daß der entsprechenden Beteiligungsvariante der demokratische Charakter von vornherein abgesprochen werden muß?

9. All diese Fragen sind im Hinblick auf die europäische Integration formuliert. Nun ist die EU aber auch als offene und unfertige zweifellos nicht ‚ohne Grenzen'; im Gegenteil beobachten wir eine ausgeprägte Tendenz, die Grenzen gegenüber Nicht-Mitgliedern und ‚Dritt-Ausländern' zu verfestigen. Die Grenzen sind gegenüber den Nationalstaaten lediglich erweitert und hinausgeschoben (s. hierzu z.B. Wolf 1999 über die „Grenzen der Entgrenzung"). In mehrfacher Weise nähert die EU sich der Staatlichkeit: Sie verfügt nicht nur über Institutionen der ‚Staatswillensbildung' und über eine Art ‚Herrschaftsordnung', sondern auch über ein ‚Staatsgebiet'; eine ‚Staatsgewalt' ist im Entstehen begriffen; und nur am ‚Staatsvolk' scheint es noch zu hapern. Stimmt diese Diagnose, wäre die Union eigentlich wie ein Staat zu demokratisieren – wenn auch ggf. mit einer Reihe von Abstrichen, was kon-

---

5   S. auch Scharpf in zahlreichen Veröffentlichungen und nicht zuletzt das Bundesverfassungsgericht.

ventionelle Demokratisierungsformen betrifft. Was aber ist mit kollektiven Entscheidungszusammenhängen, z.B. ‚internationalen Regimen', die tatsächlich im ‚entgrenzten Raum' zu lokalisieren sind? Staatlichkeit läßt sich hier nicht einmal in Spurenelementen ausmachen.[6] Gleichwohl gibt es Entscheidungsunterworfenheit; zwar ist systematisch unklar, wo und bei wem, doch ‚wen es trifft', den trifft es geballt und unausweichlich, weil die ‚no exit'-Falle hier nun in der Tat zuschnappt. Da hilft es wenig, daß Normadressaten formell natürlich nur die Beteiligten an solchen ‚Regimes', in aller Regel also die Regierungen der betreffenden Staaten sind.

Im internationalen wie im funktionalen Raum haben wir mit einer Grenzenlosigkeit zu tun, die sich nicht nur demokratiepraktisch, sondern allem Anschein nach auch demokratietheoretisch nicht in den Griff bekommen läßt. Je radikaler die Entgrenzung, so muß man wohl folgern, desto ausschließlicher wird kollektive Entscheidung zur Elitenveranstaltung[7], woran, nebenbei bemerkt, auch die fallweise Einbeziehung von NGOs nichts ändert. Nicht nur James N. Rosenau (1998: 47ff.) schließt aus deren Inklusion auf die Ausbildung von „checks and balances" im internationalen System, vergleichbar den in der europäischen Demokratie-Debatte häufig erwähnten ‚horizontalen Kontrollen'. Die bloße Zunahme der Akteure als solche mag der Machtkontrolle dienlich sein; doch bleibt die Frage, ob dies allein schon ‚demokratisch' ist. Auch ein ‚Weltparlament' (vgl. Held 1995: 106ff.) würde am Charakter der Elitenveranstaltung nichts ändern, womit fraglich ist, ob die von David Held konzipierte „kosmopolitische Demokratie" eine Demokratie sein kann. Ähnliches gilt für die „deliberative Politikgestaltung im Weltsystem" (Richter 1997: 194), zu der in weltweiter „Bürgergesellschaft" sich, „in wechselnden Konstellationen, individuelle Experten, politische Eliten, spontane Öffentlichkeiten von sozialen und politischen Bewegungen, Medienöffentlichkeit oder Interessengruppen" vereinen: Mit Ausnahme der „spontanen Öffentlichkeiten" sind dies wiederum und erklärtermaßen Eliten. Als Form von Demokratie läßt sich das Modell nur würdigen, wenn man einem fallweisen und von der Zusammensetzung her tendenziell beliebigen Diskurs, der den eigentlichen Entscheidungsprozeß begleitet, ihn aber nicht zwingend zu beeinflussen vermag, schon demokratische Qualität zuspricht. Dies erscheint bestenfalls als eine Rudimentärform von Demokratie, die wiederum (wie oben schon mehrfach angemerkt, s. I.2.c und I.3.) Gefahr läuft, den Zweck von Demokratie aus dem Auge zu verlieren.

---

6 Auf die noch weitergehende Problematik der neuen Ausdifferenzierung ‚funktionaler Räume' (s. z.B. Albert 1999) soll hier nicht zusätzlich eingegangen werden, zumal hier ‚Steuerung' i.S. kollektiver Entscheidungsfindung teilweise gar nicht stattfindet. Die entsprechende IB-Debatte ist gleichwohl demokratietheoretisch von hoher Brisanz.

7 Fritz Scharpf zufolge (1998: 241, 237) verfügen Verhandlungssysteme – auch internationale – über eine „eigenständige Legitimität", die auf der Veto-Möglichkeit der betroffenen Interessen basiert. Das demokratietheoretische Problem wird damit allerdings nicht gegenstandslos.

III.

Die Frage nach der Möglichkeit radikal entgrenzter Demokratie, an deren Lösung sich in den letzten Jahren viele ergebnislos abgemüht haben (s. z.B. auch Brock 1999), wird auch an dieser Stelle nicht beantwortet werden können. Wo alle Zuordenbarkeit (von Wirkungen) und Zurechenbarkeit (von Verantwortung) im dichten Nebel der Ungewißheit verschwimmen, ist Demokratie – so ein vorläufig-pessimistisches Fazit – nicht möglich, und wohl nicht nur in ihrer repräsentativen Variante.[8] Es sei denn, man definiert Demokratie grundlegend um, koppelt sie vom Selbstbestimmungs- und Kongruenz-Postulat ab (s.o., Einl.) und das ist hier nicht beabsichtigt.

Doch zumindest einige der hier aufgelisteten Fragen lassen sich im Folgenden einer Antwort hoffentlich näherbringen. Zu dem Behuf soll nun zunächst der demokratietheoretische Traditionsbestand nach Aussagen zum Zweck und Kern von Demokratie durchforstet werden (2.a und b). Den Ergebnissen dieses Rückblicks werden die beiden derzeitigen *mainstream*-Varianten der empirischen und der deliberativen Demokratietheorie konfrontiert (c und d). Die wesentlichen Streitpunkte zwischen beiden Richtungen sind in einem eigenen Kapitel (3.) gesondert zusammengestellt und diskutiert, und zwar unter besonderer Berücksichtigung der eben angesprochenen ‚ungelösten Fragen' bei der Konzipierung postnationaler Demokratie. So gerüstet, können wir uns im dritten Teil des Buches dann einem Demokratiekonzept zuwenden, das sich nicht nur im Nationalstaat und nicht nur auf der territorialen Dimension der Politik anwenden läßt.

2. Was ist Demokratie?

a. Definitionsprobleme

I.

In meiner Studienzeit habe ich mir eine Sammlung von Demokratiedefinitionen zugelegt. Mehrheitlich drücken die Definitionen in unterschiedlichen Worten in etwa das Gleiche aus; aber manche irritierten mich zutiefst, weil sie so ganz anderes besagten als das, was ich mir in meiner Naivität unter Demokratie vorstellte, ja die eine oder andere empfand ich geradezu als zynisch. Unter Demokratie schlicht ‚Volksherrschaft' zu verstehen, galt zur Zeit meines Studiums als politikwissenschaftlich inadäquat und unpassend.

---

8 „A global government, no matter how democratic, would be the expression of a heterogeneous majority" und wäre darum "undesirable" (Archibugi 1998: 215, 207) – so kann man sich auch aus der Affäre ziehen.

„Wer ... keinen utopischen Vorstellungen anhängt, weiß, daß Demokratie heute Herrschaft im Auftrage und unter der Kontrolle des Volkes bedeutet, daß in ihr also die Staatsgewalt zwar vom Volke ausgeht, aber wie in anderen Gemeinwesen auch von dazu beauftragten Personen und Personengruppen ausgeübt wird. Die Besonderheit der rechtsstaatlichen Demokratie besteht letztlich ‚nur' darin, daß diejenigen, welche die Staatsgewalt ausüben, dies im Rahmen von Verfassung und Gesetzen tun, von Zeit zu Zeit neu beauftragt werden und einer ständigen, mehr oder weniger umfangreichen Kontrolle unterliegen." Dieser Definition, die damals sozusagen zur Standardausrüstung des Politikstudenten gehörte, hängte ihr Autor Thomas Ellwein (1965: 7) die m.E. berechtigte Frage an: „Welche Rolle spielt dabei das Volk?" und lokalisierte diese Rolle irgendwo zwischen ‚bloßer' Wahlbeteiligung und ‚unbegrenzter Mitverantwortung'. Man gab sich definitorisch im allgemeinen äußerst nüchtern und beschränkte Demokratie auf die „Herrschaftsausübung durch eine zu alternativer Führung und Regierung tendierende Kombination konkurrierender Gruppen im Auftrage und unter Kontrolle des Volkes" (Stammer 1955: 282), wobei die Einzelelemente – vor allem das ‚im Auftrag' – mit mehr oder weniger Details angereichert wurden.

Der damalige (deutsche) *mainstream* definierte eindeutig formal und institutionell und enthielt sich politikphilosophischer Begründungen; Werte wie Freiheit und Gleichheit oder auch das Gemeinwohl kamen nicht oder nur am Rande vor. Demokratie als „die Verwirklichung der Freiheit des Menschen durch Massenbeteiligung an ihrer Verwirklichung" zu definieren (Neumann 1950; 1967: 23), erschien zu unhandlich und unpräzise; ihre Bestimmung als „ein Regierungssystem ..., das auf der Annahme beruht, die Förderung des Gemeinwohls sei am besten zu erreichen, wenn allen Bürgern des Gemeinwesens eine gleiche und optimale (sei es mittelbare, sei es unmittelbare) Mitwirkung bei der Bildung des Gemeinwillens gewährleistet wird" (Fraenkel 1964: 131), rückte den Begriff in zu große Nähe all dessen, was Demokratie, in Abgrenzung vom ‚identitären' Demokratieverständnis, erklärtermaßen nicht sein sollte. Das seinerzeit vielbenutzte Lexikon ‚Staat und Politik' (Fraenkel/Bracher 1957) war in seinem ausführlichen Stichwort „Demokratie" (an dem Ernst Fraenkel selbst mitgeschrieben hat) so sehr damit beschäftigt, den Begriff abzugrenzen und vor „Mißverständnissen" zu schützen, daß es die eigentliche Definition von Demokratie darüber überhaupt vergaß (ebd.: 72ff.). In der Tat haben in den vergangenen Jahrhunderten die Menschen viel – zu viel? – von der Demokratie erwartet: „Democrats expect much of democracy. ...It might be going too far to say democracy is all things to all people, but it is fair to say that there is a strong propensity to associate democracy with a wide array of activities and outcomes that people value. In reality, democracy often disappoints." (Shapiro/Hacker-Cordòn 1999: 1).

Der Gefahr, daß Demokratie in solcher Weise zum bloßen „Signalwort für positive Wirkungen in der Sprache der Politik" wird (Scharpf 1970: 8), kann man mit minimalistischen bis hin zu zynischen Begriffsbestimmungen zu begegnen versuchen. Dann ist z.B. die Demokratie „in allererster Linie ein Versicherungssystem", wenn auch nicht gegen ‚schlechtes' Regieren, da die Wahlen betrüblicherweise nicht im Sinne einer „Leistungsauslese" funktionieren (Eschenburg 1966: 68f.); sie ist weder Mehrheits- noch gar Volksherrschaft, sondern in der Praxis „minori*ties* rule" (Dahl 1962: 132); und schließlich ist sie „ein vorzügliches Überdruckventil ..., durch welches die Gegner und die Massen Dampf abblasen können, ohne das Gesellschaftsgefüge zu erschüttern." (Burnham 1948: 201).

II.

Jede nicht-formale, *allgemeine* Definition von Demokratie ruft Probleme hervor. Denn was kann ‚Massenbeteiligung an der Verwirklichung der Freiheit' in der Praxis alles bedeuten? Oder um die gängige Formulierung der ‚self-rule' oder ‚rule by the people' aufzugreifen: „who ought to comprise ‚the people' and what does it mean for them ‚to rule'?" (Dahl 1989: 3). Ein Mindestmaß an Konkretisierung tut also not. Deren erster Schritt ist die Festlegung von Demokratie auf eine Form politischer Machtausübung bzw. eine Form von Herrschaft[9] oder ‚Regierung' im weitesten Sinne, und zwar eine Form, in der das Volk irgendwie beteiligt ist. Demokratietheorie verengt sich so zu einem Teil der Theorie der Regierungsformen (Bobbio 1989: 133). Als Regierungsform läßt Demokratie sich dann wie folgt präzisieren: „allen älteren und modernen Demokratien ist der Anspruch gemeinsam, die Herrschaft im Staate auf die Norm politischer Gleichheit der Vollbürger zu verpflichten, auf den Willen der Stimmbürgerschaft oder zumindest eines maßgebenden Teils der Stimmbürgerschaft zu gründen und die Regierenden auf Rechenschaftspflichtigkeit gegenüber den Regierten festzulegen." (M.G. Schmidt 2000a: 20). In einem zweiten Schritt konkretisiert Demokratie sich damit zu einer Form von Herrschaftslegitimation (die Gründung auf den Willen der Stimmbürger) und Herrschaftskontrolle. Im allgemeinen wird sie dadurch zugleich auf den Kontext des Staates eingeengt.

In der angelsächsischen Tradition sind beide Aspekte im Begriff der „responsive rule"[10] zusammengefaßt; in ihm sind ‚popular control' (unter der Bedingung politischer Gleichheit) und das Prinzip der Machtbegrenzung eine symbiotische Beziehung eingegangen (vgl. Beetham 1994: 28f.). Derselben Tradition zufolge hat Demokratie im Kern mit Regeln zu tun, und zwar in doppelter Hinsicht: Demokratie zielt ab auf „collectively binding decisions about the rules ... of a group" (ebd.: 28), und hierzu bedarf es der Entscheidungsregeln, die ein Optimum an ‚popular control' garantieren. Im dritten Schritt konkretisiert Demokratie sich so zu einem Set von Entscheidungsver-

---

9 „Was auch immer ‚Demokratie' bedeuten ... mag: Die Frage nach ihr stellt sich ... erst, wenn überhaupt Herrschaft ausgeübt wird." (Gusy 2000: 131).
10 „Democracy has a simple enough political meaning. The ‚irreducible core' of the concept would seem to be ‚responsive rule' ..." (Lord 1998: 12).

fahren und folglich zu einer bestimmten Methode (s.dazu u., 2.d.) der Organisation kollektiver Entscheidungen. Da nun, nach mathematischen Überlegungen und wie wir seit Condorcet alle glauben, die Mehrheitsregel das Optimum an ‚popular control' verspricht, wird Demokratie weiter zur Mehrheitsherrschaft verengt; „there is a burden of proof upon the anti-majoritarian" (Weale 1999: 126), in welcher Form es auch immer auftritt.

Ist man erst einmal bei dieser Konkretisierungsstufe angelangt, landet man schnell bei der Verengung des Begriffs auf bestimmte konkrete Erscheinungsformen, die sich im Lauf der Zeit in den Staaten herausgebildet haben, die gemeinhin als demokratisch gelten (und damit bei den am Anfang des Kapitels aufgeführten Definitionen). So hat zwar William Riker (1982: 5) bei Durchsicht der Demokratietheorie „statistisch ermittelt", daß Partizipation, Freiheit und Gleichheit die entscheidenden Kriterien von Demokratie seien; gleichwohl kommt er zu dem Schluß: „all democratic ideas are focussed on the mechanism of voting. All the elements of the democratic *method* are means to render voting practically effective and politically significant, and all the elements of the democratic *ideal* are moral ... elaborations on the features of the method that make voting work." Dazu zählen dann die Existenz einer Volksvertretung mit wirklichen Entscheidungsrechten, eines kompetitiven und responsiven Parteiensystems, eines Gesellschaftssystems, das die entsprechenden Aktivitäten belohnt, einer aktiven, ‚mit sich selbst identischen' Population und Zivilgesellschaft, u.a.m. Das alles klingt plausibel und hat den großen Vorzug der Realitätsnähe. Doch zum einen hatten und haben die Elemente einer solchermaßen aufs Deskriptive heruntergeschraubten Begriffsbestimmung von Demokratie die Tendenz, sich unter der Hand in Bedingungen ihrer Möglichkeit zu verwandeln, mit der Folge, daß über alternative Formen ihrer Verwirklichung nicht mehr nachgedacht wird. Zum zweiten besteht (worauf schon viele Kritiker der ‚elitären' Demokratietheorie hingewiesen haben) der Verdacht, daß als Endpunkt der Konkretisierung die bloße Chance des Führungswechsels, die bloße Unterscheidung zwischen Plural und Singular als Kern von Demokratie übrig bleibt. Und zum dritten entspricht jedem Mehr an Konkretisierung ein Minus an Flexibilität: Je mehr die Definition von Demokratie mit Elementen ihrer Realität in ‚demokratischen Staaten' angereichert wird, desto weniger taugt sie mutmaßlich für die Realisierung von Demokratie in anderen, sub- oder suprastaatlichen Kontexten.

III.

So weit in etwa das, was man stark vergröbert den ‚Lehrbuch-Befund' in Sachen Demokratie nennen könnte. In Lehrbüchern kommen zwar gelegentlich auch die partizipative, die soziale oder die direkte Demokratie vor, aber sie spielen dann die Rolle der ‚abweichenden Meinung'. Aus dieser Rolle suchen die Konzepte der deliberativen Demokratie sich gerade zu befreien (s.

dazu u., 2.e.). Sie haben immerhin wieder auf die Tagesordnung gebracht, was mit zunehmender Konkretisierung des Begriffs verloren zu gehen drohte, nämlich die Frage nach dem Zweck und der Rechtfertigung von Demokratie. Des Zwecks von Demokratie aber hätte man sich zu versichern, wenn man denn eine flexibel anwendbare Konzeption von Demokratie entwickeln will. „Democratic government makes very little sense until we know why people should in any case at all have anything to say about how they are governed." (Schattschneider 1989: 43). Wie läßt die Mitsprache des Volkes, dessen Urteilsfähigkeit ziemlich generell als inferior eingestuft wird, sich überhaupt rechtfertigen? Und warum eigentlich sollten die Präferenzen ‚der Leute' in politische Entscheidungen übertragen werden? Doch nicht etwa um der Leute selbst willen ...? ‚Self-rule', so William Nelson (1980: 7), ist nicht per se gut und „desirable"; das Recht der Bürger, politische Entscheidungen zu beeinflussen, kann für ihn nicht Selbstzweck sein (ebd.: 22). Rechtfertigung findet die Repräsentativregierung seiner Ansicht nach nur darin, daß (und solange!) sie dazu tendiert, „to recognize morally justifiable claims and to discourage the expression of morally unjustifiable claims", und darum in „morally justifiable legislation" resultiert (ebd.: 7). Das heißt, „democracy is desirable largely because of its good effects" (ebd.: 96), und dies auch noch in einem ganz spezifischen Sinne, nämlich ‚moralisch' definiert. Da stellt sich sofort die Frage, wer – und nach welchen Kriterien – über das Vorliegen solcher ‚good effects' legitimerweise zu richten vermag; die zweite Frage ist, inwieweit in einer modernen Gesellschaft Einverständnis über die „adequate morality" unterstellt werden kann.

Nelsons rigoristische Sicht mag als ein Extrem auf einem denkbaren Kontinuum möglicher Zwecksetzungen (und Rechtfertigungen) von Demokratie gelten. Deren anderes ist das ökonomisch-utilitaristische der maximalen Nutzen- (oder Präferenz-) Realisierung seitens der Individuen, das in neoliberaler wie Neoliberalismus-kritischer Sicht geradenwegs zur Markt-Anarchie führt. Indessen macht Demokratie *ohne* eine bestimmte Vorstellung vom Individuum und seinen Rechten und Interessen wohl wenig Sinn: „Democracy is ... the politics of the subject" (Touraine 1997: 12). Sie kann sich weder in (standardisierten) institutionellen Vorkehrungen noch in kollektiver Moral erschöpfen. Und dies sind die Fragen, die uns im Folgenden beschäftigen werden.

b. Die Antwort(en) der liberalen Klassiker

Bemerkenswerterweise kommt bei vielen Klassikern der Demokratietheorie, auf die wir uns seit zwei Jahrhunderten berufen, der Begriff Demokratie so wie erwartbar gar nicht vor. Den einen galt, was sie Demokratie nannten, als ein Idealzustand, der den Göttern vorbehalten war: „Wenn es ein Volk von Göttern gäbe, würde es sich demokratisch regieren. Eine so vollkommene

Regierung paßt für Menschen nicht" (Rousseau 1769, 3.Buch 4.Kap.; 1977: 74); den anderen war sie „notwendig ein Despotism, weil sie eine exekutive Gewalt begründet, da alle über und allenfalls auch wider Einen ... beschließen" (Kant 1795; 1965: 114). Stattdessen sprach man von der Republik (Kant, Rousseau), schlicht von ‚der Regierung' (Locke) oder von den realiter notgedrungen stets gemischten Regierungsformen (Rousseau), die jeweils unter ganz bestimmten Bedingungen als ‚gut' und in unserem heutigen Sinne als demokratisch zu werten wären.

I.

> „Der Gesellschaft Gesetze zu geben, kann niemand Gewalt haben, es sei denn kraft der Zustimmung ihrer Glieder." (Locke 1689, XI 134; 1966: 106)

Was die liberalen Klassiker wesentlich umtrieb, war das Rätsel, wie die dem Menschen naturgegebene Freiheit mit Herrschaft, Zwang, Unterwerfung, kurz: mit all dem, was ‚Regierung' nun einmal impliziert, vereinbart werden kann. Im Naturzustand, dem verlorenen Paradies, gibt es keine Unterwerfung und bedarf es keiner Regierung. Daß sie überhaupt notwendig wird, ist die Folge einer Art Sündenfalls – z.B. der Herausbildung des (Privat-) Eigentums (nicht nur bei Adam Smith und Friedrich Engels, sondern auch bei Jean Jacques Rousseau) – ebenso wie die Folge menschlicher Unzulänglichkeit; denn „ein Volk, das stets gut regierte, brauchte gar nicht regiert zu werden" (Rousseau 1769, 3. Buch 4. Kap.; 1977: 72). Eine bestechend ‚einfache' Lösung des Rätsels ist die Denkfigur des *Vertrags*, den die Menschen zum Zweck der Einrichtung einer Regierung schließen und dem die künftig Regierungs-Unterworfenen sämtlich zustimmen. Mittels solchen einvernehmlichen Zusammenschlusses bleibt die Freiheit erhalten, da „doch jeder, indem er sich mit allen vereinigt, nur sich selbst gehorcht und genauso frei bleibt wie zuvor." (Rousseau 1769, 1.Buch 6. Kap.; 1977: 17). Die Entscheidungsmacht der Individuen scheint ungeschmälert, wenn sie sich zum ‚souveränen' Volk (dem „gemeinschaftlichen Ich"; ebd.: 18) vereinen.

Der ‚Gesellschaftsvertrag' bezeichnet zunächst den staatsschöpferischen Akt. Aber selbst wenn er konzeptionell auf diesen einen Akt beschränkt bleibt, lassen sich aus ihm gleichwohl Entscheidungsregeln für künftiges Regieren ableiten. Da die Ausgangslage „für alle gleich ist, hat keiner ein Interesse daran, sie für die anderen beschwerlich zu machen" (ebd.: 17), was den Ausschluß von Sonderrechten ebenso impliziert wie die Festlegung auf Verfahren, die von allen in gleicher Weise als fair empfunden werden. Dieser Gedanke läßt sich allerdings fortführen zu dem, daß es eines *tatsächlichen* Vertrages Aller mit Allen gar nicht bedarf, solange man unterstellen kann, daß die in ihm festgeschriebenen Regeln in solcher Weise ‚fair' sind – was dann ggf. eine Denksportaufgabe für Interpreten begründet (s. dazu u., 3.f.). Doch gilt das vertragstheoretisch abgeleitete Zustimmungserfordernis zumeist nicht nur für den initialen Unterwerfungsakt, sondern darüber hinaus für künftige Akte der Gesetzgebung, die ‚Gehorsam' seitens des Volkes einfordern: „Keine Regierung kann ein Recht auf Gehorsam von seiten eines Volkes haben, welches ihr nicht freiwillig zugestimmt hat. Dies kann aber niemals angenommen werden, solange man es nicht in den Zustand völliger Freiheit versetzt, seine Regierung und Regenten zu wählen, oder es doch wenigstens stehende Gesetze gibt, denen es selbst oder seine Abgeordneten ihre freie Zustimmung gegeben haben" (Locke 1689, XVI 192; 1966: 151). Kontinuierliche Abstimmungen sind allein schon deshalb nötig, um festzustellen, ob die Regierenden noch im Einklang mit den im Vertrag festgelegten Grundsätzen – oder auch im Einklang mit dem ‚Gemeinwillen' – agieren; und von Zeit zu Zeit sind hierfür sogar Super-Majoritäten erforderlich, um nämlich sicherzugehen, „daß alle Kennzeichen des Gemeinwillens noch bei der Mehrheit sind" (Rousseau 1769, 4.Buch 2.Kap.; 1977: 117).

II.

> „Hierzu aber ist kein anderer Wille, als der des gesamten Volks (da alle über alle, mithin ein jeder über sich selbst beschließt), möglich: denn nur sich selbst kann niemand unrecht tun." (Kant 1793; 1965: 84).

Eine zweite Variante zur Lösung des Rätsels besteht im Aufdecken der Bedingungen, unter denen Regieren zwangsläufig vernünftig und gerecht sein muß; denn wo Herrschaft sich in *Vernunft* auflöst, ist vom einzelnen nicht Unterwerfung gefordert, sondern lediglich der Gebrauch des eigenen Verstandes. Dabei ist unterstellt wie postuliert, daß die Individuen vernunftbegabt sind. Rousseau neigt in dieser Hinsicht zum Pessimismus und ersinnt darum den ‚législateur', der quasi von außen das Element der Vernunft in den gesetzgeberischen Prozeß einbringt. Immanuel Kant zufolge bedarf es dagegen ‚nur' der Öffentlichkeit: Sie ist der Garant (1) für die ‚Aufklärung' des Publikums, (2) für das allgemeine Obwalten der Vernunft in der Politik und (3) für Gerechtigkeit in der Gesetzgebung.

(1) Zwar ist es für den auf sich allein gestellten einzelnen im allgemeinen „schwer, sich aus der ihm beinahe zur zweiten Natur gewordenen Unmündigkeit herauszuarbeiten. Er hat sie sogar liebgewonnen ... Daß aber ein Publikum sich selbst aufkläre, ist eher möglich; ja es ist, wenn man ihm nur Freiheit läßt, beinahe unausbleiblich." (Kant 1784; 1965: 2). Sofern es nur einige ‚Selbstdenkende' gibt, die in der Öffentlichkeit ihre Urteile den Vorurteilen der anderen entgegensetzen, werden nach und nach („nur langsam" ...) auch jene ihre Vorurteile abstreifen und zu „besserer Einsicht" gelangen. Entscheidend ist „die Freiheit ..., von seiner Vernunft in allen Stücken *öffentlichen Gebrauch* zu machen" (ebd.); denn dies setzt unweigerlich einen Prozeß gegenseitiger Korrektur und Selbstkorrektur in Gang.

(2) Erfolgt Politik und namentlich Gesetzgebung im Lichte der Öffentlichkeit, ist sie einem ständigen Rechtfertigungsdruck ausgesetzt: Sie muß beständig nachweisen, daß sie „dem allgemeinen Zweck des Publikums (der Glückseligkeit) gemäß" ist, „womit zusammenzustimmen ... die eigentliche Aufgabe der Politik ist" (Kant 1795; 1965: 149f.). In gleicher Weise stehen natürlich auch Forderungen, ‚Maximen' usw. unter dem Zwang, jederzeit kontestiert werden zu können, was notgedrungen (im Lauf der Zeit) dazu führen wird, daß die unvernünftigen Argumente aus dem politischen Diskurs verdrängt werden.

(3) Aus dem ‚Zusammenstimmen mit dem allgemeinen Zweck des Publikums' folgt schließlich, daß die auf Öffentlichkeit angewiesene Gesetzgebung gerecht ist. Öffentliche Gesetzgebung impliziert, daß jeder an ihr beteiligt ist; aus dem öffentlichen Diskurs ist niemand per se ausgeschlossen. Und da nun niemand sich selbst unrecht tut, wird niemandem unrecht getan; oder, anders herum, das öffentliche Urteil wird zuverlässig verhindern, daß „ein Gesetzgeber über das Volk beschließt", was „ein Volk über sich selbst nicht beschließen kann" (Kant 1793; 1965: 94). So werden denn „Recht und Politik vereinigt" verwirklicht (1795; 1965: 149) und entsprechen Gesetze am Ende „reinen Vernunftprinzipien" (1793; 1965: 95).

Solche ‚Herrschaft der Vernunft' erfordert im übrigen, abseits der Publizität und der Freiheit öffentlicher Diskussion, keine weiteren institutionellen Vorkehrungen außer der einen der strikten Trennung von Legislative und Exekutive (bei Kant die „repräsentative Regierungsform" genannt). „Alle Regierungsform nämlich, die nicht repräsentativ ist, ist eigentlich eine Unform, weil der Gesetzgeber in einer und derselben Person zugleich Vollstrecker seines Willens ... sein kann" (Kant 1795; 1965: 114) und folglich das „Besondere" (in Gestalt der partikularen Interessen des ‚Vollstreckers') sich über das „Allgemeine" zu erheben vermag.

III.

> „Wahrheit in den großen praktischen Angelegenheiten des Lebens ... muß zustande kommen durch den rohen Prozeß einer Auseinandersetzung zwischen Kämpfern, die unter feindlichen Bannern fechten."
> (J. St. Mill 1859; 1969: 59)

Partiell eng verwandt mit dieser Variante ist ein dritter Ansatz, der zur Lösung des Rätsels auf den *Wettbewerb* der Meinungen wie auch der gesellschaftlichen Gruppen rekurriert. Meinungen, die in der Politik kursieren, sind im allgemeinen partikulär; sie stellen stets (bestenfalls) nur einen Ausschnitt der Wahrheit über das für die Gesamtgesellschaft jeweils Richtige dar, und das gilt für die ‚herrschende' Meinung nicht minder als für alle anderen. Um sich der ganzen Wahrheit anzunähern, bedarf es des Wettbewerbs, gar Kampfes, der verschiedenen Ansichten in der Öffentlichkeit. Zu diesem Meinungskampf müssen grundsätzlich *alle* Meinungen zugelassen sein – auch die *prima facie* falschen, irrigen, verworrenen; denn selbst wer sich zu Recht im Besitz der Wahrheit glauben sollte, mag diese ohne ständige öffentliche Kontestierung am Ende nur noch in der Art eines Vorurteils besitzen: „Eine so besessene Wahrheit ist nur ein Aberglaube mehr, der sich zufällig an Worte klammert, die eine Wahrheit ausdrücken" (ebd.: 45). Auch „wenn die herrschende Meinung wahr ist, (ist) eine Auseinandersetzung mit dem Irrtum auf der Gegenseite für eine klare Erfassung und ein tiefes Empfinden ihrer Wahrheit unentbehrlich" (ebd.: 57).

Das Konkurrenzprinzip ist nicht nur unerläßlich, um in den öffentlichen Angelegenheiten zur (jeweiligen) Wahrheit zu gelangen. In der Politik versuchen sich stets – und zu Recht – Interessen zur Geltung zu bringen. Grundsätzlich ist nämlich jeder einzelne „selbst der beste Hüter seiner Rechte und Interessen" (Mill 1861; 1971: 66); er allein kann sie ‚richtig' beurteilen. Doch kann er nicht im Vorhinein zureichend beurteilen, wie sie sich zu anderen Interessen verhalten und wie sie sich im Gesamtkontext und also in Relation zum ‚Allgemeininteresse' ausnehmen. Eine Art Gleichgewicht der diversen Interessen ergibt sich erst in ihrem – öffentlichen – Wettbewerb miteinander. Das sich darin letztendlich kristallisierende Allgemeininteresse mag sich auf den ersten Blick von den vielen Einzelinteressen unterscheiden, steht indessen „durchaus nicht im Widerspruch zu ihnen", sondern ist „im Grunde ... nur das Ergebnis dieser kombinierten Interessen. ... Dieses öffentliche Interesse ist nichts anderes als die Summe der Einzelinteressen, die wechselseitig außerstande gesetzt sind, sich zu schaden" (Constant 1815; 1972: 68f.). So ist am Ende vom einzelnen nicht Unterwerfung gefordert, sondern kann Einverständnis erwartet werden, weil die eigene Position über die ‚unsichtbare Hand' des Wettbewerbs ins Endergebnis eingegangen ist.

Gesellschaftliche Vielfalt und der politische Wettbewerb unter den gesellschaftlichen Gruppen haben den weiteren Vorzug, die ‚Tyrannei' – von welcher Seite immer, auch seitens der Mehrheit des Volkes – zu verhindern. Auch in der Republik ist es wichtig „to guard one part of the society against the injustice of the other part" (Federalist No.52; 1961: 323), und dazu gehört, daß allen – zumindest *vielen* verschiedenen – Interessen Gelegenheit geboten ist, in die Formierung des Allgemeininteresses einzufließen. Freiheit wird maximiert und das unerläßliche Ausmaß von Zwang und Unterwerfung minimiert, wenn „you take in a greater variety of parties and interests; you make it less probable that a majority of the whole will have a common motive to invade the rights of other citizens" (Federalist No.10; 1961: 83).

IV.

Die Frage nach Kern und Zweck von Demokratie ist seitens der liberalen Klassiker auf den ersten Blick einigermaßen eindeutig beantwortet. Ihr Zweck ist die Erhaltung individueller Freiheit auch dort, wo ‚Regieren' im

Sinne kollektiven Entscheidens nötig ist. Das Individuum, seine Selbstbestimmung, ggf. seine Vervollkommnung, sind der relevante Bezugspunkt aller Überlegungen über die ‚Republik' und die beste Regierungsform. Die individuellen Rechte und Interessen sind ihr Dreh- und Angelpunkt; sie hat zu garantieren, daß sie „zuverlässig beachtet werden", was eben nur dann der Fall ist, wenn man dem Individuum Gelegenheit gibt, selbst für sie einzustehen (Mill 1861; 1971: 65). Die Bestimmung des Kerns von Demokratie leitet aus dieser übergeordneten Zwecksetzung sich ab. Er wird definiert als ‚Selbstregierung' (Rousseau) oder ‚Selbstgesetzgebung' (Kant); und diese aktualisiert sich im immerwährenden Erfordernis der Zustimmung zu den Entscheidungen und Normen, denen die Individuen unterworfen sind. Die hierfür in Frage kommenden Verfahren variieren. Nach Rousseau (1769, 3. Buch Kap. 12ff.; 1977: 98f.) kann der ‚Souverän' „nur dann handeln, wenn das Volk versammelt ist", woraus sich die Notwendigkeit „regelmäßig wiederkehrender Versammlungen" ergibt. Denn Souveränität „kann aus dem gleichen Grund, aus dem sie nicht veräußert werden kann, auch nicht vertreten werden, sie besteht wesentlich im Gemeinwillen, und der Wille kann nicht vertreten werden: er ist derselbe oder ein anderer; ein Mittelding gibt es nicht." (ebd.: 103). Dies ist ganz radikal verstanden: „von dem Augenblick an, wo ein Volk sich Vertreter gibt, ist es nicht mehr frei; es ist nicht mehr." (ebd.: 105). Jedenfalls gilt das für die Gesetzgebung: Für sie ist das Volk selbst und direkt zuständig, während für die Ausführung, also im Bereich der Exekutive, Vertretung unvermeidlich ist.

Mit solch expliziter Festlegung steht Rousseau allerdings ziemlich allein. Die meisten Klassiker sind, was *direkte* Zustimmung und Beteiligung anbelangt, zurückhaltender und zugleich weniger eindeutig. Vor allem den britischen Autoren schien selbstverständlich, daß demokratisches Regieren repräsentativ zu sein habe; ja die Repräsentativregierung gilt John Stuart Mill zweifelsfrei als „beste Regierungsform" (1861; 1971: 59). Doch seine Begründung ist allein die der Praktikabilität. Das Ideal ist auch für ihn das „einer Regierungsform, die auf der Beteiligung des ganzen Volkes beruht", weil nur sie „allen Erfordernissen der Gesellschaft gerecht wird", woraus folgt, „daß letztlich das Ziel allein die Beteiligung aller an der Staatsgewalt sein kann" (ebd.: 75f.). Und nur weil die direkte, „persönliche" Beteiligung aller in großen Gemeinwesen schwer zu verwirklichen ist, rückt die Repräsentativregierung in den Status des „idealen Typus der vollkommenen Regierungsform" (ebd.: 76). Daß das Volk sich vertreten lassen muß, wirft indessen Probleme auf. Es ist nämlich kaum zu garantieren, daß „sein Stellvertreter oder Abgeordneter richtig handelt und gemäß dem Vertrauen, das man in ihn gesetzt hat"; deshalb muß „derjenige, der ihn abordnete ... auch immer die Macht haben ..., ihn seiner Funktion zu entheben, wenn er das Vertrauen gebrochen sieht!" (Locke 1689, XIX 240; 1966: 190). Im allgemeinen mag dies durch Nicht-Wiederwahl geschehen; doch sieht John Locke für den Extremfall ein Widerstandsrecht des Volkes auch gegen die Legislative vor.

Von vergleichbaren Skrupeln sind die Autoren der Federalist Papers nicht geplagt. Sie legen eine umfassende Rechtfertigung des Prinzips der Repräsentation vor, die sich nicht auf Praktikabilität, sondern auf ‚Mäßigung' gründet. Repräsentation ist quasi der Filter, den die im Volk obwaltenden „passions and interests" durchlaufen müssen. Damit erhöht sich die Chance für „disinterested politics" (weil ja die Repräsentanten von ihren eigenen Entscheidungen ggf. nicht selbst betroffen sind) im gleichen Maße wie sich die Gefahr eines Mißbrauchs der ‚Macht der Mehrheit' verringert (No. 36). Das macht es denn auch überflüssig, einen „appeal to the people" gegen etwaiges Fehlverhalten der Volksvertreter vorzusehen; „the passions ... not the reasons of the public would sit in judgement" und alles nur noch schlimmer machen. (No.50; 1961: 317).

Weniger leicht einzuordnen ist in diesem Kontext Kant. Aus seiner oben zitierten Feststellung, daß jede nicht-repräsentative Regierungsform „eigentlich eine Unform" sei (1795; 1965: 114), könnte man schließen, daß seine eher grundsätzlichen und institutionell wenig konkretisierten Überlegungen sich zur modernen, parlamentarischen Demokratie verlängern lassen. Doch würde man damit einer Art Übersetzungsfehler aufsitzen, denn Repräsentation meint bei ihm die Scheidung von Legislative und Exekutive. Andere Postulate – wie z.B. die ‚republikanische' Anforderung, daß „aber auch *alle*, die dieses Stimmrecht haben, zu diesem Gesetz der öffentlichen Gerechtigkeit zusammenstimmen" (1793; 1965: 86) – lassen sich dagegen so auffassen, daß *direkte* Zustimmung das eigentliche Ideal ist, von dem in bestimmten Kontexten („in einem großen Volke") *nolens volens* abgewichen werden muß.[11]

So wenig eindeutig wie in Hinsicht auf die Überlegenheit repräsentativer Demokratie ist der Befund im Hinblick auf die Mehrheitsregel als die demokratische Entscheidungsregel schlechthin. Allein John Locke schließt aus dem Grundprinzip, daß *niemand* „ohne seine Einwilligung" einer politischen Gewalt oder einem Gesetz unterworfen werde, einigermaßen umstandslos auf eine Regierungsweise, in der „die Mehrheit das Recht hat, zu handeln und die übrigen Glieder mitzuverpflichten." (1689, VIII 95; 1966: 78). Aus der Zustimmung aller zum initialen Akt der Gemeinschaftsbildung leitet er die Zustimmung ab, „sich der Mehrheit zu unterwerfen"; „Denn nach dem Gesetz der Natur und der Vernunft kommt der Mehrheitsentscheidung die Macht aller zu." (1689, VIII 96; 1966: 79). Für Kant dagegen ist das „Zusammenstimmen" *aller* der Idealzustand; „denn sonst würde zwischen denen, die ... nicht übereinstimmen, und den ersteren (die zustimmen; H.A.) ein Rechtsstreit sein, der selbst noch eines höheren Rechtsprinzips bedürfte, um entschieden zu werden." Indessen ist dieses Ideal (s. schon o.) nicht „erreichbar", weswegen denn, „mit allgemeiner Zusammenstimmung, also durch

---

11 S. hierzu ausführlich Maus 1992: 196ff.

einen Kontrakt", beschlossen werden könne, „sich diese Mehrheit genügen zu lassen" (1793; 1965: 86).

Am differenziertesten setzt Rousseau sich mit Abstimmungsregeln auseinander (1769, 4.Buch 2.Kap.; 1977). Das Kernprinzip der Zustimmung erfordert eigentlich Einstimmigkeit; es ist die je persönliche Einwilligung, die dem Menschen seine Freiheit erhält. Jede Abweichung von der Einstimmigkeit ist folglich rechtfertigungsbedürftig, denn eine Mehrheitsentscheidung „verpflichtet ... immer alle anderen". Rousseaus Satz, daß der Bürger implizit allen Gesetzen zustimme, „selbst jenen, die man gegen seinen Willen verabschiedet", weil die Tatsache, daß man überstimmt wurde, nichts anderes beweise, „als daß ich mich getäuscht habe und daß das, was ich für den Gemeinwillen hielt, es nicht war" (ebd.: 116f.), ist oft gegen ihn ausgelegt worden. Er benennt indessen nur eine – die – Bedingung für die Legitimität der Mehrheitsregel: daß nämlich „alle Kennzeichen des Gemeinwillens noch bei der Mehrheit sind" (ebd.: 117). Nur solange dies plausiblerweise unterstellt werden kann, darf die Mehrheit die Minderheit verpflichten; sobald Zweifel hierüber bestehen, werden Supermajoritäten oder Einstimmigkeit erforderlich – ggf. um die Mehrheit auf den Pfad der Tugend zurückzubringen. Ansonsten gilt wiederum der Grundsatz der Praktikabilität, demzufolge der Mehrheitsentscheid dann angemessen ist, wenn Eile geboten ist, bei „bedeutsamen und schwerwiegenden Entscheidungen" (und das sind für Rousseau Entscheidungen über Gesetze!) aber die Abstimmungsregel sich „der Einstimmigkeit nähern soll" (ebd.: 117f.).

Die Festlegung auf den vom Individuum her gedachten Zweck (Selbstbestimmung) und Kern von Demokratie (das Zustimmungserfordernis) ist indessen nur die eine Seite der liberalen Medaille. Deren andere ist die Erwartung der „Herrschaft der Vernunft" und damit eines Ergebnisses ‚republikanischer' Politik, dessen Optimalität sich nicht (nur) nach der Berücksichtigung aller Interessen, sondern zuvörderst nach den Maximen von Vernunft und Gerechtigkeit bemißt. Dies erfordert andere Vorkehrungen als die Ermöglichung von Zustimmung. Es beruht auf Einsicht und Überzeugung; und dazu bedarf es ständiger öffentlicher Diskussion, des öffentlichen Wettbewerbs der Ideen und Meinungen, in dem am Ende das beste Argument, die gerechte Lösung obsiegt und der per Verständigung erzielte Konsens steht. Und nicht nur das: in dem Diskussionsprozeß verwirklicht und vervollkommnet das Individuum sich selbst.

Die liberale Utopie geht damit im Grunde über die bloße Begriffsbestimmung von Demokratie hinaus und zielt auf ein Ideal, das die ganze Gesellschaft umfaßt, ein Ideal, das die Realisierung des vernunftbestimmten Wohls der Gesamtheit wie aller einzelnen ebenso einschließt wie die Aufhebung von Herrschaft und nicht zuletzt die Befreiung der Menschen aus Unmündigkeit. Das heißt zugleich, daß ‚Demokratie' in der Sicht der Klassiker nicht nur eine Sache von Verfahren ist, sondern auch eine der mittels bestimmter Verfahren erzielbaren Wirkungen. Die damaligen Denker konnten nicht voraussehen, daß – und in welcher Weise – der Doppelaspekt des ‚government by the people and for the people' sich später auseinanderdividieren lassen würde. Es ist aber eben diese Doppelung, die ihren Nachkommen in der postnationalen Postmoderne so enorme Probleme bereitet.

V.

Ihren Schwierigkeiten leistet eine eigentümliche Ambivalenz Vorschub, die immer wieder dazu beigetragen hat, die eigentlich klare Zweckbestimmung von Demokratie zu verdunkeln. Im Grunde genommen verfolgten unsere Klassiker eine Art Erziehungs- und Entwicklungsprojekt, an deren *Ende* dann (‚in the long run', wie bei den Gleichgewichts- und Optimalitätsverheißungen der liberalen Markttheorien) die freie Republik stünde – schrittweise verwirklicht, weil wiederum (wie besonders Mill nicht müde wurde hervorzuheben) die Fähigkeit zu Partizipation und ‚öffentlichem Vernunftgebrauch' nicht vorweg, sondern erst *in* diesen Tätigkeiten wirklich erworben werden kann. Zunächst aber ist das – quasi ungelernte – Volk unmündig; und das gibt zu mancherlei Skepsis und zu Einschränkungen der zuvor konstatierten Prinzipien Anlaß. So konstruiert John Locke das Surrogat der „stillschweigenden Zustimmung", die immer dann unterstellt werden darf, wenn der einzelne in einem Gemeinwesen „sich seines Besitzes erfreut" (1689, VIII 119; 1966: 97). Um den politischen Einfluß des Volkes in Grenzen zu halten, schwebt ihm zudem eine außerordentlich starke Stellung der Exekutive vor, die „treuhänderisch" für die Bürger agiert und der er weiten Spielraum einräumt, „zum öffentlichen Wohl nach eigenem Ermessen zu handeln" (XIII 153ff.). Sieht man sich seine detaillierten Ausführungen zur „Gewaltenordnung im Staat" oder zur „Prärogative" (XII ff.) genauer an, bleibt von der Demokratie nur eine Art minimalistischer Sparversion übrig. Rousseau baut auf die Hilfskonstruktion des ‚législateur', um die Vorstellungen der Bürger in die richtigen Bahnen zu lenken, und verrät im übrigen mit seiner analytischen Scheidung von Volk und Individuen, wie wenig er den letzteren über den Weg traut.

J. St. Mill zieht sich im Zweifelsfall in die Bastion ‚Kontrolle' zurück. Ohnehin sind ja nicht alle Gesellschaften für die Ausbildung einer Repräsentativregierung in gleicher Weise geeignet; „starke Vorurteile aller Art, hartnäckiges Beharren auf alten Gewohnheiten, ... Defekte des Nationalcharakters (!) oder auch bloße Ignoranz und mangelnde geistige Bildung" werden sich nämlich unvermeidlich in die jeweilige Repräsentativversammlung hinein fortsetzen (1861; 1971: 83), was nichts Gutes fürs Gemeinwohl verheißt. Doch genauso wenig kann man Einzel-Herrschern oder auch der Bürokratie vertrauen, in der im günstigeren Fall „geschulte Mittelmäßigkeit", im schlimmeren „sinistre Interessen" obwalten (ebd.: 110, 112). Angesichts dessen gewinnt die regelmäßige Kontrolle von Exekutive und Legislative so überragende Bedeutung, daß die eigentliche liberale Utopie gelegentlich dahinter verschwimmt. Die Autoren der Federalist Papers gehen in dieser Hinsicht von vornherein auf Nummer Sicher, indem sie (als Staatengründer eher praktisch motiviert) von idealen Zielen weniger reden als von der segensreichen Wirkung der Pluralität sowie des gegenseitigen Mißtrauens zwischen verschiedenen Gruppen und Akteuren (s. z.B. No.10). Letztlich vertrauen sie weder den Bürgern noch den von ihnen installierten Gewalten; deshalb kommt es nicht nur auf die Kontrolle der Regierenden seitens der Regierten, sondern mindestens ebenso (z.B.) auf Inter-Organ-Kontrollen an (als „auxiliary precaution" ...), die folgerichtig zu einem umfassenden System der ‚checks and balances' ausgebaut wurden (s. No.51; s. im übrigen unten, c.). Die Freiheit der einzelnen ist dann weniger ‚positiv' durch Beteiligung und Zustimmung gesichert als vielmehr ‚negativ': Sie richten sich quasi in den Ritzen ein.

c. Die Geschichte der Demokratietheorie als Geschichte des Zweifels

So ist denn seither die Geschichte der Demokratietheorie eine Geschichte des Zweifels – nicht nur an der Realisierbarkeit, sondern letztlich auch an der Wünschbarkeit des liberalen Ideals. Folgerichtig wurde das Ideal selbst im Lauf der Zeit immer weiter relativiert. Das dominierende Thema war dabei stets das Mißtrauen gegenüber dem Demos, dem ‚gemeinen Volk', dessen Mehrheit – so unvernünftig und unaufgeklärt wie selbstsüchtig – sich selbst zum Tyrannen aufschwingen könnte, was alle theoretisch erwarteten Optimalergebnisse der Demokratie in Frage stellen müßte.

I.

Was lag da näher, als das Prinzip der ‚Selbstgesetzgebung des Volks' von vornherein einzugrenzen. Zum einen meinten die Klassiker mit dem Volk durchaus nicht alle und jeden; der Kreis der ‚Staatsbürger' und Partizipationsberechtigten war im allgemeinen eingeschränkt auf den der Eigentümer: Teilhabe an den ‚öffentlichen Angelegenheiten' war gebunden an die „Qualität", daß einer „sein eigener Herr ... sei, mithin irgendein *Eigentum* habe (wozu auch jede Kunst, Handwerk, ... oder Wissenschaft gezählt werden kann), welches ihn ernährt." (Kant 1793; 1965: 85).[12] Das war auch völlig logisch gedacht, denn wer – damals – dieses nicht hatte, also z.B. Leibeigener (oder Gattin ...!) war, war weder rechtlich noch ökonomisch frei und nicht in der Lage, eine eigene, unbhängige Meinung in den öffentlichen Diskussionsprozeß einzubringen. Zudem erlaubt erst ein gewisser Besitz die „Muße", die für die Erlangung von Einsicht und „klarem Urteil" nötig sind; darum „*(befähigt)* allein der Besitz ... die Menschen zur Ausübung der staatsbürgerlichen

---

12 John Locke ist hier noch restriktiver. Da er den Staat auf den Schutz des Eigentums hin konzipiert, können naturgemäß nur die Eigentümer mitreden.

Rechte" (Constant 1815; 1972: 84). J. St. Mill befürwortete zwar generell die Ausdehnung des Wahlrechts auf alle und jeden – doch sollte in dem Fall „his opinion (be) counted at its worth, though not at more than its worth"[13] (Mill 1861; 1972: 279), und der ‚Wert' der Meinungen von Gebildeten und Ungebildeten ist eben unterschiedlich. Deshalb schwebte ihm ein Pluralwahlrecht vor, das nicht nur den Gebildeten, sondern auch den ‚erfolgreich' Berufstätigen und den Arbeitgebern (auf Grund von deren ‚eingeübter' Verantwortung für andere) Zusatzstimmen verleihen sollte.[14]

Zum zweiten wurde das Anwendungsgebiet der Selbstgesetzgebung mehr oder weniger restriktiv gesehen. Die Volksrechte erstreckten sich von vornherein auf den Legislativbereich und auch hier – gesetzestechnisch gesprochen – nur auf den begleitenden (öffentlichen) Kommentar und auf die Zustimmung, nicht dagegen auf Initiative und Gesetzesvorbereitung. Rousseau erfand für die letztere Aufgabe mit dem ‚législateur' quasi eine eigene Instanz; sowohl Locke als auch Mill räumten der Exekutive erhebliche Prärogativen und so großen Einfluß auch auf die Gesetzgebung ein, daß für das eigentliche Organ der ‚Selbstgesetzgebung', die Volksvertretung, nur Kontrollaufgaben übrig blieben.

Zum dritten waren natürlich die Vorstellungen von der Reichweite demokratischer Politik stark restriktiv – schließlich war man gerade dabei, die Segnungen der freien Marktwirtschaft zu entdecken. Zudem folgt die inhaltliche Beschränkung der Selbstgesetzgebung – wiederum logischerweise – schon aus der Ableitung der ganzen demokratischen Veranstaltung aus dem *vorgegebenen* Freiheitsrecht des Menschen; dessen ‚natürliche' Rechte setzen auch und gerade dem demokratischen Gesetzgeber Schranken: „Die Verbindlichkeit des Naturgesetzes hört nicht etwa in der Gesellschaft auf", eher im Gegenteil, „die Bande sind ... in vielen Fällen enger gezogen" (Locke 1689, XI 135; 1966: 108f.). Als in dieser Weise ‚verbindlich' galt vor allem der Schutz des Eigentums, der Locke zufolge das eigentliche und oberste Staatsziel darstellt; darum „kann die höchste Gewalt keinem Menschen irgendeinen Teil seines Eigentums ohne seine eigene Zustimmung nehmen" (1689, XI 138; 1966: 111f.). Desgleichen war die Wirtschaftstätigkeit der Eigentümer in besonderer Weise abgeschirmt. Das in der liberalen politischen Ökonomie entwickelte ‚Non-Interference Principle' (Mill 1865, ch. XI) war oberste Richtschnur des Staatshandelns auch in der politischen Theorie des Liberalismus; es fordert, „daß man den Erzeugern und Verkäufern vollständige Freiheit läßt" (Mill 1859; 1969: 114). Ohnehin werden ja die meisten Dinge, die „getan werden (müssen), wahrscheinlich von den Individuen

---

13 Ich gebe hier der englischen Originalversion den Vorzug, weil sie präziser ist als die deutsche Übersetzung („seine Meinung sollte genau so viel Gewicht haben wie ihr zukommt"; 1971: 146).
14 Immerhin gestand er selbst dem Ärmsten eine Zusatzstimme zu, sofern er in „freiwilliger Prüfung" nachweise, daß er über den nötigen Wissensstand und die geforderte „Befähigung" verfüge (1971: 154f.).

besser getan ... als von der Regierung" (ebd.: 131). Abgesehen von den negativen Effekten wirtschaftlicher Natur sowie im Hinblick auf die Vervollkommnung der Fähigkeiten des Individuums (ebd.) ruft jeder Zuwachs an Regierungstätigkeit „das große Übel der unnötigen Mehrung der Regierungsmacht" hervor (ebd.: 132), womit eben gerade der demokratische Staat Gefahr läuft, sich gegen die Prinzipien der Demokratie selbst zu kehren.

Rousseau dagegen, dem es erklärtermaßen nicht um den vorrangigen Schutz des Eigentums und der Eigentümer ging (sah er im Eigentum doch die Quelle von Ungleichheit, Unfrieden und Beherrschung; 1754; 1955), war es weniger um quantitative denn um qualitative „Grenzen der souveränen Gewalt" (1769, 2. Buch 4. Kap.; 1977) zu tun. So konstruierte er eine Art Vorläufer des Pareto-Optimums, nämlich das Prinzip, „daß der Souverän niemals das Recht hat, einen Untertan stärker zu belasten als einen anderen" (ebd.: 35). Der vertraglichen Basis zufolge sind nämlich „die Verpflichtungen, die uns an den Gesellschaftskörper binden, ... nur deshalb zwingend, weil sie gegenseitig sind" (ebd.: 33), und daraus folgt, daß der demokratische Gesetzgeber nicht die einen besser und die anderen schlechter stellen darf. Der in den Gesetzen zum Ausdruck kommende ‚Gemeinwille' muß gerecht sein und darf keine ‚Sonderinteressen' begünstigen.

Auch und gerade „in einer auf die Volkssouveränität gegründeten politischen Gemeinschaft" (so Constant 1815; 1972: 19f.) „ist es falsch, daß die Gemeinschaft insgesamt ihren Gliedern gegenüber über eine unbegrenzte Souveränität verfügt"; vielmehr befindet sich ein großer Teil der menschlichen Existenz „von Rechts wegen außerhalb jeder Kompetenz der Gemeinschaft". „Die Zustimmung der Mehrheit genügt keineswegs in allen Fällen, um ihre Taten zu legitimieren. Es gibt welche, die nichts legitimieren kann ... Und wäre es die ganze Nation mit Ausnahme nur des einen Bürgers, den sie unterdrückt, so wäre sie deshalb doch nicht minder illegitim."

II.

Damit die Grenzen legitimen Handelns vom ‚Selbstgesetzgeber' auch wirklich eingehalten werden, schienen institutionelle Vorkehrungen nötig. So bot es sich an (wie schon im vorigen Kapitel angedeutet), das ungebärdige Volk nicht selbst agieren zu lassen, sondern auf dem Weg der Repräsentation zu mäßigen und zu zähmen. Vor allem in der Vorstellung der Autoren der Federalist Papers würden die Repräsentanten – klüger, kundiger, ‚patriotischer' und weniger selbstsüchtig als ihre Wähler[15] – sich als eine Elite über das Volk erheben und verhindern, daß die Demokratie sich zu einer Tyrannei auswächst. Mittels Repräsentation ließ sich gewissermaßen der demokrati-

---

15 Dazu hatte Alexis de Tocqueville als Beobachter amerikanischer Realität denn allerdings eine ganz andere Meinung: „es ist in den Vereinigten Staaten eine feststehende Tatsache, daß die bedeutendsten Männer selten zu öffentlichen Ämtern berufen werden" (1835; 1976: 226).

sche Anspruch mit den Vorzügen der Aristokratie verknüpfen. Daß der Wechsel von der Eigenentscheidung zum ‚vikarischen' Handeln seitens der Stellvertreter theoretische Begründungsprobleme aufwirft und in der politischen Alltagspraxis ‚guardianship' (Dahl) bedeutet, wurde dabei selten reflektiert. Ebenso wenig wurde darüber nachgedacht, daß der Grundsatz der ‚disinterestedness' einem Konzept, das erklärtermaßen die Selbstbestimmung der Individuen anzielt, möglicherweise nicht gut zu Gesicht steht.

Doch ohnehin bietet Repräsentation allein keine zuverlässige Garantie gegen den Machtmißbrauch einer Mehrheit[16]; den kann nur Machtteilung mit den daraus resultierenden externen (Inter-Organ-) Kontrollen verhindern. Hier ist nun bemerkenswert, daß frühe Überlegungen zur Teilung der Gewalten – namentlich zur personellen Trennung von Legislative und Exekutive – nicht als Schranken für den Souverän konzipiert waren, sondern eher als Vervollkommnung der Selbstgesetzgebung im Sinne von Vernunft und Gerechtigkeit. Es würde nämlich „eine zu große Versuchung darstellen, wenn dieselben Personen, die die Macht haben, Gesetze zu geben, auch die Macht in der Hand hätten, sie zu vollstrecken, wobei sie sich selbst von dem Gehorsam gegen die Gesetze, die sie erlassen, ausschließen und das Gesetz in seiner Gestaltung wie auch in der Vollstreckung auf ihren eigenen persönlichen Vorteil ausrichten könnten." (Locke 1689, XII 143; 1966: 116). Das aber, so auch Kant, wäre „Despotism" (1795; 1965: 114). In diesem Konzept der Gewaltenteilung bleibt die Legislative der ausführenden Gewalt deutlich übergeordnet: Sie bestimmt, „wie die Macht des Staates ... gebraucht werden soll" (Locke, ebd.). Die von Locke vorgesehenen Prärogativen der Exekutive (s. schon o.) dienen weniger als Machtschranke und Gegengewicht, sondern der Ergänzung (so handelt die Exekutive dort, wo keine Normen bestehen, und vor allem auch dort, wo schnell agiert werden muß) und der Kontinuität.[17]

Die Lehre von der Teilung der Gewalten, die das Staatsdenken bis heute prägt, führt sich indessen nicht auf Locke oder Kant zurück, sondern auf Montesquieu (1748; 1992), der sich selbst nicht als Anhänger der Demokratie begriff, sondern eher eine reformierte – ‚konstitutionelle' – Monarchie im Sinn hatte. Sein Denken kreiste um Vorstellungen von Machtbalance, ‚temperierter' Herrschaft, Mäßigung in jeder Hinsicht. Solche Temperierung sah er am besten gewährleistet in einer Mischung der drei ‚reinen' Regierungsformen Monarchie, Aristokratie und Demokratie, die deren jeweilige Vorzüge kombinieren würde. Was dabei herauskam, war ein Gewaltenteilungs-

---

16 So kritisierte denn auch der Beobachter de Tocqueville, gegen den „rechtmäßigen Despotismus" des amerikanischen Gesetzgebers gebe es kein Gegenmittel; ja „die Mehrheit" bringe sich in sämtlichen Institutionen zur Geltung (1835; 1976: 293, 291).
17 Locke nannte dazu noch eine dritte, die „föderative Gewalt", unter der er die Zuständigkeit in allen Fragen der auswärtigen Politik zusammenfaßte. Sie war in die exekutive Gewalt inkorporiert, aber insofern eigenständig, als sie nicht den von der Legislative erlassenen Gesetzen unterlag (1689, XII 146ff.; 1966: 117f.).

Modell (entwickelt am Beispiel der Regierungsform Großbritanniens; s. Buch XI Kap.6), das die Gewalten weniger trennte als vielmehr auf vielfältige Weise mischte und (z.B. über Vetorechte; s. 1748; 1992: 225f.) jeweils aufeinander verwies und sie ebenso wie die einzelnen Staatsorgane *und* die verschiedenen gesellschaftlichen Kräfte in Kooperation miteinander und damit zur Mäßigung zwang.[18] In ihrer wechselseitigen Verschränkung liegt das Geheimnis, wie Freiheit unter den Bedingungen staatlicher Herrschaft (und quasi *ohne* Demokratie) wirksam garantiert werden kann. Wichtig war Montesquieu vor allem, daß keine der drei Gewalten (Legislative, Exekutive und Judikative) ausschließlich *einem* einzigen Staatsorgan und einer einzigen gesellschaftlichen Kraft anvertraut ist und daß *jede* soziale Kraft an jeder der drei Gewalten angemessen beteiligt ist, sofern sie ihr unterworfen ist (Riklin 1989: 429).

Montesquieus Modell ist eine radikale Absage nicht nur an das Prinzip der Volkssouveränität, sondern an Souveränität überhaupt. Statt Selbstbestimmung fordert es (moderierte) Mitbestimmung und vor allem gegenseitige Akkommodation. Die Freiheit des einzelnen gedeiht dann in den Zwischenräumen; die Individuen können sich unterhalb des Gerangels der ‚Mächte', Gewalten, Organe, Gruppen einigermaßen unbehelligt einrichten: ein Gedanke, der von Pluralismus-Theoretikern später wieder aufgegriffen wird. Zugleich stellen Montesquieus Überlegungen eine frühe Formulierung des Relativismus dar: Da mutmaßlich keiner für sich genommen ‚Recht' hat, darf auch keiner in die Position gesetzt werden, Recht zu behalten, d.h. über alle das letzte Wort zu haben.

Montesquieus komplexes Konzept ist, zumindest was die Grundgedanken betrifft, unverkennbar in die Überlegungen der amerikanischen Verfassungsväter eingegangen. Allerdings mißverstanden die Autoren der Federalist Papers Montesquieus Idee der Gewalten*verschränkung* als ein Prinzip der Gewalten*trennung*, weswegen das von ihnen entwickelte System der ‚checks and balances' sich als dem Vorbild gegenüber teilweise radikalisiert ausnimmt. Gleiches gilt für den Gedanken der jeweiligen Kombination verschiedener gesellschaftlicher Kräfte, das in den Federalist Papers zum pluralistischen Modell des gegenseitigen Ausbremsens der vielfältigen Gruppen und Interessen in einer differenzierten Gesellschaft ausgebaut wird. Wie bei Montesquieu (und unter expliziter Berufung auf ihn: s. No. 9) ist schließlich der Föderalismus in das umfassende System gegenseitiger Machtbeschränkung einbezogen: Bundesstaatlichkeit dient nicht primär der Akkommodation

---

18 Zu diesem Modell, das die Gewalten, gesellschaftlichen Kräfte, Organe und Befugnisse auf komplexe Weise kombiniert, s. bes. Riklin (1989: 424ff.). Seine Darstellung liest sich im übrigen – wen wundert es – partiell wie eine systematisierende Beschreibung des schweizerischen Konkordanzsystems.

regionaler Diversität, sondern ist eins der Instrumente, die die Usurpation der Staatsmacht durch *eine* Gruppe (und sei es die Mehrheit) verhindern sollen.[19]

Wie schon oben vermerkt, trieb die Autoren der Federalist Papers nichts so um wie der Horror vor der „interested and overbearing majority", und so ließen sie denn nichts aus, was geeignet sein könnte „to break and control the violence of faction" (No. 10; 1961: 77). Unabhängigkeit aller staatlichen Gewalten voneinander sowie von Bund und Einzelstaaten erscheint hierzu als probates Mittel und zugleich als „essential to the preservation of liberty" (No. 51; 1961: 321). Das Trennprinzip geht so weit, daß – z.B. – die personelle Besetzung von Legislative, Exekutive, Judikative „through channels having no communication whatever with one another" erfolgen soll (ebd.). Irgendeine Art von Überordnung ist nicht vorgesehen; ganz im Gegenteil warnt No. 48 vor der unguten Tendenz der Legislative, in fremdem Terrain zu wildern und die Rechte der übrigen Gewalten zu ‚usurpieren', was für die Freiheit nicht weniger gefährlich sei und zur selben ‚Tyrannei' führe wie „executive usurpations" (ebd.: 308ff.). Um dies zu vermeiden, ist die Legislative in sich geteilt und das Gesetzgebungsverfahren durch ‚concurring majorities' verkompliziert, agieren aber auch die einzelnen Departments der Exekutive gegeneinander, weil in jedem (ggf.) ein anderes Interesse dominiert und jedes „a will of its own" hat (No. 51; 1961: 321). Im Endeffekt steht also jeder gegen jeden – ein perfektes Gegenbild zu Rousseaus Vorstellung vom ‚Gemeinwillen'.

Für J. St. Mill ist Gewaltenteilung primär wiederum eine Sache der Praktikabilität und nicht der Prinzipien: „The maxim is grounded not only on the ... principles of good government, but on those of the successful conduct of business of any description" (1861; 1972: 231). Er fragt ‚who is fit to do what?', und da ist eine Versammlung eben "less fitted to administer, or to dictate in detail to those who have the charge of administration" (ebd.). Aber genau genommen ist die Volksvertretung auch nicht wirklich ‚fit' zur Arbeit der Gesetzgebung: „Ebenso wahr ist aber ..., daß eine vielköpfige Versammlung nicht weniger ungeeignet für die eigentliche Aufgabe der Gesetzgebung ist als für die der Administration" (1861; 1971: 96). So kommt man denn zu einer Funktionsteilung, derzufolge die einen das Regierungs- wie das Gesetzgebungs-Geschäft betreiben und die anderen sie dabei kontrollieren. Doch bedenkt man, daß eine Kontrolle der Regierungsarbeit durch das Parlament häufig nichts anderes bedeutet, als daß – „im besten Fall"! – „Unerfahrenheit über Erfahrung, Ignoranz über Kenntnis richten" (ebd.: 93), relativiert sich auch die Zuweisung der Aufgabe des „controlling the business" (of government) – statt es selbst zu tun – erheblich. Selbst die Aufgabe einer Repräsentativversammlung, die „geeigneten Persönlichkeiten" auszuwählen, die über die Regierungsangelegenheiten entscheiden, ist zu relativieren, denn „nichts erfordert ein so hohes Maß an Eigenverantwortlichkeit wie die Besetzung

---

19 S. hierzu auch die Ausführungen über die Konstruktion des Senats in No. 62.

von Ämtern" (ebd.: 94), und unglücklicherweise sind Parlamentarier – im Gegensatz zur Regierung – nicht selbst verantwortlich. Gerade die pragmatische Sicht auf die Dinge führt damit zur radikalsten Einschränkung der Volkssouveränität. Den Repräsentanten des Volks bleibt nichts zu tun übrig als Deliberation – die Aufgabe, „das Licht der Öffentlichkeit" auf das Regierungshandeln zu richten –, die ggf. folgenlos bleibt; es wirkt als „the nation's Committee of Grievances and its Congress of Opinion" (1861; 1972: 239). Seine Tätigkeit reduziert sich darauf, „zu veranlassen", daß die gesetzgeberische und Regierungsarbeit „getan wird; ... und ihr, wenn sie getan ist, die Billigung der Nation zu erteilen oder zu versagen" (1861; 1971: 98). Das ist fürwahr ein mageres Programm. Dem Muster des britischen Parlamentarismus folgend, läuft es auch weniger auf Gewaltenteilung oder -balance denn auf die Dominanz der Exekutive hinaus: Sie tut die ganze Arbeit, und die Repräsentanten des Volks dürfen sie dabei kritisieren.

III.

Das Konzept der Gewaltenteilung ist der entscheidende Schritt weg von den beiden Idealen der Selbstgesetzgebung des Volks und der Auflösung von Herrschaft in Vernunft. Beide hätten – wenn man denn schon trennen muß – eine klare Überordnung der Legislative über die anderen Gewalten erfordert, wie Locke und insbesondere Kant sie postulieren. Doch der Gewaltenteilungslehre im engeren Sinn geht es eben nicht darum, den Selbstgesetzgeber vor Korrumpierung zu bewahren und auf diese Weise der Vernunft zum Sieg zu verhelfen, sondern um die Balancierung und gegenseitige Beschränkung von Gewalten, deren eine sich (idealiter) durch vernunftbestimmte Deliberation, die andere aber durch Dezision auszeichnen. Natürlich ist der Gedanke der Machtkontrolle plausibel und angesichts politischer Praxis unmittelbar einsichtig; gleichwohl: ihn zum Prinzip der Gewalten-Balance auszubauen, impliziert nicht nur den Zweifel daran, daß die öffentliche Deliberation, der öffentliche Meinungswettbewerb als Garantie für die Auflösung von Herrschaft in Vernunft ausreichen, sondern nimmt von dem Ideal als solchem Abschied. Denn auf *eine* Gewalt, die Legislative, beschränkt, ist das rationalistische liberale Konzept schon ausgehebelt. Selbst wenn im öffentlichen Diskurs die Vernunft obsiegte, könnte sie sich in der Politik nicht mehr durchsetzen, weil sie ‚balanciert' wäre durch (ggf.) irrationales Entscheidungshandeln und an letzterem ihre Schranken fände.

Der Liberalismus, dessen Ausgangspunkt das Individuum und seine (Freiheits-) Rechte sind, hatte von Anbeginn ein Problem mit der Spannung zwischen dem (*einen*) Individuum und ‚allen' (den vereinigten Individuen). Die Gewaltenteilung ebenso wie andere Versuche, der Selbstgesetzgebung des Volkes Schranken zu setzen, zielen ab auf den Schutz des *einen* Individuums vor allen (minus eins). Sie tun dies allerdings um den Preis der Minimierung der politischen Selbstbestimmungsrechte eben des Individuums. Der andere, nicht minder schwerwiegende Preis ist der Verzicht auf die theoretisch-normative Rechtfertigung der Demokratie als der einzigen Regierungsform, die vernünftige und gerechte Gesetze erwarten läßt.

Wenn Demokratie weder aus dem Recht der Individuen auf Selbstbestimmung ableitbar noch mit der Aussicht auf die ‚Herrschaft der Vernunft' zu begründen ist, wird sie entweder obsolet oder es sind neue, alternative Rechtfertigungen erforderlich. So kulminierten die sukzessiven Relativierungen des liberal-demokratischen Ideals im Relativismus als neuer Begründungsstrategie. Aus der These, daß im öffentlichen Meinungsstreit der sich selbstbestimmenden Individuen das für alle Beste und Richtige sich herauskristallisieren werde, wurde im Lauf der Zeit die These, daß, da in den öffentlichen Angelegenheiten *eine* Wahrheit nicht auffindbar sei, *jede* Auffassung über das Gemeinwohl eine gleichgroße Wahrscheinlichkeit für sich habe: Alle Meinungen (und Werte) „sind möglich", und „Darum ist der Relativismus die Weltanschauung, die der demokratische Gedanke voraussetzt." (Kelsen 1929: 101)[20] Nur deshalb – nicht mehr wegen des individuellen Rechts auf Selbstbestimmung – finden der freie Wettbewerb der Meinungen, die Anerkenntnis der Opposition usw. ihren legitimen Platz im öffentlichen Leben. Und nur deswegen ist auch ‚Führerschaft' relativ, gilt also „nur für eine gewisse Zeit und nur nach gewissen Richtungen", steht unter ständiger Kritik und hat sich stets der Möglichkeit des Führerwechsels gewärtig zu sein (ebd.: 87f.). Demokratie kann nun um-definiert werden zu einer „bestimmten Methode der Erzeugung der sozialen Ordnung" (ebd.: 94), nämlich einer, die die stete Möglichkeit des Irrtums in Rechnung stellt. Den Demos oder das selbstbestimmte Individuum braucht man dazu nicht mehr; sie richten sich ein und warten ab und dürfen sich mit der Möglichkeit begnügen, gelegentlich „den Patron zu wechseln" (W. Weber 1970: 134).[21]

Gleichwohl und der polemischen Formulierung zum Trotz ist diese theoretische Entwicklung nicht von vornherein als ‚demokratischer Rückschritt' zu werten. Ein möglicher Fortschritt liegt in der expliziten Anerkenntnis von Werte-Heterogenität und Wert-Dissens, die in der Rousseauschen Vorstellung eher ein Exklusionsgrund waren (wer in den Gemeinwillen nicht einstimmt, gehört nicht dazu) und auch nach dem Kantischen Vernunftprinzip nur schwer zu bewältigen gewesen wären. Die Akzeptanz von legitimem (auch Werte-) Konflikt ist zudem ein vermutlich wichtiger Schritt zur Formalisierung und Proseduralisierung des Demokratiekonzepts zu einem der Konfliktregulierung in (modernen) Gesellschaften.[22] Der Punkt ist allerdings: Muß man dazu das Kind mit dem Bade ausschütten?

---

20 S. hierzu neuerdings z.B. Saward 1994.
21 So die konservative (deutsche) Kritik am Pluralismus, einer der weiteren Relativierungen des demokratischen Konzepts, das hier aber nicht weiter diskutiert werden soll.
22 Die Pluralismustheorie (besonders in ihrer deutschen Version; s. z.B. Fraenkel 1964) ist demgegenüber als (vor-?) letzter Versuch zu werten, das Problem gesellschaftlicher Konflikte mittels Harmonieglaubens zu lösen.

d. Die Antwort der ‚empirischen' Demokratietheorie

> „Die demokratische Methode ist diejenige Ordnung der Institutionen zur Erreichung politischer Entscheidungen, bei welcher einzelne die Entscheidungsbefugnis vermittels eines Konkurrenzkampfs um die Stimmen des Volkes erwerben." Insofern ist „die Demokratie ... die Herrschaft des Politikers." (Schumpeter 1950: 428, 452).

Die aus dem Zweifel an der Selbstregierungsfähigkeit des Volkes resultierenden Relativierungen des ‚demokratischen Ideals'[23] kulminieren in der ‚empirischen' oder auch ‚realistischen' Theorie der Demokratie, die seit den 40er Jahren in den USA entstand und alsbald nach Europa herüberschwappte. Das neue Konzept speiste sich zum einen aus der Kritik am Normativismus und Idealismus der liberalen Klassiker (wobei das Hauptangriffsziel allerdings Rousseaus ‚identitäres' Demokratieverständnis war), zum anderen aus der Beobachtung der Funktionsweise der realen Demokratien in den USA und in Großbritannien sowie der Erfahrung mit den totalitären Systemen des 20. Jahrhunderts. Die Brücke zwischen dem einen und dem anderen war schnell hergestellt: Der Versuch, die idealistisch-identitäre Demokratie zu verwirklichen, endet im Totalitarismus[24]; darum bescheidet man sich besser mit einem reduktionistischen Verständnis von Demokratie, das sich am Gegebenen und Bewährten, nämlich an über lange Zeit stabilen, ‚freiheitlichen' politischen Systemen orientiert.

Das letztere verweist auf das primäre Erkenntnisinteresse der empirischen Demokratietheorie: Es geht ihr weniger um die Frage, wie Selbstbestimmung ermöglicht, und auch nicht so sehr darum, wie Freiheit unter den Bedingungen von Herrschaft maximiert werden kann. Im Vordergrund steht vielmehr das Problem, wie die Stabilität eines ‚offenen', nicht-diktatorischen politischen Systems zu sichern ist. Zu dem Zweck mußte man zum einen die Funktionsgesetze bzw. die Funktionslogik von ‚arbeitsfähigen' Demokratien[25] herauspräparieren, zum zweiten die entscheidende Demarkationslinie zwischen Demokratie und Nicht-Demokratie identifizieren und zum dritten die Faktoren ermitteln, die zur Stabilität von politischen Systemen beitragen. Daraus ergab sich ein empirisches, real- und kausalwissenschaftliches Forschungsprogramm, das sich explizit als nicht-normativ verstand, auch wenn das Ziel ‚Erhaltung der Nicht-Diktatur' letztlich natürlich nur normativ be-

---

23 – die hier nicht in allen Einzelschritten reproduziert werden können (sonst geriete das Buch am Ende doch noch zum Lehrbuch).
24 S. als schönes Beispiel hierfür das schon erwähnte Stichwort ‚Demokratie' im Fischer-Lexikon ‚Staat und Politik' von 1957, das dem Rousseauschen Konzept umstandslos die „Tendenz zur totalitären Demokratie" zuspricht (S. 73).
25 Der Begriff lehnt sich an den des ‚workable competition' an, der seinerseits eine reduktionistische Variante des liberalen Wettbewerbsmodells darstellt.

gründbar ist (s. dazu weiter u., II. in diesem Kap.). Auch kamen, wie gleich zu zeigen sein wird, nicht alle Ziele des ‚klassischen' Konzepts vollständig abhanden, sondern flossen in reduzierter Form in eine Art Optimierungs-Programm ein, dessen Eckpunkte individuelle Handlungsfreiheit und Systemstabilität darstellten.

Im Folgenden kann es nicht darum gehen, das Gesamtprojekt der empirischen Demokratietheorie in allen Verästelungen nachzuzeichnen. Die Darstellung wird sich auf einige markante Autoren beschränken und sich vorrangig auf die Beantwortung der Fragen nach dem Kern und dem Zweck von Demokratie sowie nach der Rolle des Demos in dieser *mainstream*-Variante der Demokratietheorie konzentrieren.

I.

Was also ist Demokratie? Joseph A. Schumpeter (1950), dem Erfinder der „anderen" Theorie der Demokratie zufolge, ist sie einzig und ausschließlich eine „Methode ... zur Erzielung politischer Entscheide" (ebd.: 397, s. auch 428). Dagegen erwarte die „klassische Lehre der Demokratie", daß die demokratische Methode „das Gemeinwohl dadurch verwirklicht, daß sie das Volk selbst die Streitfragen entscheiden läßt und zwar durch die Wahl von Personen, die zusammenzutreten haben, um seinen Willen auszuführen." (ebd.: 397). An dieser den Klassikern zugeordneten Definition (die ihrerseits bereits reduktionistisch ist) sei zweierlei falsch und unrealistisch, nämlich zum einen die Vorstellung, daß es ein „solches Ding wie ein eindeutig bestimmtes Gemeinwohl, über das sich das ganze Volk kraft rationaler Argumente einig wäre oder zur Einigung gebracht werden könne" (ebd.: 399), jemals geben könne; genauso wenig (und zum anderen) gebe es einen ‚Volkswillen', der das politische Geschehen anleiten könne, schon gar nicht einen unabhängigen und rationalen (ebd.: 401ff.). Das Volk nämlich denke nicht *vorgängig* über politische Themen nach, es wolle nichts und wisse nichts und verfüge über keine Urteilskraft; ja generell „fällt der typische Bürger auf eine tiefere Stufe der gedanklichen Leistung, sobald er das politische Gebiet betritt" (ebd.: 416). So sei das Gemeinwohl eine Fiktion und der Volkswille ein Artefakt: Er ist „fabriziert", „das Erzeugnis und nicht die Triebkraft des politischen Prozesses." (ebd.: 418)

Und weil das so ist, muß die Demokratie definitorisch von der Bindung an Gemeinwohl und Volkswillen gelöst werden. Folgerichtig reduziert darum die realistische, „andere" Definition von Demokratie diese auf eine institutionelle Ordnung, „bei welcher einzelne die Entscheidungsbefugnis vermittels eines Konkurrenzkampfs um die Stimmen des Volkes erwerben." (ebd.: 428) Die Definition liefert zugleich „ein leidlich brauchbares Kriterium, mit welchem demokratische Regierungen von anderen unterschieden werden können" (ebd.): „In democracy no one can choose himself, no one can invest himself with the power to rule, and therefore no one can arrogate to himself unconditional and unlimited power"; im Gegensatz zur Autokratie „the power is scattered, limited, controlled and exercised in rotation" (Sartori 1962; 1969: 36). So wird aus der Demokratie denn die "non-autocracy" (ebd.) bzw. die „Polyarchie" (Dahl 1971).

Im Kern ist Demokratie demnach eine bestimmte Herrschaftsform, nämlich eine, die sich durch pluralitäre und limitierte ‚Führung' auszeichnet. Die Definition „läßt ... allen wünschbaren Raum für eine angemessene Anerkennung der lebenswichtigen Tatsache der Führung" (Schumpeter 1950: 429); ja ‚Führung' steht letztlich im Mittelpunkt der Theorie, wird doch jede politische Meinung, jede politische Willensäußerung bzw. Interessenartikulation erst „von irgendeinem Führer ... zum Leben erweckt" (ebd.). Auch der Zweck von Demokratie geht über die Pluralisierung und Limitierung, also eine gewisse Einhegung von politischer Macht und Führung („to prevent tyranny"; Riker 1982: 245)[26] nicht hinaus. Schon gar nicht ist der Zweck der Übung irgendwo beim Individuum festzumachen. Die periodische Wahl der Führer wird nicht veranstaltet, damit die Wähler ihren Willen durchsetzen können, sondern um „eine Regierung hervorzubringen" (Schumpeter 1950: 432), was sich auch so lesen läßt, daß die Wähler eine Funktion für das politische System zu erbringen haben und nicht umgekehrt. Natürlich kann eine unzufriedene Wählerschaft bewirken, daß das Führungspersonal ausgewechselt wird; d.h. sie kann ggf. als Kontrollinstanz agieren und so ‚Unterdrückung und andere Übel' verhindern helfen. Aber das ist es dann auch schon: „the function of voting is to control officials, *and no more*" (Riker 1982: 9). Das Wählen hat jedenfalls nicht den primären Zweck, die jeweilige Führung auf bestimmte politische Inhalte oder outputs festzulegen. So etwas mag zwar im Ideal- und Ausnahmefall möglich sein, nämlich unter den Bedingungen vollkommener Konkurrenz (wie im ökonomischen Modell der Demokratie von Anthony Downs (1957) beschrieben; s.u. III. in diesem Kap.); doch realiter ist die Parteien-Konkurrenz „kaum je vollkommen" (Schumpeter 1950: 430). Im Klartext heißt das, daß im Normalfall der Bezug zwischen individuellen Präferenzen und politischen Entscheidungen zufällig und beliebig ist, weil nämlich „die Entscheidung über die politischen Streitpunkte vom Standpunkt des Politikers nicht das Ziel, sondern nur das Material" seiner Tätigkeit ist (ebd.: 443). Die Eigeninteressen der (Partei-) Politiker dominieren, und ihr Eigeninteresse veranlaßt sie je nach Konkurrenzsituation mal mehr, mal weniger, auf die Wählerinteressen einzugehen. Wie Unternehmer erfüllen die politischen Führer ihre „soziale Funktion, so wie die Dinge nun einmal liegen, nur nebenher ... – im gleichen Sinne wie die Produktion eine Nebenerscheinung beim Erzielen von Profiten ist."(ebd.: 448)[27]

---

26 Auch Dahl (1998: 45) nennt „avoiding tyranny" unter den „desirable consequences" der Demokratie an erster Stelle.

27 „Those who hold office ... must stand ready, *in some sense*, to do whatever the people want them to do, and to refrain from doing anything the people oppose" (Ranney/Kendall 1956;

Die „demokratische Methode", als Konkurrenzkampf um Wählerstimmen definiert, wird so (und in der Tat völlig realistisch betrachtet) zum Selbstzweck. Der Demos, in der klassischen Demokratietheorie ursprünglich noch groß geschrieben, steht nicht im Mittelpunkt dieser „anderen Theorie der Demokratie" – dort steht der Politiker –, sondern ist entschlossen an den Rand gedrängt. Seine Rolle, aufs Wählen beschränkt, ist funktional bestimmt: Er hat seinen Beitrag zum Funktionieren eines politischen Systems zu leisten, das ihm – immerhin – als verbliebene Verheißung ein Modicum an Freiheit verspricht; präziser: mehr Freiheit als die Autokratie. Bei Schumpeter liest sich dies bescheiden, denn die Realisierung individueller Freiheit und Selbstbestimmung ist „eine Sache des Grades" (ebd.: 431). In seiner nüchternen Sichtweise bleiben im wesentlichen die Freiheit, sich um die politische Führung zu bewerben[28], sowie die Diskussions- und Pressefreiheit als relevante Freiheitsrechte unantastbar; ansonsten bezweifelt er, ob „die demokratische Methode ... eine größere Summe individueller Freiheit garantiert, als irgend eine andere politische Methode unter gleichen Umständen" (ebd.). Andere Autoren sind hier großzügiger (z.B. Dahl 1971 und 1998); doch können sie zu ihrer Sicherung auf keine anderen Garantien verweisen als auf die Abwesenheit von Tyrannei.

Jenseits der Wahl, die, wie gesehen, nur höchst begrenzt zum Vehikel der Realisierung eigener Präferenzen taugt, hat der Demos im politischen System keinen Platz. Politik ist *nicht* Sache der Bürger; vielmehr müssen „die Wähler außerhalb des Parlaments ... die Arbeitsteilung zwischen ihnen selbst und den von ihnen gewählten Politikern akzeptieren. Sie ... müssen einsehen, daß wenn sie einmal jemanden gewählt haben, die politische Tätigkeit seine Sache ist und nicht die ihre." (Schumpeter 1950: 468). Solche „demokratische Selbstkontrolle" (ebd.: 467) hat für Schumpeter einen so hohen Stellenwert, daß er sie sogar zu einer der wichtigsten Funktionsbedingungen der Demokratie erklärt.

Zum Ausgleich sind die an die Bürger bzw. Wähler gestellten qualitativen Anforderungen recht gering. Realistischerweise kann man von ihnen (s. schon o.) in politischen Fragen wenig an Wissen, Urteilskraft, Einsichtsfähigkeit und auch Engagement erwarten. Ihr politisches Desinteresse ist aber nicht nur *nolens volens* im Sinne eines Defizits hinzunehmen, sondern ist insofern von Vorteil, als es ihren Drang, sich einzumischen, minimiert. Ein gewisses Maß an politischer Apathie – so die aus den frühen amerikanischen Wahlstudien vielfach gezogene Lehre – ist durchaus funktional, nämlich ein nicht zu unterschätzender Beitrag zur Systemstabilität.[29] Allerdings darf das

---

1969: 46); doch die Politiker verfügen über eigene Mittel, dieses "in some sense" zu minimieren.

28 – eine Freiheit, die in der Praxis wenig wert ist, da die Aufgabe der Kandidatenselektion und -präsentation nahezu ausschließlich bei den Parteien liegt (s. z.B. ebd.: 449).

29 „... an individual ,inadequacy' provides a positive service for the society." (Berelson et al. 1954: 316).

„intellektuelle und moralische Niveau" der Wählerschaft nicht *zu* tief absinken: das moralische nicht, weil von ihr doch „sehr viel freiwillige Unterordnung verlangt" wird und sie – z.b. – immer wieder „auf die nationale Situation" Rücksicht nehmen muß, und das intellektuelle nicht, weil sie sonst Gefahr liefe, auf allerlei „Schwindler und Querulanten" hereinzufallen (ebd.: 467). Ein Modicum an „enlightened understanding" ebenso wie ein Wertekonsens zumindest im Hinblick auf „democratic beliefs" (Dahl 1998: 37, 147) können das Funktionieren auch der auf ein prozedurales Minimum reduzierten Demokratie nur befördern; doch würde die empirische Demokratietheorie sich nicht dazu versteigen, generell das autonome und rationale Individuum vorauszusetzen. Nicht zuletzt deshalb spielt wohl sein Anspruch auf Selbstbestimmung eine so untergeordnete Rolle.[30]

Wie bescheiden auch immer: die hier aufgeführten Anforderungen ans Wählerpublikum deuten darauf hin, daß selbst ein so reduziertes Demokratieprogramm nur unter bestimmten Bedingungen funktionieren kann. Für Schumpeter ist deren erste und wichtigste – etwas überraschend – die, „daß das Menschenmaterial der Politik ... von hinreichend hoher Qualität ist"; denn der Konkurrenzkampf „geht ... verschwenderisch mit Menschen und Energien um" (1950: 461). Um in dieser Hinsicht einen ‚race to the bottom' zu vermeiden, fordert er die Existenz einer eigenen „sozialen Schicht" mit eigenen Traditionen, „einem Berufskodex und einem gemeinsamen Fonds von Ansichten" (ebd.: 462) – kurz: eine ‚politische Klasse', die Führerauswahl wie politische Entscheidung unter sich ausmacht. Ähnlich dringend benötigt wird seiner Ansicht nach eine gut ausgebildete Bürokratie, um das demokratische Manko einer ‚Regierung durch Amateure' auszugleichen.

Mit der Formulierung solcher Bedingungen (eine dritte ist die schon erwähnte „demokratische Selbstkontrolle" der Wähler, eine vierte die begrenzte Reichweite demokratischer Politik) steht Schumpeter allerdings auch unter den empirischen Demokratietheoretikern ziemlich allein. Häufiger genannt werden ein Mindestmaß an sozioökonomischer Modernisierung (das die Marktwirtschaft ebenso einschließt wie Alphabetisierung und ‚Volksbildung'), die Abwesenheit tiefgreifender subkultureller Divergenzen, die Existenz eines entwickelten Systems von Massenkommunikation (z.B. Cnudde/Neubauer 1969: 151ff., 210ff., 224ff.), aber auch einer „demokratischen politischen Kultur" (z.B. Dahl 1998: 147). Die Bedingungen sind im einzelnen nicht unbestritten; zudem ist ihr Stellenwert unklar, weil im allgemeinen kein direkter Bezug zwischen ihnen und den der Demokratie zugeschriebenen (sparsamen) Leistungen hergestellt ist – sind sie z.B. wirklich essentiell für die „Vermeidung von Tyrannei"? – ; und schließlich bleibt im Dunklen, ob es sich hier um ‚statistische Durchschnittswerte' bei beobachte-

---

30 Auch bei Dahl rangieren der Schutz der eignen Interessen und die individuelle Selbstbestimmung unter den „desirable consequences" der Demokratie unter ferner liefen (1998: 45, 52f.).

ten politischen Systemen, um echte Kausalbeziehungen oder um logisch notwendige Voraussetzungen handelt.

II.

Unklar bleibt nicht zuletzt der Stellenwert des gesamten Konzepts. Es beschreibt ‚das Gegebene', d.h. die politische Realität in Systemen, die sich selbst als demokratisch definieren, stellt einigermaßen illusionslos dar, wie die ‚sogenannte Demokratie' so abläuft, und ermittelt unter den dortigen Gegebenheiten die Bedingungen, die die Aufrechterhaltung und das reibungslose Funktionieren eben dieser Systeme positiv beeinflussen. Das ist zunächst ein sparsames Programm, muß aber selbst als solches – als primär deskriptives und aus der Deskription zu Verallgemeinerungen kommendes Programm – insofern auf Kritik stoßen, als es sich auf eine recht einseitige Fallauswahl stützt: Die empirische Demokratietheorie hat nicht die ganze Bandbreite realer Demokratien im Auge, sondern ausschließlich deren repräsentativ-majoritäre parteienstaatliche Variante (und auch die wiederum nur in ihrer angelsächsischen Ausprägung; die italienische Spielart und die französische der IV. Republik gelten ihr allenfalls als Schreckbilder). Die ‚abweichenden Fälle' der Konsensdemokratien – z.B. Niederlande und Schweiz – gingen seinerzeit nicht und gehen auch seit Lijphart bestenfalls rudimentär in das Konzept ein.

So ist das Konzept schon vom komparativen Standpunkt unbefriedigend. Noch unbefriedigender ist es, versucht man eine meta-demokratietheoretische Elle anzulegen. Zwar ist die empirische Demokratietheorie erklärtermaßen nicht-normativ; doch gleichzeitig postuliert sie die Überlegenheit der – minimalistisch definierten – Demokratie über die Autokratie. Aber worauf gründet sich diese Überlegenheit? Da der (mehr oder weniger heimliche) Akzent des Konzepts auf der Freisetzung der Politiker von vom Volk bzw. von den Wählern ausgehenden ‚constraints' liegt und damit auf reibungslosem Regieren bzw. effektivem Entscheidungshandeln, kommt es in Begründungsnot, denn Monokratie und/oder Technokratie sind allemal effektiver als die Demokratie. Politische Macht stellt sich um so effektiver dar, je mehr es ihr gelingt, Komplexität zu reduzieren, und demokratische Verfahren, wie sparsam auch immer konzipiert, erhöhen Komplexität (s. z.B. Zolo 1992: 56). Warum also das Abmühen mit Konkurrenz, teuren Wahlkämpfen etc., was ja alles (wie von Schumpeter angedeutet) unter Energieverschwendung verbucht werden muß? Eine überzeugende Antwort auf diese Frage bedürfte des Rekurses auf eine nachvollziehbare Zwecksetzung der Demokratie und die plausibel begründete Erwartbarkeit bestimmter wünschbarer Leistungen demokratischer Verfahren. Doch eben hier findet sich die entscheidende Schwachstelle der empirischen Demokratietheorie; gerade an dem zentralen Punkt gelangt sie über die ‚Vermeidung von Tyrannei' nicht hinaus. Das oben erwähnte Modicum von Freiheiten wird gewissermaßen nur nachgereicht, da die systemische Perspektive dominiert und gegenüber System-Erfordernissen die Iniviuden und ihr Freiheitsanspruch im Zweifelsfall zurückzustehen haben.

Und genau hierauf beruht auch die Unterlegenheit der ‚anderen' Theorie der Demokratie gegenüber dem Konzept der ‚Madisonian democracy', auf das sie sich gern beruft. Dort nämlich war die Freiheit des Individuums die überragende Zwecksetzung, weswegen ein komplexes System von Machtschranken erdacht werden mußte, um notfalls das *eine* Individuum gegen die Macht der Regierenden und auch und gerade der Mehrheit zu schützen. In dem neuen, ‚realistischen' Konzept dagegen ist zwar das Volk – und sind die Individuen – politisch neutralisiert (weil rigoros mediatisiert), *nicht* aber die (von einer Wählermehrheit gestützte) politische Macht als solche: Sie feiert fröhliche Urständ', wie sie es in der Autokratie kaum besser könnte.

Aus ihrem Begründungsdilemma sucht die empirische Demokratietheorie sich zu befreien, indem sie darauf verweist, daß sie die Demokratie ja nur als eine *Methode* verstehe, die als solche „unfähig (ist), selbst ein Ziel zu sein", und jedenfalls „kein absolutes Ideal kraft eigenen Rechtes ist" (Schumpeter 1950: 384f.); d.h. die ‚eigentlich' zu verfolgenden Ziele und Ideale existieren unabhängig von ihr, die nur ein Mittel ist, sie zu verwirklichen. Doch hilft dieser Schachzug nicht weiter, weil die Überlegenheit der demokratischen Methode bei der Verwirklichung höherrangiger Ziele nicht nur ungeklärt bleibt, sondern nicht einmal ernstlich reflektiert wird: Übergeordnete normative Ziele kommen in der Theorie ja gar nicht vor. „Non-autocracy" mag zwar die Vermutung größerer Chancen der Realisierung individueller Freiheit (so die denn – mal mehr, mal weniger explizit – als allgemein akzeptiertes Ziel gelten darf) für sich haben, aber zwingend nachgewiesen ist das nicht. Im Konkurrenzkampf zwischen Machteliten kann das Individuum sich vielleicht einrichten und seinen eigenen Freiheitsspielraum maximieren; genau so gut kann es aber unter die Räder der jeweiligen Macht-Ambitionen geraten.

„Democracy is, then, little more than a name for good relations between the ruling groups" (Zolo 1992: 153) – statt für gute Beziehungen zwischen Regierenden und Regierten; und was die Klassiker mit Demokratie verbanden, ist bestenfalls ein Nebenprodukt im Konkurrenzkampf zwischen ihnen. So defizitär dies in normativer Hinsicht ist, so besteht dennoch ein gewisses Verdienst darin, die Demokratie vom Ideenhimmel heruntergeholt und der Frage fest ins Auge geblickt zu haben, was Demokratie realistischerweise zu leisten imstande ist. Illusionen über das Wesen und die Leistungsfähigkeit der Demokratie fördern Frustration und ‚Politikverdrossenheit' bei den Regierten (s. Shapiro/Hacker-Cordòn 1999: 1ff.); also geht man vielleicht doch besser von reduzierten Erwartungshorizonten aus. Wobei die Frage bleibt, warum der reduzierte Horizont so einseitig der der parteienstaatlichen Konkurrenzdemokratie sein muß.

Natürlich ist die empirische Demokratietheorie – gern als ‚elitäre' denunziert – auf vielfältige Kritik gestoßen. In den 60er Jahren rief sie eine Art demokratietheoretischer Gegenbewegung unter dem Titel ‚partizipative Demokratietheorie' hervor (z.b. Bachrach 1967; Pateman 1970), die sich indessen gegenüber dem empirischen *mainstream* nicht durchzusetzen vermochte. Die eine Stoßrichtung ihrer Kritik zielte auf die A-Normativität eines Konzepts, dessen Vertreter erst in der Befreiung der Demokratie von assoziierten Zielen, Zwecken und Werten eine Garantie gegen ihr Umkippen in den Totalitarismus sahen, während in historischer Betrachtung doch gerade die Vorweg-Entkopplung der Demokratie von Werten eine Gefahr darstellen mag. Die andere und wichtigere Stoßrichtung traf die Herabstufung bzw. Neutralisierung des Individuums (z.B. Habermas u.a. 1961: 24) – ihrerseits eine Folge der Desillusionierung über die Verführbarkeit der Massen – und die vollständige Vernachlässigung des Doppelaspekts politischer Partizipation, der nicht nur politische Führerauswahl, sondern zugleich individuelle Selbstverwirklichung bezwecke und damit den Schutz gegen solche Verführbarkeit quasi gleich mitliefere. Indessen fehlte der Vorstellung des „demokratischen Charakters", der sich schrittweise via Partizipation entwickeln würde (Pateman 1970: 46ff.), an Überzeugungskraft in einer Zunft, die sich von demokratischen Illusionen gerade erst verabschiedet und den Realismus zu ihrem Credo erhoben hatte. Erschwerend kam hinzu, daß die alternative Zielgröße ‚demokratischer Charakter' ihrerseits normativ leer blieb, weil sie lediglich auf Partizipationswilligkeit und eine (subjektiv wahrgenommene) „political efficacy" (ebd.: 53, 83) abhob und damit gewissermaßen qualitativ unterbestimmt war. Eher hätte man Empiriker wie – vielleicht – auch Normativisten[31] mit der Auflistung demokratischer Tugenden und Einstellungen überzeugen können, deren Erforschung in der Tat seither ein beliebtes Arbeitsfeld der empirischen Politikwissenschaft ist. Doch hier stieß man alsbald auf das Dilemma, daß man bei normativ anspruchsvoller Definition des ‚demokratischen Charakters' sogar bei sich selbst auf Nischen autoritärer Denkmuster stößt. Das empirische Forschungsprogramm ist darum längst in einer Weise zurechtgestutzt worden, die mit der empirischen Demokratietheorie harmoniert: Man begnügt sich damit, Akzeptanz und positive Wertung der Einzelelemente realer konkurrenzdemokratischer Systeme abzufragen, und zieht darüber hinausgehende Vorstellungen von Demokratie gar nicht erst in Betracht.

III.

Die Kritiker der ‚elitären' Demokratietheorie haben sich im allgemeinen primär auf Schumpeter eingeschossen. In der Tat ist er derjenige, der die

---

31 – doch gerade die zeigten sich z.T. eher störrisch und wehrten sich gegen die „Fetischisierung der staatsbürgerlichen Teilnahme" (Habermas u.a. 1961: 15).

Konkurrenzdemokratie besonders nüchtern, illusionslos, ja geradezu schonungslos beschreibt. Auch im vorliegenden Text mag die Konzentration auf Schumpeter die eine oder andere Überspitzung nach sich gezogen haben. Um der empirischen Demokratietheorie Gerechtigkeit widerfahren zu lassen, seien darum noch einige ihrer späteren Varianten aufgeführt, die ihrerseits als prägend für die moderne demokratietheoretische Diskussion angesehen werden können.

Zum einen ist dies Anthony Downs' „ökonomische Theorie der Demokratie" (1957), die nicht nur Schumpeters Konzept zum Modell formalisierte, sondern zugleich das ökonomische Paradigma in die Politikwissenschaft einbrachte. Unter expliziter Vermeidung jeglicher „ethischer Prämissen" reduziert er die Demokratie definitorisch auf die periodische Wahl (unter der Bedingung des „one man one vote") bei Vorhandensein von mindestens zwei Parteien. Sowohl die Abwesenheit normativ-ethischer Elemente wie die beiden Basis-Annahmen ökonomischen Rationalverhaltens und des ‚Selbstinteresses' verstricken ihn in gravierende Begründungsprobleme: Zum einen läßt sich nicht begründen, warum der nicht-ethisch motivierte, selbstsüchtige, auf die Vorteile von Regierungsamt und Machtbesitz erpichte Politiker eine Wahlniederlage akzeptiert und freiwillig aus dem Amt scheidet; zum anderen kann er nicht erklären, warum ein rationaler Wähler angesichts seines geringen Stimmgewichts sowie eines auf Grund rationaler Parteien-Strategien systematisch verunklarten „party differentials" überhaupt zur Wahl geht[32]; zum dritten driften seinem Modell zufolge individuelle und soziale Rationalität unvermeidlich auseinander. Gleichwohl läßt das Modell sich als ein Versuch verstehen, individuelle Präferenzen und politische Entscheidungen zwingend miteinander zu verkoppeln, denn unter idealen Bedingungen (sprich: bei vollständiger Information von Anbietern wie Nachfragern) sind die Regierenden bei Strafe des Untergangs gezwungen, politische Programme zu verwirklichen, die der Wählermehrheit konvenieren. Unglücklicherweise folgt aus der realen Tatsache der Ungewißheit, daß die Anbieter (= die Politiker) die Nachfrager (= die Bürger) über den Löffel balbieren können; und so liefert er denn den ökonomischen Beweis für die Marginalität des Demos in der (konkurrenz-) demokratischen Politik.

Daraus muß man erhebliche Zweifel an der Realisierbarkeit von „responsive rule" und „responsive party government" ableiten, die in der neueren *mainstream*-Literatur zum Thema als unhintergehbarer Kern von Demokratie figurieren.[33] Dennoch hält diese – sozusagen ‚in the teeth of the evidence' – an jenen Formeln fest, weil sie die entscheidende und einzige Verknüpfung zwischen Demos und Eliten symbolisieren. Das gilt insbesondere für angel-

---

32 An diesem „Wahlparadoxon" haben sich Generationen von Politikwissenschaftlern die Zähne ausgebissen (s. z.B. Mensch 1999).
33 Woraus Zolo (1992: 88) das hübsche Paradox konstruiert, daß der „praktische Realismus" mit dem „theoretischen Realismus" in Widerspruch gerate.

sächsische Autoren, für die als Beispiel hier Robert A. Dahl stehen mag, der sich indessen vor allem in neueren Publikationen in gewisser Weise zum Wanderer zwischen den Welten entwickelt. Obwohl auch in seinen Augen Demokratie sich im großen und ganzen in freien Wahlen, Parteienkonkurrenz und Mehrheitsregel erschöpft, ist gleichwohl ihr „key chracteristic ... the continuing responsiveness of the government to the preferences of its citizens, considered as political equals" (Dahl 1971: 1), weswegen er die Polyarchie – als ‚realistische' Annäherung an die Demokratie – von „competitive oligarchies" (die das Kriterium der Inklusivität nicht erfüllen) sorgfältig abgrenzt (ebd.: 7). Das Individuum und sein Anspruch auf Selbstbestimmung gewinnen – man möchte sagen: mit zunehmendem Alter des Autors – in seinem demokratietheoretischen Konzept ein Gewicht, das tendenziell über das bloße Wählen hinausweist. In Anknüpfung an Mill postuliert er, daß das Individuum der beste Richter darüber sei, was in seinem eigenen Interesse liege, und fordert deshalb entsprechende Partizipationschancen[34]. Zwar müssen sie (wiederum ähnlich wie bei Mill) in großen Gemeinwesen aus pragmatischen Gründen eher restriktiv ausfallen (Dahl 1998: 75, 110; 1997: 114), damit „citizen participation" und „system effectiveness" nicht in Konflikt geraten (1994; 1998: 110). Doch immerhin umfassen die von ihm ins Auge gefaßten Partizipationsmöglichkeiten auch die „control of the agenda" (1997: 113f.; 1998: 38), womit er nicht nur implizit die Beschränkung des Bürgers auf den Wähler aufweicht; und prinzipiell könnten sie sogar Sachentscheidungen einschließen (was indessen explizit so nicht formuliert wird; s. die mehrdeutigen Formeln in 1997: 111). Der Demos rückt so vom äußersten Rand näher an das Zentrum des kollektiven Entscheidungssystems heran.

Wie eben schon erwähnt, trieb Dahl von Anbeginn das Problem der Abgrenzung der Demokratie von der Nicht-Demokratie um. Zu diesem Zweck suchte er zuverlässige Prüfkriterien zu entwickeln (s. dazu u., III.1.e.), die er auf seinem theoretischen Weg von der Polyarchie zur „procedural democracy" (1997) weniger verfeinerte als vielmehr mit strenggenommen nichtprozeduralen Elementen anreicherte[35]. Hierzu zählt vor allem das Kriterium des „enlightened understanding", mit dem er in der Tat in Gegensatz zu Schumpeter und seinen Nachfolgern gerät und das, als „a counter-argument for aristocracy, meritocracy, or rule by a qualified elite" (ebd.: 112), zum empirisch-demokratischen Konzept quer zu liegen scheint. Ja wie gleich zu sehen sein wird (u.: e.), scheint er im Terrain der deliberativen Demokratietheorie zu wildern, wenn er vorschlägt, demokratische Verfahren danach zu beurteilen, ob sie mit einiger Wahrscheinlichkeit zu einem „more enlightened demos – and thus to better decisions" führen (ebd.): „alternative procedures

---

[34] M.G. Schmidt (2000a: 254f.) reiht Dahl deshalb sogar in die „partizipatorischen Demokratietheorien" ein.
[35] Was ihn denn auch zwingt, zwischen „procedurally democratic in a narrow sense" und im weiteren Sinne zu differenzieren (1997: 112).

for making decisions ought to be evaluated according to the opportunities they furnish citizens for acquiring an understanding of means and ends, and of oneself and other relevant selves" (ebd.: 113). Doch rettet er die A-Normativität des empirischen Ansatzes ebenso wie den eigenen individualistischen Impetus, indem er darauf insistiert, daß „the demos is the best judge of its own competence and limits" (ebd.: 114) und daß also die Bürger – auch die ‚unaufgeklärten' – selbst über ihre Inklusion in Entscheidungsverfahren sowie darüber befinden, welche Materien auf demokratischem Wege zu entscheiden sind.

Einen Gegenpol zu Dahl, der sich auf eine individualistische Zwecksetzung von Demokratie rückbesinnt und dabei gewissermaßen in die ‚idealistische Falle' tappt, bildet Daniele Zolo, der die empirische Demokratietheorie im Gefolge von Schumpeter noch zu übertrumpfen versucht. An der letzteren schätzt er insbesondere die Einsicht, daß „politics is not ruled by principles of justice, but by the interest of the strongest" (1992: 35). Dies baut er zu der in systemtheoretischem Gewand einherkommenden These aus, die Kriterien politischer Entscheidungsfindung seien „essentially incompatible with the criteria of a system of public ethics" (ebd.: 38), weshalb die Moral in der Politik keinen Platz habe. Kennzeichen moderner politischer Systeme sind nun (ebd.: 115ff.) (1) selbst-referentielle (also eben *nicht* responsive) Parteiensysteme, (2) eine „inflation of power" (nämlich auf Seiten gesellschaftlicher Akteure) und (3) die ‚Neutralisierung' des politischen Konsenses: Da kaum noch ein ‚public space' und folglich wenig Raum für politische Kontroversen fortbestehe, werde die „notion of the consensus of the generality of citizens" hinfällig und trete ‚grundlose' und a posteriori-Akzeptanz – und mit ihr die Selbst-Legitimierung des politischen Systems – an seine Stelle (ebd.: 130ff.). Diesen realistischen Befund kann man hinnehmen oder als demokratisch defizitär kritisieren. Zolo entscheidet sich – analog zu Schumpeter seinerzeit – für das erstere und fordert Konsequenzen für die Demokratietheorie: Sie solle sich vom Konzept der Repräsentation verabschieden, weil es längst obsolet geworden sei[36], ebenso wie von der Idee der Responsivität des politischen Marktes. Stattdessen seien „differentiated and limited autocracies" das Kennzeichen der politischen Systeme, die sich demokratisch nennen, und darauf habe die Theorie sich einzustellen, indem sie demokratische Restbestände nicht länger als das Resultat und „by-product ... of inter-party competition", sondern nurmehr als das Nebenprodukt der Differenzierung zwischen politischem und ökonomischem System aufzufinden sucht (ebd.: 181f.). Das einzige Versprechen, das die Demokratie unter den obwaltenden Umständen noch einhalten kann – und soll –, ist das der „protection of social complexity against the functional predominance of any particular subsystem" (ebd.: 182). Eine Garantie für individuelle Autonomie aber werde sie selbst dann nicht geben können.

---

36 „Reviving it on the basis of a (Kantian) ‚public ethic' is purely ‚academic' ..." (1992: 180).

Im Zeichen eines solchen „Dogmatismus des Gegebenen" (Palazzo 1999: 15) bleibt von der Demokratie als ‚Volkssouveränität' so wenig übrig, daß selbst der Begriff des „semisovereign people" (Schattschneider 1975) noch als Euphemismus erscheint. Es ist fraglich, ob Demokratie bzw. die Vorstellung von ihr damit weniger Enttäuschung und Frustration produziert als ein normativ begründetes Ideal es täte. „The power of the people in a democracy depends on the importance of the decisions made by the electorate, not on the number of decisions they make" (Schattschneider 1975: 136); aber es ist eben die Wichtigkeit der Wahlentscheidung, die in ‚realistischer' Sichtweise in Frage steht. Warum also überhaupt wählen gehen, warum an der ‚sogenannten Demokratie' festhalten: „why is democracy desirable anyway", wenn der Demos aus ihr heraus eskamotiert worden ist? Eine Theorie, die keine Zielgröße mehr definiert, kann, so will es scheinen, nicht mehr wirklich ‚Demokratietheorie' sein; die völlige „normative Entkernung" (Palazzo 1999: 16) führt nicht hin zur Demokratie, sondern weg von ihr. Sie führt zugleich weg von der Legitimierung von Politik zur ‚Beschaffung von Massenloyalität', die indessen auch in anderen Systemen zu haben ist.

e. Die Antwort der ‚deliberativen' Demokratietheorie

> „Wenn man die subjektphilosophische Begriffsbildung preisgibt, braucht die Souveränität weder konkretistisch im Volk konzentriert, noch in die Anonymität der verfassungsrechtlichen Kompetenzen verbannt zu werden. Das ‚Selbst' der sich selbst organisierenden Rechtsgemeinschaft verschwindet in den subjektlosen Kommunikationsformen, die den Fluß der diskursiven Meinungs- und Willensbildung so regeln, daß ihre fallible Ergebnisse die Vermutung der Vernünftigkeit für sich haben. Damit wird die Intuition, die sich mit der Idee der Volkssouveränität verbindet, zwar nicht dementiert, jedoch intersubjektivistisch gedeutet." (Habermas 1994: 365)

Eine der Antworten auf die normativ entleerte realistische Demokratietheorie ist die Rückbesinnung auf Kant und die ‚republikanische' Tradition: Der an Habermas' Diskurstheorie anknüpfenden ‚deliberativen' Demokratietheorie[37] geht es um die Rückkehr zu „normativ gehaltvollen Demokratiemodellen" (Habermas 1994: 359). Zwar sind auch ihr Kernstück Verfahren, aber emphatisch andere als die der empirischen oder prozeduralen Variante, nämlich „Verfahren deliberativer Politik", die statt Interessenkompromissen (oder gar

---

37 M.G. Schmidt (2000a: 252ff.) reiht auch diese Variante in die „Schulen der partizipatorischen Demokratietheorie" ein. Auf Grund der radikal unterschiedlichen normativen Orientierung wie auch der Differenzen in den praktischen Konsequenzen leuchtet mir – trotz einiger Berührungspunkte – diese Zuordnung nicht recht ein.

bloßer Führerauswahl) „ethisch-politische Selbstverständigung" anzielen (ebd.). Zudem haben die Verfahren ein deutliches *telos*: Eindeutiger als die empirische Demokratietheorie, der es vorrangig um Systemstabilität zu tun ist, erstrebt das deliberative Konzept ein bestimmtes Ziel, nämlich das ‚gute Regieren' im Sinne nicht eines interessenbezogenen gesamtgesellschaftlichen Optimums, sondern im Sinne einer an universalistischen Rechts- und Gerechtigkeitsideen zu messenden Vernünftigkeit.

Nicht sozialwissenschaftlich ist dieses neue Konzept orientiert, sondern philosophisch; nicht Kausalzusammenhänge will es auffinden, sondern Sollenssätze begründen. Das Gegebene kommt allenfalls als Restriktion oder als zu Änderndes in den Blick; zu solchen Gegebenheiten scheinen allerdings auch das Individuum und seine Präferenzen zu gehören. Wie die empirische hat darum die deliberative Demokratietheorie ein Begründungsproblem: Sie muß plausibilisieren, warum vom Bürger aus betrachtet ihr Modell anderen Varianten in *demokratischer* Hinsicht überlegen, ja warum es *als demokratisches* wünschbar ist. Anders als die empirische Demokratietheorie hat sie aber (wie gleich zu sehen sein wird) vor allem ein Konkretisierungsproblem.

Wiederum kann diese zweite *mainstream*-Theorie nicht in allen Varianten (die von der ‚reinen' Diskurstheorie bis zur Theorie der „assoziativen Demokratie" reichen) präsentiert werden. Stattdessen wird versucht, Kernaussagen über ‚Wesen und Zweck' von Demokratie sowie zur Rolle des Demos in dem anvisierten Modell herauszupräparieren.

I.

Fragt man nach dem, was für die deliberative Demokratietheorie den Kern von Demokratie ausmacht, steht man gleich vor der ersten Schwierigkeit: Beim ‚Übervater' Habermas jedenfalls kommt der Begriff Demokratie kaum vor. Stattdessen entwirft er ein Konzept ‚deliberativer Politik', die als Instrument zur Erlangung ‚guter' (ethischer, vernünftiger, gerechter) Entscheidungen konzipiert ist; d.h., wenn denn Demokratie und deliberative Politik in etwa gleichzusetzen sind, dann ist Demokratie instrumentell für den Rechtsstaat (und quasi sein prozedurales Anhängsel) und nicht umgekehrt der Rechtsstaat instrumentell für die Freiheit garantierende und maximierende Demokratie. So ist das diskurstheoretische Modell sorgfältig nicht nur vom ‚empiristischen', sondern gerade auch vom ‚republikanischen' Demokratiemodell abgegrenzt, das mit den Begriffen demokratische Selbstbestimmung und „politische Selbstorganisation der Gesellschaft" zu charakterisieren ist (Habermas 1994: 360f.). Demgegenüber identifiziert die diskurstheoretische Variante Demokratie mit einem Kommunikationsprozeß, dessen Gedeihen nicht von einer „handlungsfähigen Bürgerschaft" abhängt (ebd.: 362), weil er nämlich ohne Subjekt(e) auskommt: In „subjektlosen Kommunikationen", die in den verschiedensten Arenen der Meinungs- und Willensbildung stattfinden, bildet sich quasi unabhängig von ihren Teilnehmern die erstrebte und als demokratisch gewertete „höherstufige Intersubjektivität von Verständigungsprozessen" heraus (ebd.). Während also die ‚liberale' (bei Habermas mit der ‚empiristischen' gleichgesetzte) Demokratie der demokratischen Willensbildung die Funktion zuschreibt, die Ausübung politischer Macht zu legitimieren, und dem ‚republikanischen' Modell zufolge die demokratische Willensbildung das politische Gemeinwesen überhaupt erst konstituiert, gilt dem Diskursmodell die demokratische Willensbildung – quasi als eine von Einzelakteuren abgehobene Sphäre der Vernunft – „als wichtigste Schleuse für die diskursive Rationalisierung der Entscheidungen" im Sinne einer ‚Programmierung' der Ausübung staatlicher Macht (ebd.: 363f.).

Demokratie und Öffentlichkeit fallen gewissermaßen ineins; zugleich ist Demokratie ohne den außer ihr liegenden Zweck nicht denk- und begründbar: Das ‚Demokratieprinzip' – als „kommunikative Vergemeinschaftung" und damit als besondere Erscheinungsform des ‚Diskursprinzips' – ist das der „Erzeugung legitimen Rechts" (ebd.: 154f.). Und legitim ist das Recht nur, wenn es vernünftig ist; die „Selbstbestimmungspraxis der Bürger" steht und fällt folglich mit der „Erwartung einer vernünftigen Qualität ihrer Ergebnisse" (ebd.: 369). ‚Selbstgesetzgebung' wird im Hinblick auf diesen Zweck „diskurstheoretisch entschlüsselt": Wenn (und nur wenn!) „Diskurse ... den Ort bilden, an dem sich ein vernünftiger Wille bilden kann, stützt sich die Legitimität des Rechts letztlich auf ein kommunikatives Arrangement: als Teilnehmer an rationalen Diskursen müssen die Rechtsgenossen prüfen können, ob eine strittige Norm die Zustimmung aller möglicherweise Betroffenen ... finden könnte." (ebd.: 134f.)

Insoweit rationale Diskurse auf die *mögliche* Zustimmung nicht nur aller Beteiligten, sondern aller Betroffenen abzielen – was verfahrensmäßig durch größtmögliche Inklusivität, theoretisch allerdings schon durch Präsenz aller relevanten Argumente garantiert wird –, ist das vernünftige Ergebnis mit der jeweils gerechten Lösung identisch. Insofern ist demokratische Praxis „a means promoting justice" (Young 2000: 5). In Abgrenzung etwa zur partizipativen Demokratietheorie der 60er Jahre liegt der Wert der Demokratie nicht in ihren „intrinsic values – the way in which it enlarges the lives of active citizens ... –"; sondern „if democracy is valuable at all, it is for instrumental reasons primarily." (ebd.: 16f.) Produzierte sie in der unvollkommenen Realität oder gar systematisch „uncertain results" (ebd.: 16) im Hinblick auf Vernunft und Gerechtigkeit, könnte sie als Organisationsform nicht als legitim gelten.

Rein begrifflich scheint das letztere zunächst nicht der Fall sein zu können, da „die Idee der Demokratie *konstitutiv* (Hervorhebung H.A.) mit der Idee der Vernunft in Gestalt einer deliberativen Praxis der Selbstbestimmung verknüpft ist" (Schmalz-Bruns 1995: 35): Zweck und Wesen lassen sich demnach nicht trennen. Indessen werden landläufig der Demokratie noch die Funktionen zugeschrieben, die Regierenden am Mißbrauch ihrer Macht zu hindern und den Bürgern Gelegenheit zu geben „to influence public policy to serve or protect their interests" (Young 2000: 17). Sie ist eben *auch* eine Regierungs*form*, die das Staatshandeln an die Zustimmung der Bürger bindet: Gemeinwesen sind „democratic just in case they ensure that the authorization to exercise public power – and that exercise itself – arises from the collective decisions by the citizens over whom that power is exercised." (Cohen/Sabel 1997: 317) Als solche wäre sie sowohl als ein Legitimations- wie als ein Organisationsprinzip zu bestimmen; doch weckt dies bei einigen Autoren eher Unbehagen. Statt Demokratie begrifflich auf bestimmte Organisationsformen einzuengen, sehen sie Demokratie lieber als „a principle which sets down the conditions that are necessary for how to get things right in politics" (Eriksen/Fossum 2000: 19). Der Vorteil dieser Sichtweise ist die Flexibilität, die sie beim ‚Erfinden' von Demokratie-Varianten erlaubt. Zugleich ist damit konstatiert, daß Demokratie entweder von bestimmten Werten und/oder Resultaten getrennt nicht gedacht werden darf, oder aber daß sie, wenn sie als Ensemble bestimmter Arrangements und Verfahren getrennt davon gedacht wird, nicht als solche legitim und „self-justifying" ist. Daraus muß man auf die „instrumental and contingent nature of democracy" schließen, die den „democratic imperative less compelling" erscheinen läßt (Bellamy/Castiglione 2000: 73): Wir dürfen uns von ihm verabschieden, sobald sich herausstellt, daß andere Arrangements die erwünschte Zwecksetzung besser zu erfüllen versprechen.

Die deliberative Demokratietheorie versteht sich als ‚kritische' Theorie, intendiert also eine bessere Realität, und zwar in mehrfacher Hinsicht. Zum einen zielt sie auf ein höheres Maß an Inklusivität ab, zum zweiten auf vermehrte und verbesserte Formen der Partizipation, zum dritten auf „improving the quality of the reasons for public decisions while maintaining egalitarian standards" (Bohmann 1996: 6). Der Demos steht damit mitten im Zentrum des Konzepts – aber er steht dort gewissermaßen (in Anlehnung an Robert Musil) als ein ‚Demos ohne Eigenschaften': als eine Mulde, in die von verschiedenen Seiten (argumentative) Rinnsale fließen. Im Gegensatz zum ‚aggregativen' Modell der Interessenvermittlung, von dem das deliberative sich in all seinen Varianten deutlich abgrenzt, werden seine Präferenzen, Interessen, Wünsche nicht als gegeben bzw. ‚exogen' akzeptiert; vielmehr unterscheidet das deliberative Modell (mehr oder weniger rigoristisch) die Ausgangs-Präferenzen nach ihrer Qualität: „some preferences (are) more intrinsically valuable than others because of their reflective origins or comprehensive content" (Young 2000: 20). Ihre bloße Addition – bzw. die Realisierung jeweils der Präferenzen, die der größten Zahl der Individuen eigen sind – ergäbe im Hinblick auf Vernunft und Gerechtigkeit wenig Sinn. Partizipations- und Vernunftanspruch scheinen sich demnach hart im Raum zu stoßen. Des Rätsels Lösung ist die, per Verfahren dafür zu sorgen, daß die individuellen Präferenzen gewissermaßen einen purgatorischen Prozeß durchlaufen. Sie werden in den öffentlichen Diskurs eingebracht, um dort ‚transformiert' zu werden: „democracy revolves around the transformation rather than simply the aggregation of preferences" (Elster 1998: 1). Geeignete Verfahren vorausgesetzt, geraten die Teilnehmer an welchem sachbezogenen Diskurs auch immer alsbald unter Rechtfertigungsdruck und werden *nolens volens* die eigene Position mit entgegenstehenden Positionen diskontieren sowie sich mit ‚Vernunftgründen' auseinandersetzen, also sich selbst relativieren müssen. In Anlehnung an die Vorstellung einer ‚idealen Sprechsituation' werden „die Teilnehmer ihre Geltungsansprüche vor einem ideal erweiterten Auditorium rechtfertigen" (Habermas 1994: 391).

Für den Stellenwert des Demos im deliberativen Modell ergeben sich aus dem Transformationspostulat zwei Konsequenzen, die seine Zentralität in ganz spezifischem Licht erscheinen lassen. Zum einen ist das Subjekt dieser Demokratie-Variante gewissermaßen ein fiktives. Das gegebene bzw. ‚historisch-kontingente' Individuum mit seinen (in seiner jeweiligen ‚Lebenswelt' entwickelten) realen, partikularen Wünschen und Interessen hat in dem Konzept zunächst keinen Platz. Den erringt es erst, wenn es im Prozeß der Beteiligung und mittels diskursiver, an Rationalitätskriterien orientierter Verfahren (für die sich das Schlagwort des ‚arguing statt bargaining' eingebürgert hat) geläutert sich zu einer Art ‚allgemeinem' Subjekt gemausert, sprich die selbstsüchtige Partikularität der eigenen Strebungen überwunden hat. Das kann heißen, daß es seine Anliegen stets mit solchen Gründen versieht, die für alle anderen rational nachvollziehbar sind und ihnen zumutbar erscheinen[38]; das kann aber auch heißen, daß es vor der Geltendmachung eigener Anliegen erst das Allgemeininteresse zu bedenken hat; und das könnte sogar heißen, daß das Einbringen kruder Eigeninteressen in den politischen Prozeß tendenziell illegitim ist. Per se jedenfalls gelten die individuellen Interessen nicht als ‚authentisch'; das werden sie erst durch Läuterung. Nun ist der Gedanke, partikulare Forderungen sich erst einmal selbst hinterfragen zu lassen, bevor man ihnen einen Durchsetzungsanspruch zugesteht, so verkehrt nicht. Doch stellt man sich die entsprechenden Prozesse einmal praktisch vor und – z.B. – die unterschiedlichen rhetorischen Qualitäten sowie das Autoritätsgefälle unter ihren Teilnehmern in Rechnung, mögen an ihrem Ende „induced preferences" stehen, die dem Individuum nicht nur fern stehen, sondern obendrein nicht notwendigerweise ‚rationaler' sind als seine kommunikativ noch unbearbeiteten Präferenzen (s. Stokes 1998: 124ff.). So mag Deliberation Ergebnisse zeitigen „that are perverse from the perspective of democratic theory" (ebd.: 123).

Zum anderen ist nicht jeder in solche diskursiven Prozesse involviert, kann es gar nicht sein, und zwar in doppelter Hinsicht. Nicht jeder findet in

---

38 In den Worten von Schmalz-Bruns (1999: 205) „(zählen) nur solche Gründe als Gründe ..., die alle Beteiligten sich reziprok-allgemein zumuten können und deren Akzeptanz deshalb auch unter moralischen Gesichtspunkten erwartet werden darf." Gutmann und Thompson (1996: 52, 55) insistieren ebenfalls auf dem „sense of mutuality" und den „mutually justifiable reasons" sowie auf dem Prinzip der „reciprocity".

seinen ‚lebensweltlichen' Verhältnissen ‚ideale Sprechsituationen' vor und hat die Chance noch auch nur die Neigung, einem an wissenschaftlicher Kommunikation orientierten Ideal rationaler Argumentation nachzukommen.[39] In ihren rigoristischeren Varianten ist die deliberative Demokratietheorie im Hinblick auf das eigene partizipatorische Projekt ‚self-defeating', insofern ihr „exclusionary implications" eignen (Young 2000: 6f.): Sie tendiert dazu, bestimmte Formen der Kommunikation und Argumentation zu privilegieren (ebd.: 37ff.).[40] Der egalitäre Anspruch ist aber auch deshalb nur schwer einzulösen, weil zwar ideell jeder ‚im öffentlichen Raum' sich zu Wort melden kann, nicht jeder indessen Zugang zu den relevanten Arenen erhält, in denen er die eigenen Anliegen so wirksam wie diskursiv zur Geltung bringen könnte (s. dazu u., II. in diesem Kap.). Wohl unvermeidlich ist der als ideal konzipierte argumentative Diskussionsprozeß in der Realität eine Elitenveranstaltung, ein ‚top-down'-Prozeß, was das eben erwähnte Problem der ‚induced preferences' zu einem demokratietheoretisch noch gravierenderen macht. Irritierenderweise taucht das vikarische Handeln der politischen Anbieter in der empirischen und ökonomischen Demokratietheorie im deliberativen Gegenbild in neuem Gewand wieder auf, nämlich als vikarisches Argumentieren. Statt daß die Betroffenen selber agieren und ihre Anliegen vertreten, wird in den deliberativen Arenen stellvertretend überlegt, „ob eine strittige Norm die Zustimmung aller möglicherweise Betroffenen ... finden *könnte*" (Hervorhebung H.A.; Habermas 1994: 134).

Der Demos, die Folgerung liegt nahe, mag so zwar prinzipiell im Mittelpunkt stehen, aber in einer qualitativ höchst eingeschränkten Weise. Zudem ist er – überspitzt formuliert – als eine Art ‚subjektloses Subjekt' der Demokratie definiert; denn nicht die Individuen gelten als ‚autonom'. Autonomie ergibt sich erst in einem Kommunikationsprozeß, in dem die Individuen als solche verschwinden. Wie in der empirischen Demokratietheorie erscheint der Konnex zwischen den Wünschen des ‚Publikums' und den politischen Entscheidungen tendenziell beliebig, da systematisch unklar bleibt, wie (und ob überhaupt) selbst die an Vernunftgründen geläuterten Präferenzen in Entscheidungen umgesetzt werden (können) und wie öffentliche Deliberation und Entscheidungsinstanzen sich zueinander verhalten.

II.

Um die diskurstheoretischen Überlegungen und Postulate nachvollziehen zu können, bedarf der Nicht-Kantianer und Nicht-Habermasianer plausibler Konkretisierungen, die die Orte der Deliberation identifizieren, den Zugang zu ihnen klären sowie einen Konnex zwischen ihnen und dem politischen

---

39 „The number of persons who at the same time can have even a simple conversation, let alone an extended argument, is limited." (Gutmann/Thompson 1996: 131).
40 Young spricht hier von „internal exclusion", im Unterschied zur macht- und ressourcenbedingten „external exclusion" (ebd.: 54f.).

Entscheidungssystem herstellen. Bei Habermas selbst finden sich zu solchen Fragen eher abstrakt-unscharfe Verweise auf die „resonanzfähige Öffentlichkeit" und die dieser „entgegenkommenden Lebenswelten" (deren Herausbildung indessen nicht steuerbar sei; 1994: 434); auf einen (wünschbaren und ggf. wiederum nicht steuerbaren) Kommunikationszusammenhang der „potentiell Betroffenen", die die Rolle des „egalitären Laien-Auditoriums" spielen (ebd.: 435ff., 441); und schließlich auf das (wie immer geartete) Zusammenspiel der „zivilgesellschaftlichen Öffentlichkeit" (als dem organisatorischen Substrat des Publikums) mit dem „parlamentarischen Komplex" (ebd.: 448ff.). Die zivilgesellschaftlichen Akteure bilden offenbar eine entscheidende Klammer zwischen deliberierendem Publikum und den Entscheidungsinstanzen, da sie in Krisensituationen (!) „eine überraschend aktive und folgenreiche Rolle übernehmen" können und zumindest dann die politische Agenda zu beeinflussen und verstärkten Legitimationsdruck auf die Politik auszuüben vermögen (ebd.: 460, 462). Die Vagheit der Verweise hat insofern Methode, als konkret institutionalisierte, mit dem ‚parlamentarischen Komplex' verbundene Verfahren ohnehin ihre Relevanz einbüßen. Denn „die Gewichte verschieben sich von der konkreten Verkörperung des souveränen Willens in Personen und Wahlakten, Körperschaften und Voten zu den prozeduralen Anforderungen an Kommunikations- und Entscheidungsprozesse. Damit lockert sich aber die begriffliche Verklammerung der demokratischen Legitimation mit den bekannten staatlichen Organisationsformen. Vermeintlich schwache Legitimationsformen erscheinen dann in einem anderen Licht." (Habermas 1998: 166).

Die Suche nach institutioneller Konkretisierung muß sich also auf die ‚vermeintlich schwachen Legitimationsformen' konzentrieren. Sie knüpfen alle an die ‚zivilgesellschaftliche Öffentlichkeit' an, der per se hohe deliberative Qualität zugeschrieben wird (wobei es empirisch eine durchaus offene Frage ist, ob es hier tatsächlich ‚diskursiver' zugeht als anderswo), über deren Selbstorganisation sich jedoch selten Hinweise finden. Sie aktualisiert sich – und verkoppelt sich ggf. mit den Instanzen des Regierungssystems – in einem „multifarious set of institutional arrangements" (Eriksen/Fossum 2000: 21). Der offene Kommunikationsfluß in und zwischen den diversen ‚deliberativen Foren' der Zivilgesellschaft ist offenbar nicht erst die Bedingung, sondern für sich allein schon das entscheidende Merkmal deliberativer Demokratie; Bindungswirkung mag wünschbar sein, erscheint aber letztlich als zweitrangig.

Zu den öffentlichen deliberativen Arenen sollte nun prinzipiell jeder Zugang haben, der etwas zu sagen hat, wenngleich die Unterteilung in ‚Laien-Auditorium' und (auf Organisation basierender) ‚zivilgesellschaftlicher Öffentlichkeit' stutzig macht: Die Rolle des ‚rank and file'-Publikums bleibt doch eher aufs Zuhören beschränkt (was in sich ein durchaus realistischer Gedanke ist). Bei den speziellen ‚deliberative bodies' (s. z.B. Cohen/Sabel 1997: bes. 332ff.), die eine Reihe von Autoren im Auge hat, ist „equal access" noch weniger eindeutig und droht der egalitär-partizipatorische Impetus der Theorie ins Hintertreffen zu geraten. Als Beratungs-, teilweise auch als Problemlösungsgremien konzipiert (die den ‚parlamentarischen Komplex' entlasten und ihm Entscheidungshilfe leisten, wobei die Bindungswirkung ihrer Vorschläge wiederum im Nebel bleibt) basieren sie auf Repräsentation wie auf Organisation: Betroffenen-Gruppen beschicken die betreffenden Gremien mit ihren Vertretern. Idealtypischerweise sind sie inklusiv, umfassen also *alle* Betroffenen-Gruppen; doch steht dieser Anspruch systematisch dann in Zweifel, wenn nicht alle Betroffenen organisiert sind. Werden die Nicht-Organisierten gleichwohl ‚irgendwie' einbezogen, steht dagegen die Repräsentationsbasis in Zweifel. Von solcher Kritik wird sich die deliberative Demokratietheorie indessen solange nicht getroffen fühlen, wie sie meint unterstellen zu können, daß diese Gremien dennoch „rational akzeptable Ergebnisse" hervorbringen (Habermas 1998: 166). Gilt das Gleiche auch im Falle des weiteren praktischen Problems, daß die jeweils Repräsentierten die „reziprok-allgemeinen Gründe" der Teilnehmer an den entsprechenden Debatten, auch wenn diese im Licht der Öffentlichkeit stattfinden (was nicht garantiert ist, da Deliberation gelegentlich der „secrecy" bedarf: Gutmann/Thompson 1996: 114ff.) und selbst bei voller Würdigung aller einschlägigen Argumente, nicht immer werden nachvollziehen können? Zur Frustration darüber, daß die eigene Position nicht ernstlich gewürdigt worden ist, mag sich schließlich noch die darüber gesellen, daß die mit viel öffentlichem Aufwand betriebene Einschaltung deliberativer Gremien in den politischen Prozeß häufig – so lehren jedenfalls erste Erfahrungen – folgenlos bleibt.[41] Kurz: in realistischer Sichtweise läßt sich der Verdacht, daß deliberative Politik in der Praxis auf symbolische Politik hinausläuft und nicht auf materielle Erfolge abzielt, nicht so ohne weiteres von der Hand weisen.

Als Ideal einer deliberativ geprägten demokratischen Gesellschaft bietet ‚network governance' sich an, auch wenn dies nicht bei allen Autoren in gleicher Weise deutlich wird (aber s. z.B. Schmalz-Bruns 1995: 233ff.). Vernetzung gilt als Form „mikrokonstitutioneller Selbstorganisation" (ebd.: 239) verschiedener von bestimmten Problemlagen betroffener Gruppen, die (in vermutlich leicht idealisierender Sicht) zum Zweck der Lösung des betreffenden Problems in kommunikativen Kontakt treten und so dezentral wie kleinteilig Konsense herzustellen trachten. Dem in Netzwerken sich ergebenden Verständigungsprozeß wird, da er auf Konsens abzielt, diskursive Qualität zugesprochen (obwohl die Einigung, ökonomisch gesprochen, natürlich auch über Tauschgeschäfte erreicht werden kann). In Netzwerken scheinen das anspruchsvolle Programm der deliberativen Demokratietheorie und die Realität so perfekt zur Deckung gelangen zu können, daß eine wichtige institutionelle Reformforderung die ist, ihre „Autonomie gegenüber herkömm-

---

41 Für beides liefern reale Mediationsverfahren, Versuche mit der ‚Planungszelle' etc. eindrucksvolle Belege.

lichen Strukturen der Politikvermittlung und der Regierung zu gewährleisten" (ebd.: 238). Das enthebt zugleich von der Notwendigkeit, über die mögliche Verkopplung diskursiver Arenen und politischer Entscheidung weiter nachzudenken.

Zumindest den Vorwurf symbolischer Politik muß man sich dann nicht machen lassen. Die Stoßrichtung bei der Konkretisierung möglicher Formen deliberativer Demokratie kann sich vielmehr auf eher ‚technische' Fragen einengen: auf die nämlich, wie ‚network governance' inklusiver, transparenter und durchlässiger (nach unten) gestaltet werden kann. Kombiniert man diesen Ansatz mit dem der Etablierung deliberativer Gremien sowie einem generellen (territorialen wie funktionalen) Dezentralisierungs-Programm, landet man bei einem Konzept „experimenteller Demokratie" (s. z.B. Dorf/ Sabel 1998), das nach vielen Seiten offen ist, vielfältige Partizipationsmöglichkeiten bereit hält und der Deliberation größtmöglichen Raum bietet. Das i-Tüpfelchen eines solchen Projekts ist schließlich seine „Reflexivität" (Schmalz-Bruns 1995), womit der nahezu übermenschliche Anspruch bezeichnet ist, daß alle diese Gremien und Akteure sich und ihre Beziehung untereinander sowie ihre Beziehung zum ‚parlamentarischen Komplex' permanent überdenken und in Frage stellen.

Doch relativiert sich der Stellenwert dieser (und vergleichbarer) institutioneller Konkretisierungen wiederum, wenn sie primär als „Mittel staatsbürgerlicher Selbstqualifikation" angesehen werden (Schmalz-Bruns 1995: 189, der dies allerdings mit einem Fragezeichen versieht), die zuvörderst eine „moralisierende" Wirkung entfalten sollen. Das führt uns zum Begründungsproblem der deliberativen Demokratietheorie. Ihr Überlegenheitsanspruch gegenüber anderen Varianten der Demokratietheorie gründet sich – möglicherweise zu Recht – auf die Erwartung ‚moralischerer' und vernünftigerer Politik; aber was weist sie nun wirklich als demokratische aus? Die Frage stellt sich natürlich nicht, wenn man sich auf die Präsuppositionen der Theorie einläßt. Theorie-immanent ist sie leicht beantwortet, insofern Demokratie ‚neu' (wenn auch in Anknüpfung an Kant) bzw. in einer spezifischen Weise definiert worden ist. Wenn man Demokratie im Sinne eines ‚epistemischen Prozeduralismus'versteht, dann ist deliberative Politik die optimale Verwirklichung von Demokratie. Wenn Demokratie dagegen als Ermöglichungsform individueller Selbstbestimmung verstanden wird, dann haben wir das eine oder andere Problem, Demokratie und deliberative Politik zur Übereinstimmung zu bringen, und zwar gleich aus mehreren Gründen. So erscheinen mir, zum ersten, das von seinen Interessen und Präferenzen getrennte Individuum und das ‚subjektlose Subjekt' nur schwer mit dem genannten Vorverständnis vereinbar. Oder, platt ausgedrückt, was nützen dem Individuum vielfältige partizipative Verfahren, wenn sie primär darauf abzielen, es von seinen selbstsüchtigen partikulären Strebungen zu befreien? Zum zweiten sieht es so aus, als ob seine (mehr oder weniger nebelhaft beschriebenen) Partizipationschancen dort enden, wo die sein Leben wirksam beeinflussenden Entscheidungen anfangen. Der einzelne bleibt auf die informelle Ebene der Öffentlichkeit verwiesen, die ihrerseits darauf beschränkt ist „to influence the agenda and pool of reasons on which formal debate in the legislature draws" (Bohmann 1998: 415). Wo bleibt sein Recht, irgend etwas zuzustimmen – oder es gar abzulehnen? Die deliberative Demokratie ist lt. Bohmann „a self-limiting political system" (ebd.: 418), aber wie es scheint in einem noch viel weitergehenden Sinne als er mit dieser Formulierung meint. Hinzu kommt der in den vorliegenden Konkretisierungen aufscheinende elitäre *bias* des Konzepts, der um so problematischer ist, als die Repräsentationskanäle unbeschrieben bleiben und darum beim ‚vikarischen Argumentieren' der Konnex zwischen deliberativen Arenen und Betroffenen möglicherweise noch dünner ist als bei konventionellen Formen der Repräsentation.

Wir stehen vor dem Paradox, daß zwar Partizipation durchaus ernst genommen wird, weniger aber das Individuum, das nach landläufiger Ansicht von der Partizipation doch zuallererst profitieren sollte. Profitieren mag es fallweise im Sinne seiner Selbst-Vervollkommnung (was empirisch zunächst einmal in Frage steht), nicht aber im Sinne einer Realisierung seiner Präferenzen. Das letztere wird auf dem Altar des ersteren quasi geopfert. Bösartig formuliert: das Individuum steht in diesem Konzept wenig besser da als in dem der empirischen Demokratietheorie; und der ausschlaggebende Vorteil der deliberativen Variante gegenüber der empirischen beschränkt sich (in Anlehnung an Kant) womöglich allein auf den ‚höher gestimmten Ton des Publikums'. Analog zum „Dogmatismus des Gegebenen" in der empirischen Demokratietheorie sind wir in der deliberativen mit einem ‚Dogmatismus der Vernunft' konfrontiert, der auf das Individuum ebenso wenig Rücksicht nimmt wie jener.

Im Unterschied zur empirischen bietet die deliberative Demokratietheorie allerdings (wie schon o. gezeigt: I.2.c.) Möglichkeiten der affirmativen Uminterpretation des Gegebenen. Beispielsweise ist es „possible to interpret majority rule as deliberative"; ja auch Verwaltungshandeln läßt sich ggf. in dieser Weise interpretieren und ist dann sozusagen intrinsisch demokratisch (Bohmann 1996: 182). Zwar fordert die Theorie die auf „public justification" beruhende Zustimmung der Bürger – doch die kann „tacit or explicit" sein (Gutmann/Thompson 1996: 100). Leider sind die Verfahrensvorschläge der diversen Vertreter dieser Theorie weder konkret noch differenziert genug, um „tacit consent" als Legitimationsquelle ausschließen zu können, was um so mißlicher ist, als sie explizite Zustimmungsrechte (jedenfalls in allen Fragen, die nicht vor Ort und dezentral entschieden werden) von vornherein nicht vorsehen.

III.

Der elitäre *bias* ist der deliberativen Demokratietheorie ebenso häufig vorgeworfen worden wie der Mangel an Konkretion. Als Reaktion darauf und als einen Versuch, das Konzept vom Ideenhimmel herunter auf die Erde zu transferieren, läßt sich ihre ‚assoziative' Variante lesen (s. insbes. Cohen/Rogers 1992), die in Anknüpfung an G.D.H. Cole und die partizipative Demokratietheorie der 60er Jahre sowie an Korporatismuskonzepte den realen gesellschaftlichen Pluralismus zur Basis ihres Demokratiemodells nimmt. Der reale Pluralismus (und seine Theorie), so der Ausgangspunkt, sei defizitär, da ihm „a substantive view of the common good" abgehe[42], er gewissermaßen normativ unterbestimmt sei und die ‚Qualität der Politik' vernachlässige (ebd.: 414ff.); zudem sei an ihm zu kritisieren, daß er die bestehenden organisierten Gruppen als ‚naturwüchsig' hinnehme, daraus schließe, daß sie die soziale Diversität einigermaßen zutreffend abbilden würden, und damit die Selektivität des Interessenvermittlungssystems übersehe. Dem stellen Cohen und Rogers ihre Vorstellung eines assoziativen Systems gegenüber, dessen Zielgröße die doppelte der ‚egalitären Demokratie' und der ‚civic consciousness' bzw. der Vervollkommnung der demokratischen Persönlichkeit ist. Aus beidem resultiert ein kombiniertes Reform- und Erziehungsprogramm. Das Reformprogramm intendiert die egalitärere Gestaltung der gesellschaftlichen Organisationslandschaft, indem es sowohl Repräsentationsdefizite (von bisher unorganisierten und marginalisierten Gruppen) als auch Machtungleichgewichte – gewissermaßen von oben, nämlich via ‚public power' – abbauen will. Der zweite Teil des Programms möchte die Organisationen als „schools of democracy" nutzen (ebd.: 424), also als die Sphäre, in der die Individuen lernen, über ihre selbstsüchtigen Interessen hinauszublicken, eine Vorstellung vom ‚common good' zu entwickeln und verantwortungsbewußte Bürger zu sein. Der hohe Stellenwert, den das Konzept den organisierten Interessen zuweist, gründet sich auf genau diese besondere Qualität der Assoziationen, die empirisch indessen in Frage steht. Das ‚joining together' erfolgt im allgemeinen ja gerade nicht zum Zweck der Relativierung der eigenen Position an einem vorgestellten Gemeinwohl, sondern genau umgekehrt. So mögen die aktiven Mitglieder zwar Selbstvertrauen und Kompetenz erwerben, doch der erwartete Erwerb eines „broader set of interests" (ebd.) ist ‚naturwüchsig' höchst unwahrscheinlich – und kann daher wiederum nur das Ergebnis öffentlicher Regulierung sein (vgl. ebd.: 448ff.).

So hilft das Konzept der assoziativen Demokratie (auf dessen Detailkritik ich hier verzichte[43]) der deliberativen Demokratietheorie nicht aus ihrem oben bezeichneten (allerdings von außen an sie herangetragenen) Dilemma, sondern verschärft es eher – nicht zuletzt weil zum Ausgleich eines elitären *bias* sowie in-egalitärer Elemente die ‚public power' zu Hilfe gerufen werden

---

42 In der Tat war eines der Haupt-Theoreme der Pluralismustheorie(n), daß ein „substantive common good" weder existiere noch konstruierbar sei (vgl. z.B. Fraenkel 1964: 21).
43 Sie hätte z.B. die Vorstellung einer Gruppen-Hierarchie einzuschließen, an deren Spitze nationale ‚encompassing groups' (mit ‚quasi-public status' und Sanktionsmacht gegenüber ihrer Mitgliedschaft) stehen, die sich über ihre Verbindung mit dem nationalen Parteiensystem legitimieren (ebd.: 434f.).

muß, die doch ansonsten gerade an Gewicht verlieren bzw. durch gesellschaftlich-deliberative Selbstorganisation relativiert werden soll. Individuum und Demos sind hier gewissermaßen doppelt mediatisiert; sie organisieren sich nicht frei (weil die Organisationslandschaft umgemodelt werden muß), und sie sind innerhalb ihrer Organisationen nicht frei (weil sie ihre eigenen Interessen relativieren müssen). Wem also dienen dann die betreffenden Gruppen? Cohen und Rogers kommen selbst Zweifel, „how *democratic* (Hervorhebung H.A.) our associative proposal would be" (ebd.: 447). Es erscheint im Grunde genommen als ein Armutszeugnis des assoziativ-deliberativen Modells, daß es zur Garantie, ja ggf. zur Erzwingung des ‚demokratischen Charakters' ausgerechnet auf die – vielfach als undemokratisch gescholtenen – Parteien zurückgreift sowie auf die „conventional political institutions" baut (ebd.: 451). Mit viel gutem Willen könnte man aus dem letzteren auf die Intention eines „reflexiven Funktionswandels" des Parlaments (wie z.B. von Schmalz-Bruns anvisiert; 1995) schließen; bei bösem Willen dagegen scheint das Bild einer staatlich überwachten durchorganisierten Gesellschaft auf[44].

Das Beispiel der assoziativen Demokratie wurde hier noch einmal angeführt, um zu demonstrieren, wohin der moralische Rigorismus des deliberativen Demokratieprojekts in seiner Konkretion führen kann. Der moralische bzw. Vernunft-Anspruch läuft ständig Gefahr, den partizipativen und Selbstbestimmungs-Impetus der Theorie zu desavouieren. Das könnte sich vermeiden lassen, indem man das deliberative Moment auf kleinteilige lokale Problemlösungen beschränkt (hierzu scheinen Dorf und Sabel [1998] zu neigen, die ihre Beispiele vorwiegend aus dem Bereich des local government und der public services beziehen) oder in Beratungs-Institutionen (Stichwort ‚Planungszelle') verbannt und das ‚konventionelle' politische Entscheidungssystem im übrigen so operieren läßt, wie es das bisher schon tat. Ggf. läßt sich das letztere an den Rändern deliberativ uminterpretieren; ansonsten besteht noch die Hoffnung, daß es angesichts einer zunehmend (?) dezentral deliberierenden Gesellschaft seine eigene Rolle irgendwann als reflexive begreift. Daraus ergibt sich indessen ein eher mageres Programm, weil die Zugewinne sowohl an demokratischer Selbstbestimmung wie im Hinblick auf vernünftige Politik-Ergebnisse letztlich in Frage stehen.

Mit solcher Kritik habe ich natürlich die deliberative Demokratietheorie so gründlich wie konkretistisch mißverstanden, geht es ihr doch gar nicht um politische Entscheidungen, sondern um Verfahren, die dadurch, daß sie den Beteiligten erlauben, über sich selbst hinauszuwachsen, legitimierende Kraft entfalten. Die angestrebten Diskurse sollen ja „nicht herrschen" (wie könnten sie das auch), sondern „Herrschaft legitimieren" (Palazzo 1999: 28). Und „Legitimationslücken" entstehen stets dort, wo politische Systeme sich von

---

44 S. auch die Kritik von Young (2000: 195), die aus dem Konzept von Cohen und Rogers „another layer of bureaucracy disciplining citizens" herausliest.

den ‚Lebenswelten' der Bürger „eigensinnig abkoppeln" (ebd.: 44). Das erste verweist auf symbolische Politik, das zweite auf ein großes Fragezeichen.

3. Ungelöste Fragen und unbestimmte Antworten

Von den beiden *mainstream*-Richtungen der modernen Demokratietheorie, die hier in pointierendem Überblick vorgestellt wurden, identifiziert die eine Demokratie weitgehend mit dem Gegebenem, nämlich mit parteienstaatlicher Realität, während die andere Demokratie als Aufgegebenes in rationalen Diskursen sucht und im Ideenhimmel der Vernunft ansiedelt. Zwischen beiden steht das Individuum und Weltkind einigermaßen ratlos in der Mitte, sucht seinen Platz in der Demokratie und findet ihn nicht. Vor allem sucht es (in unserem Kontext) eine Antwort auf die ‚ungelöste Frage' nach der Möglichkeit postnationaler Demokratie. Und deshalb fängt, nach dem demokratietheoretischen Rück- und Überblick, die eigentliche Arbeit jetzt erst an. Wir müssen uns nun der Aufgabe zuwenden, den vorliegenden Befund gezielt nach Antworten auf die oben (II.1.) aufgelisteten Fragen zu durchforsten.

An vorderster Stelle steht die nach dem Subjekt der Demokratie, die aufzusplitten ist in die nach dem – wie ‚ganzheitlich' und ‚vergemeinschaftet' zu bestimmenden? – Demos (b.) und die nach der Rolle des Individuums in den verschiedenen Konzepten von Demokratie (c.). Der Konnex zwischen Volk bzw. Individuen und dem politischen Entscheidungskomplex wird demokratietheoretisch im allgemeinen über Repräsentation hergestellt. Doch Repräsentation kann verschiedenerlei bedeuten und wirft überdies eine Reihe von Problemen auf, die mehr oder weniger überzeugend gelöst werden können (d.). Nahezu ebenso häufig wie mit der repräsentativen Form wird Demokratie mit Mehrheitsherrschaft identifiziert, der allerdings gern Minderheitenrechte entgegengehalten werden. Die Spannung zwischen beidem wird sich kaum in die zwischen Demokratie und Nicht-Demokratie übersetzen lassen; aber wie löst man sie demokratietheoretisch auf? (e.) Nicht nur auf Grund solcher Spannungen wird (wie im 1. Teil gesehen) Legitimation als solche vielfach von ‚demokratischer Legitimation' unterschieden. Doch schon bei der Frage, wann in *demokratietheoretischer* Betrachtung Herrschaft als legitim gelten darf, besteht Klärungsbedarf (f.). Legitimierung erfolgt – z.B. – über Verfahren, und zwar vorzugsweise (wenn auch nicht allein) über Verfahren, die eine Beteiligung der Entscheidungsadressaten sicherstellen. Partizipation und Verfahren spielen in allen Demokratietheorien eine zentrale Rolle, sind gleichwohl höchst unterschiedlich konzipiert und zielen auf geradezu gegensätzliche Wirkungen ab (g.).

Erst wenn hierzu die Positionen abgeklärt sind, wird sich ein alternatives Konzept von Demokratie entwickeln lassen, das flexibel genug ist, um im postnationalen Kontext anwendbar zu sein.

a. Die Frage nach dem Zweck

Doch zuvor sollen noch einmal die – manchmal nicht eben leicht zu entschlüsselnden – Antworten auf die Kernfrage nach dem Zweck von Demokratie zusammengestellt werden. Die Antwort der Klassiker erscheint auf den ersten Blick eindeutig genug. Ihre demokratietheoretischen Überlegungen nehmen den ‚frei geborenen' Menschen zum Ausgangspunkt; sie ersannen die Republik explizit zu dem Zweck, dem Individuum auch unter den Bedingungen politischer Herrschaft seine ‚naturgegebene' Freiheit zu erhalten. Die Demokratie (oder eben Republik) war konzipiert als *Selbst*herrschaft, *Selbst*regierung, *Selbst*gesetzgebung und also als Ermöglichungsform individueller Selbstbestimmung ‚im Kollektiv'. Das Medium, diesen Zweck zu realisieren, war das der Zustimmung. Beim zweiten Blick verschwimmt das Bild, denn dem individualistisch und prozedural gedachten Zweck der Ermöglichung von Freiheit gesellte sich als gesamtheitlicher und substantieller Zweck der der ‚Herrschaft der Vernunft' hinzu. Hierzu gibt es zwei Lesarten: Der einen zufolge kamen die vernünftigen Ergebnisse demokratischer Selbstgesetzgebung deshalb ins Spiel, weil das revolutionäre Postulat, das Volk über sich selbst herrschen zu lassen, dringend der Rechtfertigung bedurfte – der Rechtfertigung gegenüber aristokratischer Arroganz ebenso wie gegenüber moralphilosophischen Bedenken, die die Selbstregierungsfähigkeit des *tiers état* grundsätzlich in Zweifel zogen. In dieser Lesart ist die klassische Demokratietheorie primär eine polemische Theorie, die ihre Forderungen gegenüber den Vertretern der traditionellen Machthaber verteidigen muß, indem sie beweist, daß es auch ohne sie geht.[45] Der zweiten Lesart zufolge ist Vernunft – die richtigen, guten, gerechten Gesetze – dagegen der primäre Zweck, und die Demokratie kommt nur deshalb ins Spiel, weil demokratische, auf Öffentlichkeit, Meinungswettbewerb und Zustimmung basierende Verfahren unter allen anderen möglichen die beste Gewähr für optimale Politik-Ergebnisse bieten.

Die Streitfrage (letztlich die nach Ei oder Henne) muß hier nicht entschieden werden. Wichtig ist vielmehr, daß beide Zwecksetzungen aufs innigste miteinander verkoppelt waren. Nicht zuletzt daraus ergaben sich die hier (s.o.: II.2.c.) nachgezeichneten Relativierungen, die schon die Klassiker an ihrem demokratischen Postulat vornahmen, weil ihnen Zweifel kamen, ob

---

45 Im gleichen Sinn lassen sich die Optimalitäts-Verheißungen der liberalen Politischen Ökonomie lesen: als Versuch des Nachweises, daß die Wirtschaft auch ohne zentrale Steuerung gedeiht.

beide Zwecksetzungen wirklich gleichzeitig realisierbar sind. Die Ahnung, daß sie gar in Widerspruch zueinander treten könnten, war von Anbeginn präsent.

In der Folge wurden beide Zwecksetzungen auseinander dividiert. Die Demokratietheorie spaltete sich in eine prozedurale und eine substantielle Variante (wobei denn allerdings die letztere ohne Prozeduralismus auch nicht auskommen mag; s.u., g.). Zugleich verschob sich der Akzent auf die – genereller zu konzipierende – Legitimierung politischer Herschaft. Dieses ist nun die oberste Zwecksetzung (s.u., f.), unter die verschiedene andere, spezifische Zwecke sich subsumieren lassen. Das impliziert einen Perspektivenwechsel: Demokratie wird nicht mehr primär vom Menschen aus gedacht (und bewertet), sondern vom System aus, d.h. individuelle Selbstbestimmungsansprüche haben ggf. hinter Systemerfordernissen – oder auch hinter dem Vernunft-Postulat – zurückzustehen.

Die Ausdifferenzierung von Demokratie-Zwecken in empirischer und deliberativer Demokratietheorie läßt sich (mit einiger Überspitzung) wie folgt charakterisieren: Die Legitimierung politischer Herrschaft erfolgt im einen Fall über den Bezug zum Volk, im anderen Fall über den Bezug zur Vernünftigkeit und Gerechtigkeit von Normen bzw. Entscheidungen. Legitimierung und ‚Rationalisierung' von Herrschaft fallen in der deliberativen Demokratietheorie eins: Vernunftwidrige Politik ist nicht legitim – und zwar letztlich unabhängig davon, auf welche Weise sie zustande gekommen ist. Die entscheidende (sekundäre) Zwecksetzung ist also die normativ zufriedenstellende Qualität der Politik[46], die ihrerseits auf die Qualität der Bürger ausstrahlt (s.u., c.). Und erst als kognitiv und moralisch qualifizierte dürfen die Individuen den Anspruch erheben, im politischen Prozeß ernst genommen zu werden.

Die Vorstellungen der empirischen Demokratietheorie zum (sekundären) Zweck von Demokratie sind weniger einlinig und eindeutig, nicht zuletzt, weil sie selten wirklich explizit gemacht werden. Die im Begriff der ‚responsive rule' angezielte Responsivität gegenüber den Präferenzen der Bürger ist nämlich mit dem weiteren (vorrangigen?) Ziel der Systemstabilität zu diskontieren – womit ‚responsive rule' funktional bestimmt ist: ‚Responsiv' hat Herrschaft solange und in dem Ausmaß zu sein, wie die Stabilität des Ganzen nicht beeinträchtigt wird. Die Legitimierung von Herrschaft über den Bezug zum Volk wird damit kontingent; und unter dem Strich bleiben als Bedingungen ihrer Legitimität die Pluralisierung und Kontrolle von Herrschaft (‚accountable government') übrig. Eigentlich eher Mittel (zum Zweck – z.B. – der Ermöglichung von Freiheit), drohen diese Residualformen zum sich selbst genügenden Zweck zu mutieren. Das gleiche gilt für die Verfahren, die ‚responsive rule' wie ‚accountable government' sicherstellen sollen: Auch sie

---

46 – und deswegen gelten auch demokratische Verfahren als legitim *nur* dank der „Erwartung einer vernünftigen Qualität ihrer Ergebnisse" (Habermas 1994: 369).

gerinnen tendenziell zum Selbstzweck. Mit dem Verlust einer spezifischen, *außer* ihr liegenden Zwecksetzung reduziert Demokratie sich aber letztlich auf die bloße Selbstbeschreibung eines bestimmten politischen System-Typs. Das erklärt, warum in den meisten Spielarten der empirischen Demokratietheorie ‚Kern und Zweck' von Demokratie sich analytisch nicht unterscheiden lassen. Der ‚Kern' sind bestimmte Verfahren – namentlich die Wahl und die Parteienkonkurrenz –; und sie dienen keinem anderen Zweck als dem, das System am Laufen zu halten. Dagegen sind bei den meisten Vertretern der deliberativen Demokratietheorie ‚Kern und Zweck' deutlich aufeinander bezogen. Als verfahrensmäßiger Kern läßt sich der inklusive, egalitäre Diskurs ausmachen, und der ist radikal instrumentell auf einen außer ihm liegenden Zweck bezogen; er hat keinen Eigenwert, sondern steht und fällt mit der Vernünftigkeit der erzielten Ergebnisse.[47] Diese instrumentelle Sicht erlaubt beträchtliche Flexibilität: Bestimmte (z.B. parlamentarische) Verfahrensweisen werden nicht zu alleinseligmachenden hypostasiert, sondern gelten als brauchbar und angemessen nur bis zum Beweis des Gegenteils. Nur fragt man sich hier etwas bang, ob der ‚Beweis des Gegenteils' am Ende nicht die Gestalt des reinen Experten-(Eliten-)Diskurses, also einer neuen Meritokratie annehmen kann.

b. Welchen Demos braucht die Demokratie?[48]

I.

Jede Demokratietheorie bedarf einer Vorstellung vom Demos als dem Subjekt der Demokratie: Wer ist es, der ‚sich selbst bestimmt', der mitbestimmen darf, der Mitgliedschaftsrechte hat, der die kollektiven Entscheidungen mitträgt? Wie ist der Demos ein- und abzugrenzen, und welche Eigenschaften und welcher Bindungsgrad müssen ihn auszeichnen? Die erste Frage ist insofern absolut zentral, als jedes denkbare demokratische Verfahren in irgendeiner Weise auf eine nicht nur theoretisch, sondern auch praktisch identifizierbare Grundgesamtheit bezogen ist. Im Verlauf dieser Arbeit ist das schon mehrfach angeklungen: Repräsentation erfordert die Vorweg-Definition von Grund- sowie Teilgesamtheiten; das Mehrheitsprinzip ist rein rechnerisch gar nicht denkbar ohne eine vorweg bestimmte Gesamtzahl; Wahl- und Zustimmungsrechte bedürfen der Vorweg-Zuteilung an bestimmte (Gesamt- oder Teil-) Einheiten; etc. „The problem of determining the proper boundaries of

---

47 Das Zitat ist zu schön, um es nicht anzuführen: „Democracy is not the end. Democracy ... is a means ... The end is to try, and try again, to live a life of decency, to honour our creation in the image of God or its secular equivalent." (Weiler 2000: 8).

48 Bei der Konzipierung der folgenden Kapitel haben meine Mitarbeiter wertvolle Hilfestellung geleistet. Thomas Schmidt (b.), Tanja Hitzel-Cassagnes (c.), Tobias Auberger und Sebastian Wolf (f.).

the self-governing unit thus arises in all forms of democratic theory" (Whelan 1983: 15) und läßt sich natürlich auf verschiedene Weisen lösen: gesamtheitlich und nach Gruppen differenziert, in unterschiedlicher Breite von kleinen Einheiten bis zur Menschheit, einheitlich (alle ...) oder qualitativ differenziert. Die einfache Lösung auf diese Basis-Frage, die die Mitgliedschaft „all residents" auf dem Territorium eines Gemeinwesens gewährt und Beteiligungs- und Zustimmungsrechte all jenen zubilligt, „who are affected by a particular law, policy, or decision" (ebd.: 16; s. auch Dahl 1997: 118ff.), gilt den meisten Autoren als unbefriedigend, weil das eine (mutmaßlich desinteressierte) ‚transients' sowie Nicht-(Mit-)Entscheidungsfähige (Kinder etwa) einschließen würde und das andere das Problem aufwirft, wie und von wem denn über ‚Betroffenheit' – jeweils fallweise – zu befinden ist, und darum angeblich nicht implementiert werden kann (Whelan 1983: 18f.). Hinzu kommt das Monitum, daß das Gesamt der Mitgliedschaft in irgendeiner besonderen Weise ‚solidarisch' verbunden sein muß, damit z.B. die Mehrheitsregel – deren Kehrseite ja stets das Überstimmen einer Minderheit ist – funktionieren kann und nicht zur Rebellion führt. Die Frage nach der Eingrenzung des Demos schließt darum im allgemeinen die nach seinen notwendigen (Mindest-)Qualitäten ein.

Das verbreitete Eingrenzungskriterium ist das der Nation bzw. das der Verbundenheit durch die nationale ‚kollektive Identität': die nationale – geschichtlich gewachsene und kulturell gefestigte und vor allem *vor*-politische – „Kommunikations-, Erfahrungs- und Erinnerungsgemeinschaft" (Kielmansegg 1996: 55ff.)[49]. Aber macht dies wirklich ‚die Nation' im Kern aus und muß ihre Existenz der Demokratie vorgängig sein? Bildet sie sich (vor allem in historischer Betrachtung) nicht im Staat und durch den Gebrauch der in ihm gewährten Rechte erst heraus? Auf die umfangreiche hierzu vorliegende Literatur kann hier nicht *en détail* eingegangen werden.[50] Nur so viel: (1) Die krudeste Vorstellung ist die der ethnisch homogenen Nation; doch hat sich in den Sozialwissenschaften inzwischen eingebürgert, Demos und Ethnos strikt voneinander zu scheiden. (2) Auf derselben Dimension wie (1) ist die (vom historischen Beispiel Österreich-Ungarn abgezogene) Vorstellung vom ‚Nationalitätenstaat' angesiedelt, dessen ‚Staatsnation' ein *mixtum compositum* aus verschiedenen, sich jeweils ethnisch definierenden Nationalitäten ist. (3) Im Begriff der ‚Kulturnation' dominiert die Vorstellung einer vorpolitisch geeinten, sich über kulturelle Zugehörigkeit definierenden Gemeinschaft. (4) Die ‚Staatsbürgernation' schließlich definiert sich über eine von ethnischer,

---

49 S. auch Offe (1998a: 101): „die Selbstanerkennung eines Volkes als *demos* geschieht im empirischen Bezugsrahmen eines gemeinsam besiedelten ... *Territoriums* einerseits und einer *Geschichte* andererseits, die als ‚uns alle betreffend' gedeutet wird – als ein Fundus von positiven und negativen Traditionen und historischen Akteuren, deren Aneignung die faktische ‚Eigenheit' derjenigen ausmacht, die sich dann normativ gegenseitig als zum selben ‚demos' gehörig anerkennen."
50 Einen Überblick liefert z.B. Francis 1965, auf den viele spätere Beiträge zurückgreifen.

kultureller oder sonstiger Zugehörigkeit unabhängigen Mitgliedschaft, die sich über den Besitz und den Gebrauch von (gleichen) Rechten konstituiert.

„Die Verwirklichung des demokratischen Prinzips setzt zwar das Vorhandensein eines Demos als des legitimen Trägers des politischen Willens voraus, verlangt aber durchaus nicht dessen ethnische Homogenität" (Francis 1965: 74); die Priorität gebührt vielmehr „dem verfassungsmäßig konkret definierten ‚Demos', ... der sich über-ethnisch begründet und gerade dadurch interethnische Beziehungen zivilisiert" (Lepsius 1986: 756f.). Aber damit ist noch nicht die Frage beantwortet, welchen Grades und welcher *anderen* Art von Homogenität es bedarf, um innerhalb einer Demokratie – z.B. – interethnische Konflikte aushaltbar zu machen. Eine der neuesten Antworten auf die Frage bietet Fuchs (2000: 219f.), der in systematischer Betrachtung und in einer Art Stufenfolge die entscheidenden Merkmale des Demos auf drei Ebenen ansiedelt: auf einer formalen Ebene (die Definition des Demos durch die Verfassung), auf einer kognitiven (die subjektive Wahrnehmung der Mitgliedschaft) und auf einer eher emotionalen, mit der die (Selbst-) Identifikation der Mitglieder „mit dem Kollektiv und ... mit den anderen Mitgliedern des Demos" angesprochen ist. Die betreffende Identität wäre auf allen drei Ebenen nicht notwendigerweise vorpolitisch, auch wenn Fuchs bestimmte „minimale" kulturelle Gemeinsamkeiten erwähnt, zu denen vorrangig „die Bindung an die grundlegenden Werte der Demokratie" zählt (ebd.). Dieser ‚minimalistische' Ansatz wird voraussichtlich nicht unwidersprochen bleiben. Doch um die Sache noch komplizierter zu machen, geistern seit geraumer Zeit ‚multiple demoi' durch den Raum (zuerst wohl bei Weiler 1995), die dem – Föderalismusforschern nicht eben fremden – Gesichtspunkt Rechnung tragen, daß ein Demos ebenso wie ein Staat ein pluraler und zusammengesetzter sein kann und die Gesamt-Identität ggf. durchaus schwächer ausgeprägt sein mag als die Teil-Identitäten.

Die Frage kann an dieser Stelle nicht abschließend geklärt werden. Gleichwohl lohnt es sich wohl, drei Aspekte im Hinterkopf zu behalten: (1) Das Ausmaß an politischer Vergemeinschaftung (welcher Art auch immer) in ‚demokratischen Verfassungsstaaten' variiert empirisch und im Zeitverlauf ebenso wie die theoretischen Ansichten darüber; deshalb dürfte es kaum möglich sein, die Art und den Grad *notwendiger* Vergemeinschaftung, ohne den Demokratisierung nicht möglich ist, ein für allemal festzulegen.[51] (2) „Die Frage der Demokratie stellt sich nicht dort, wo es ein Volk gibt, sondern dort, wo Macht entsteht." (Puntscher Riekmann 1998: 204). (3) Von Art und Grad der Vergemeinschaftung wird es indessen abhängen, welche Arten von Politik (und auf welcher Entscheidungsebene) und welche politischen Ent-

---

51 So ist z.B. Offes (1998a) restriktive Sicht des Demos ausdrücklich auf den – für eine bestimmte historische Phase typischen – Wohlfahrtsstaat bezogen.

scheidungstypen legitimerweise machbar[52] und welche Art von Konflikten staatlicherseits bzw. ‚demokratisch' lösbar sind.

II.

Auf die beiden zentralen Fragen nach der Abgrenzung des Demos und nach dem notwendigen Ausmaß vorpolitischer Vergemeinschaftung liefert auch der demokratietheoretische Rück- und Überblick keine eindeutigen Antworten. Bei Durchsicht der liberalen Klassiker gewinnt man den Eindruck, daß sie überwiegend dem Territorialprinzip (‚all residents' ...) anhängen (explizit so bei Rousseau 1769, 4. Buch 2. Kap.; 1977), qualifiziert durch die Bedingung, daß die Anwohner (die ‚Staatsangehörigen') ‚ihre eigenen Herren', also Eigentümer seien (was eine gewisse Homogenität der Präferenzen nahelegt). Die genaue Definition eines Demos war ihnen kein vorrangiges Problem, weil es für sie wenig Anlaß gab, über die bestehenden (National-) Staatsgrenzen hinauszudenken. Allerdings gehören (lt. Rousseau) nur diejenigen zum Demos, die dem Gesellschaftsvertrag zugestimmt haben; die ‚Andersdenkenden' zählen nicht dazu, „sie sind Fremde unter den Bürgern" (ebd.: 116).

Die Homogenitätsbedingung, die der Rousseauschen Variante der Demokratietheorie gern vorgehalten wird, findet hierin ihre deutlichste Konkretisierung: Wer mit den Basis-Prinzipien des politischen Systems nicht übereinstimmt, kann dessen Teil nicht sein (und wandert wohl am besten aus). Ansonsten schwebt Rousseau unter dem Titel ‚Reife' für die Republik und ‚Eignung' für diese Regierungsform (3. Buch 8. Kap.) eine nicht nur homogene (weil egalitäre), sondern auch kleine und in ihren Sitten und Ansprüchen eher schlichte Gesellschaft vor. Verweise auf kulturelle und sonstige Vergemeinschaftung finden sich bei den klassischen Autoren dagegen nicht; stattdessen heben sie auf die kognitiven Qualitäten des Demos ab, wobei eine Vermutung dafür spricht, daß der Demos die betreffenden Qualitäten im demokratischen Prozeß selbst erst erwirbt. Starke Vorurteile, „obstinate adherence to old habits", Ignoranz, aber auch Desinteresse, Passivität und mangelnde Zivilisierung machen J. St. Mill zufolge ein Volk ungeeignet für die repräsentative Demokratie (1861, ch. IV; 1972: 218ff.). Doch ebenso wie Kant erwartet er vom öffentlichen Wettbewerb der Meinungen, daß die entsprechenden Defizite sich quasi selbsttätig beheben. Eine spezielle vorpolitische Vergemeinschaftung wird zumindest explizit nirgends gefordert; zur Überwindung allfälliger Partikularität bedarf es keiner besonderen verbindenden Elemente über das des allseitigen Vernunftgebrauchs hinaus. Natürlich ist die Gemeinsamkeit bestimmter Werte – namentlich die Wertschätzung von Selbstregierung und Vernunftherrschaft – dabei stets, wenn auch stillschweigend, mitgedacht. Sie wurde jedoch nur wenig problematisiert und

---

52 Vgl. hierzu Abromeit/Schmidt 1998: 299f.. S. dazu auch u., Teil III.

nicht zur Bedingung hochstilisiert; denn die ‚kollektiven Identitäten' waren den Klassikern noch nicht zum Problem geworden.

III.

Auch der empirischen Demokratietheorie ist die Frage nicht wirklich ein Problem, weswegen sich hier ebenso wenige dezidierte Antworten erwarten lassen. Nach längerem Grübeln würden sie das territoriale Abgrenzungsprinzip mit den Qualifikationsmerkmalen Akzeptanz des betreffenden Systems und Gemeinsamkeit an Werten und politischer Kultur ins Feld führen, aber explizit gemacht wird das eher als Stabilitätsbedingung denn als notwendiges Merkmal eines Demos. Dahl (1989) kombiniert ‚domain' und ‚scope' der jeweiligen politischen Einheit mit dem Faktor „that the people in the proposed domain strongly desire political autonomy with respect to matters falling within the proposed scope" – eine hübsche Demos-Definition, derzufolge den Demos auszeichnet, daß er Demos sein will – und nennt als weiteres Merkmal, daß der (politische) Konsens „among persons within the domain be higher than it would be with any other possible boundaries" (ebd.: 207f.). Das kann mit Werte-, Erfahrungs-, ethnischer, kultureller, Interessen- und sonstiger Gemeinschaft zusammengehen, muß es aber nicht; vielmehr könnte es schlicht auf Lebenszufriedenheit beruhen und ist jedenfalls keine theoretisch zu entscheidende, sondern allein empirisch zu beantwortende Frage. Statt auf vorgängiger Vergemeinschaftung liegt der Akzent hier also auf diffuser Unterstützung: ein nicht eben anspruchsvolles Konzept.

Von daher muß es zunächst verwundern, daß gerade Vertreter dieser demokratietheoretischen Richtung Schwierigkeiten haben, Demokratie auch jenseits des Nationalstaats zu denken (s.u., II.4.); doch hat das natürlich vielfältige Gründe und ist nicht zuletzt ihrem Verhaftetsein an nationalstaatlich bewährte Institutionalisierungen von Demokratie geschuldet, die ihrerseits bestimmte Infrastrukturen zur Voraussetzung haben. Und hier stoßen wir auf eine Art Paradox. Realitätsorientiert wie die empirische Demokratietheorie ist, nimmt sie die plurale, nicht die homogene Gesellschaft zum Ausgangspunkt. Deren Interessenpluralität führt deshalb nicht zu stabilitätsgefährdenden Konflikten, weil die divergierenden Interessen sich via Organisation politisch zur Geltung bringen können; auch soziokulturelle und weltanschauliche Divergenzen finden ihre jeweilige Organisation, namentlich in den Parteien, deren Konkurrenz um die Regierungsmacht in diesem Modell den Kern von Demokratie ausmacht. Kampf und Konflikt sind so erstaunlicherweise eine Stabilitätsbedingung. Das können sie aber nur sein, weil zum einen jede Gruppe sich die Chance ausrechnet, selbst einmal zur herrschenden Mehrheit zu werden (oder zumindest einen Teil von ihr bilden zu können), und weil zum anderen – neben einem Basis-Konsens über die Spielregeln der Demokratie – ein gerüttelt Maß an Apathie unterstellt wird. Was also die organisierte Gesellschaft zusammenhält, das Verbindende, ist weniger vorgängige politische Vergemeinschaftung als politisches Desinteresse. Das wiederum erwächst zu einem erheblichen Teil aus Wohlstand bzw. der Erwartung weiteren Wohlstandswachstums; d.h. der unerläßliche Vergemeinschaftungsgrad ist letztlich materiell definiert.[53] Darüber hinausgehende Erfordernisse gelten weniger dem Demos selbst als der ‚politischen Klasse', deren ‚Menschenmaterial' lt. Schumpeter von hinreichender Qualität sein und die einen verbindenden *esprit de corps* ausbilden soll. Sind die Eliten durch einen Basis-Konsens geeint, wird das Volk schon nicht aus dem Ruder laufen.

IV.

Setzt die empirische Demokratietheorie die wirtschaftlich und organisatorisch vergesellschaftete Nation voraus, so die deliberative Demokratietheorie die kommunikativ geeinte Gesellschaft. In ihrer ‚subjektlosen' Vision der Demokratie steht – überspitzt formuliert – Öffentlichkeit an der Stelle des Demos. Doch was stiftet den Kommunikationszusammenhang – und wie ist er eingegrenzt? ‚Öffentlichkeit' ist zwar prinzipiell ein weit umfassenderes Konzept als ‚Nation' oder Staat; aber mit dem Ideal größtmöglicher Inklusivität stellt die deliberative Demokratietheorie sich selbst ein Ein- und Abgrenzungsproblem, denn Inklusivität ist ein relationaler Begriff: bezogen auf eine Grundgesamtheit; und wenn es heißt, daß ‚jeder' das Recht habe, sich am öffentlichen Diskurs zu beteiligen, ist damit nur selten die ganze Menschheit gemeint.

Habermas (1998: 98ff.) hält bei seinen demokratietheoretischen Überlegungen im wesentlichen an der Eingrenzung via Staat und Nation fest, wobei das eine territorial, das andere durch eine spezifische Art der ‚kulturellen Integration' definiert ist. Erst „wenn sich das Staatsvolk in eine Nation von Staatsbürgern verwandelt" (ebd.: 99), wird Demokratie möglich; doch transzendiert die geforderte „staatsbürgerliche Solidarität" ältere und vorgelagerte ethnische, kulturelle etc. Identitäten und Loyalitäten. Aus der „neuen, abstrakteren Form der Solidarität" (ebd.: 100) resultiert die ‚Staatsbürgernation', deren Kitt der „Verfassungspatriotismus" (ebd.: 114) ist. Der Gebrauch von staatsbürgerlichen Rechten und Partizipation machen zumindest in der Theorie die ‚multikulturelle Nation' möglich, die „die Solidarität der Staatsbürger über zentrifugale Spannungen hinweg sichert". Insofern ist „die demokratische Ordnung ... nicht von Haus aus auf eine mentale Verwurzelung in der ‚Nation' als einer vorpolitischen Schicksalsgemeinschaft angewiesen. Es ist die Stärke des demokratischen Verfassungsstaates, Lücken der sozialen Integration durch die politische Partizipation seiner Bürger schließen zu kön-

---

53 Entsprechend gilt ein Mindestmaß an sozioökonomischer Modernisierung als entscheidende Vorbedingung politischer Demokratisierung (s. schon o., II.2.d.).

nen." (ebd.: 117). Das einzig geforderte Minimum an ‚kultureller Integration' ist dann die Einbettung „in eine liberale politische Kultur" (ebd.). Der „vorgängige, durch kulturelle Homogenität gesicherte Hintergrundkonsens wird als zeitweilige, katalysatorische Bestandsvoraussetzung der Demokratie in dem Maße überflüssig, wie die öffentliche, diskursiv strukturierte Meinungs- und Willensbildung eine vernünftige politische Verständigung auch unter Fremden möglich macht." (ebd.: 113) Das läßt sich denn allerdings so lesen, daß die kulturelle Homogenität *anfangs* erst einmal dagewesen sein muß, bevor – mit zunehmender diskursiver Reife? – der sichere Boden des ‚Hintergrundkonsenses' verlassen werden kann. Doch der eigentliche Knackpunkt ist die ‚vernünftige Verständigung unter Fremden': Wie fremd dürfen sie sein, um noch vernünftige Verständigung zu erlauben, und auf welcher Basis ist Verständigung unter ihnen möglich? Auf diese zentrale Frage gibt die deliberative Demokratietheorie unterschiedliche Antworten; sie variieren von der Mindest-Anforderung der ‚shared reasons' bis zum Mindestmaß an ‚moralischer' Gemeinsamkeit (vgl. z.B. Cohen 1998). Das eine zielt auf die ‚epistemic community', das andere auf die ‚moral community; und beides ist gleich anspruchsvoll, was das Ausmaß geforderter Gemeinsamkeit betrifft. ‚Shared reasons' wie ‚mutual respect' setzen einen erheblichen Fundus an gleichen Denkweisen wie an moralischen Überzeugungen voraus.

Wenn man hier denn überhaupt von der Vorstellung eines Demos sprechen will, dann dürfte er sehr eng einzugrenzen sein, nämlich (wiederum überspitzt formuliert) auf Intellektuellen-Zirkel. Zudem dürfte er weit weniger multikulturell sein als *expressis verbis* intendiert, da kulturelle Differenzen sich den ‚shared reasons' in den Weg stellen und den ‚mutual respect' stets dann drastisch mindern, wenn es am Verständnis der fremden Denkweise und Werte hapert. Das gilt um so mehr, wenn man den Demos um das ‚Publikum', also die Gesamt-Öffentlichkeit erweitert; ggf. kommen dann zusätzlich Sprachprobleme hinzu. Mit der naheliegenden Eingrenzung des Demos auf die ‚Denk- und Sprachgemeinschaft' hat sich die Bedingung kultureller Homogenität, die man aus der Demokratietheorie heraus eskamotieren wollte, hinterrücks wieder eingeschlichen. Der „reasonable pluralism" (Cohen 1998: 187ff.) erlaubt, in praktischer Betrachtung, dem Demos möglicherweise weniger Heterogenität als die ‚aggregativ' argumentierende empirische Demokratietheorie mit ihrer Grundannahme gesellschaftlicher (Interessen-) Pluralität.

c. Das Individuum und seine Autonomie

I.

Wie immer Demokratie definiert wird, sie hat ‚irgend etwas' mit dem Individuum, seiner Freiheit, seinen Rechten zu tun. Zugleich ist sie mit der Art und Weise befaßt, wie kollektive – gesamtheitliche – Entscheidungen zustande kommen, die unvermeidlich auf das Individuum einwirken. Alle Demokratietheorie muß sich darum mit der Spannung zwischen dem einen, einzelnen, und ‚allen', zwischen Individuum und Demos auseinandersetzen. Anders ausgedrückt: Wird der Demos so bestimmt, daß das Individuum darin untergeht, stehen wir demokratietheoretisch vor einem gravierenden Problem; werden dagegen die Freiheitsrechte des Individuums so hypostasiert, daß die Rechte der Gesamtheit dahinter verschwinden, stehen wir ebenfalls vor einem Problem, nämlich dem der Anarchie.

Die mit den Begriffen Demos und Individuum verbundenen Konnotationen – Solidarität, Wertegemeinschaft, Konsens hier, Eigensinn, Selbstsucht, Differenz da – scheinen eine bestimmte Rangordnung nahezulegen, derzufolge der Demos als das Ganze mehr ist als die Summe der Individuen. Indessen gilt das Postulat der Autonomie, das den Beginn demokratischen Denkens markiert, dem Individuum und nicht dem Demos. Daß ‚ein Volk sich selbst regiere', macht ohne den individuellen Freiheitsanspruch wenig Sinn. Doch wann ist ein Individuum ‚autonom'? Unglücklicherweise ist der Begriff doppeldeutig. Autonomie meint (staats- und völkerrechtlich) Unabhängigkeit und Selbstregierung, doch demokratietheoretisch wird beides gern in der Weise auseinander dividiert, daß das erstere, die personale Unabhängigkeit, zur *Vorbedingung* des letzteren wird. Das Individuum muß sich erst von äußeren und inneren – religiösen, ideologischen, gewohnheitsmäßigen und sonstigen ‚irrationalen' – Bindungen befreien und sozusagen frei zu denken gelernt haben[54], bevor es zur politischen Selbstbestimmung überhaupt befähigt ist. Weil in den Begriff der Autonomie sowohl Fähigkeit wie Möglichkeit hineingelesen werden können, läßt sich das Paradox formulieren, daß erst das autonome Individuum Anspruch auf Autonomie hat. Der Satz erschreckt insofern, als sich die intellektuelle Anforderung mit der gesellschaftlichen Grundtatsache, daß das Individuum natürlich stets vergesellschaftet, (in Gruppen) sozialisiert ist, hart im Raume stößt. Denn wie kann das gruppengeprägte Individuum je so autonom sein, daß es die Vorbedingung erfüllt?

Gruppen-geprägt sind vor allem seine Präferenzen. Die Frage nach der individuellen Autonomie zielt darum nicht nur auf die Kompetenz des Individuums, sondern auch auf den Stellenwert, der seinen Präferenzen

---

54 S. hierzu Adornos berühmtes Diktum: „Bei vielen Menschen ist es bereits eine Unverschämtheit, wenn sie Ich sagen." (1951: 57).

beizumessen ist. Und wiederum geht es um den bewußten Doppelaspekt: Wie autonom bilden sich Präferenzen (sie tun es natürlich nicht) und ab welchem Autonomiegrad ihrer Bildung sind sie als gegeben zu akzeptieren (und wie ist das überhaupt feststellbar ...?)? Doch ist nicht ‚Realisierung der eigenen Präferenzen' der eigentliche Kern individueller Selbstbestimmung?

II.

Die liberalen Klassiker hatten von Anbeginn ein Problem mit dem spannungsreichen Verhältnis zwischen dem *einen* Individuum und den vereinigten Individuen, d.h. ‚allen' oder, genauer, der Mehrheit. Versuche, die Spannung in die eine oder andere Richtung aufzulösen, konnten nicht wirklich gelingen, weil es sich (wie oben angedeutet) um ein Optimierungsproblem handelt: Weder der *eine* noch die Gesamtheit hat a priori Recht; allenfalls läßt sich über Prioritäten befinden. Am einen Ende der Skala möglicher Auflösungsversuche scheint Rousseau angesiedelt, wenn er den ‚Gemeinwillen' bei der Gesamtheit bzw. Mehrheit lokalisiert und dem einzelnen, der sich weigert, dem Gemeinwillen zu folgen, unterstellt, nicht frei sein zu wollen. Denn Freiheit heißt, daß man seinen eigenen Willen verfolgt, der aber ist nach dem Gesellschaftsvertrag im Gemeinwillen aufgehoben; und da der Gemeinwille folglich auch den jeweiligen Einzelwillen in sich enthält[55], kann ggf. der einzelne ‚zur Freiheit gezwungen' werden (1769, 1. Buch 7. Kap.; 1977: 21). So gilt das ‚Privat-' oder ‚Sonderinteresse' zwar zunächst grundsätzlich als legitim, doch ist damit noch lange nicht gesagt, daß es sich auch auszuleben vermag, denn der Gemeinwille ist mit dem ‚Gesamtwillen' – als ‚Summe der Sonderwillen' – nicht deckungsgleich, sondern (in einer schwer interpretierbaren Formulierung) die „Summe der Unterschiede". Kryptisch fügt Rousseau die Anmerkung hinzu: „Wenn es keine unterschiedlichen Interessen gäbe, spürte man den Gemeinwillen ... kaum: ... und die Politik hörte auf, eine Kunst zu sein." (1769, 2. Buch 3. Kap.; 1977: 31).

Offenbar ist eine Rangordnung festgelegt: Der Gemeinwille hat Recht, der ihm widersprechende Sonderwille ist ein individuelles Mißverständnis. Allerdings gilt das nur im Prinzip und nicht (immer) im politischen Alltagsleben, da (wie oben bei der Diskussion der Rousseauschen Vorstellungen über Abstimmungsregeln gesehen; II.2.b.) nicht unterstellt werden kann, daß die jeweilige Mehrheit stets ‚im Besitz des Gemeinwillens' ist. Je wichtiger (und umstrittener?) politische Entscheidungen sind, desto größer müssen darum Abstimmungsmehrheiten sein – bis hin zur Einstimmigkeit, und da behält dann ggf. das Individuum Recht.

Am anderen Ende der Skala finden wir die Lehre von der Gewaltenteilung und von den ‚checks and balances', die den Zweck verfolgen, der Frei-

---

55 „Da nun der Souverän nur aus den Einzelnen besteht, aus denen er sich zusammensetzt, hat er kein und kann kein dem ihren widersprechendes Interesse haben" (1769, 1. Buch 7. Kap.; 1977: 20).

heit selbst des *einen* Individuums größtmöglichen Schutz vor der ‚overbearing majority' zu gewähren. In diesem Konzept geht der Einzelwille gerade nicht im Gesamtwillen auf (den es nicht gibt: es gibt nur den Mehrheitswillen); vielmehr wird jenem jedes Recht zugesprochen, sich gegen diesen zu behaupten. Allerdings erfolgt solche individuelle Selbstbehauptung quasi im stillen Kämmerlein, denn der Preis für die gegen die Mehrheit aufgerichteten Schranken ist die Relativierung, ja Minimierung der *politischen* (sprich kollektiven) Selbstbestimmungsmöglichkeiten der Individuen.

In den meisten Varianten der klassischen Demokratietheorie werden die individuellen (Sonder-) Interessen als *solche* so gut wie nicht problematisiert. Eher im Gegenteil: in der gedachten politischen Form einer Eigentümer- (und damit Wirtschafts-) Gesellschaft gelten sie als gegeben, akzeptabel und legitim. Sie brauchten auch nicht problematisiert zu werden, solange unterstellt werden konnte, daß sie sich in einer sich gerade von staatlichen Zwängen emanzipierenden Wirtschaft zuallererst über den Markt durchsetzen würden; für die Sphäre der Politik blieb nur der überschießende Rest übrig. Was aber in der einen Sphäre – der ökonomischen – ausdrücklich und emphatisch als legitim galt, nämlich das (egoistische!) Eigeninteresse, konnte man in der anderen Sphäre nicht gut verteufeln.

Allerdings sollte in jener anderen Sphäre die Vernunft regieren, was denn doch auf einen gewissen Läuterungsbedarf verweist. Man war optimistisch genug, darauf zu bauen, daß der sich von selbst decken werde, nämlich über das Allheilmittel Austausch und Wettbewerb, das ja auch im Wirtschaftsleben die selbstsüchtigen Einzelnen ‚zur Bedachtnahme auf die Interessen der anderen', ebenso selbstsüchtigen Individuen zwingt (s. z.B. Smith 1776, 1. Buch 2. Kap.; 1905: 20). Jeder, der ein Anliegen hat, das nach politischer Regelung verlangt, muß dieses in die Öffentlichkeit bringen, wo es alsbald auf andere, entgegenstehende Anliegen trifft. In der Auseinandersetzung und im Wettbewerb der Anliegen und der Meinungen über das kollektiv zu Regelnde, durch Rechtfertigungsdruck und den unabweisbaren Zwang zur Relativierung, werden sich dann die am besten begründeten Anliegen und die vernünftigsten Meinungen durchsetzen. Nun mag am Ausgangspunkt eines solchen Prozesses nicht jeder einzelne über die gleiche Kompetenz im Hinblick auf Begründung und Einsicht in die besseren Argumente verfügen, aber an seinem Ende wird jeder an Kompetenz gewonnen haben: Der Wettbewerb erzieht seine Teilnehmer zu immer besserer Befähigung zur Teilnahme. Was der einzelne im stillen Kämmerlein nur selten zu vollbringen vermag, nämlich „sich selbst aufzuklären", erreicht er „beinahe unausweichlich" (Kant 1784; 1965: 2) in der Beteiligung an öffentlicher Diskussion. Die beiden oben bezeichneten Aspekte individueller Autonomie, Fähigkeit und Möglichkeit, sind so aufs innigste verknüpft, und zwar in dem Sinne, daß die Möglichkeit (der Selbstbestimmung) die Fähigkeit nach sich zieht. Das gilt sogar über die politische Sphäre hinaus; denn erst das Individuum, das in den Stand gesetzt ist, über seine Angelegenheiten selbst zu bestimmen, also zwischen verschiedenen Handlungsoptionen wählen kann (und muß), erwirbt die dazu nötigen „Fähigkeiten der Auffassungskraft, des Urteilsvermögens, des Unterscheidungsgefühls, der geistigen Aktivität und sogar die moralischen Vorzüge" (Mill 1859; 1969: 71), die das autonome Individuum recht eigentlich ausmachen.

III.

In der empirischen Demokratietheorie spielt das Individuum insofern keine zentrale Rolle, als sein Autonomie-Anspruch in der ‚herrschenden' Mehrheit, der ‚lebensnotwendigen' Tatsache der Führung sowie im alles überragenden Imperativ der Systemstabilität seine Schranken findet. Der nicht übereinstimmende Einzelne hat – abseits des Privaten – keine Chance, sich und seine Präferenzen gegen all dies wirksam zur Geltung zu bringen; im Spannungsfeld zwischen Demos und Individuum zieht er im Zweifelsfall den Kürzeren. Doch seine Präferenzen als solche werden als gegebene durchaus ernst genommen: Was dies betrifft, ist die empirische Demokratietheorie auf dem – vielkritisierten – Stand „of abstract individualism" (Offe 1997: 89), der sich für so unzuständig wie außerstande erklärt, zwischen ‚guten' und ‚schlechten' Präferenzen zu unterscheiden – nicht zuletzt deshalb, weil ihm in modernen (säkularisierten) Gesellschaften die Kriterien hierfür abgehen. Das Bild vom Menschen ist letztlich das des *homo oeconomicus*, der seine Präferenzen autonom bildet, in eine stimmige (transitive) Reihe bringt und auf der Basis seinen Nutzen maximiert, und zwar im wirtschaftlichen wie im politischen Leben. Und sofern er in der besten aller (Wettbewerbs-) Welten, nämlich in einer Welt vollkommener Gewißheit lebte, würden seine (artikulierten) Präferenzen – präziser: die aggregierten Präferenzen der Wählermehrheit – das Regierungshandeln steuern. Wie wir spätestens seit Kenneth Arrow (1963) wissen, führt zwar auch in der besten aller Welten ‚social choice' via Wahlverfahren zu inkonsistenten und ggf. unfairen Resultaten, dann jedenfalls, wenn wir von der vereinfachenden Vorstellung der kompakten Mehrheit und der jeweils binären Alternative abgehen.[56] Das ist aber letztlich nur für die Modellbildung interessant. Denn wie wir oben gesehen haben (II.2.d.), ist das Postulat der ‚responsive rule' im Sinne der Realisierung der Wählerpräferenzen ohnehin nicht ganz wörtlich zu nehmen.

In den zynischeren Varianten der empirischen Demokratietheorie (wie z.B. bei Schumpeter) ist der Wählerwille im übrigen kein Datum, sondern seinerseits das Produkt von ‚Führung': im selben Sinne wie in der Wirtschaft das Angebot sich seine eigene Nachfrage schafft. Doch auch die ‚produzierten' (also eben nicht autonomen) Präferenzen werden nicht weiter hinterfragt.

---

56 Sobald mehrere Alternativen zugelassen werden, „we cannot prove that any method of voting truly and fairly amalgamates the individual judgments of voters." Das zwingt zu der "conclusion that every method of voting is in some applications unfair or inadequate." (Riker 1982: 111, 113).

Es kommt nicht darauf an, ob sie ‚wahr' und authentisch sind, ebenso wenig darauf, ob sie auf falschen Voraussetzungen (unzureichender Information z.B.) beruhen, kurzsichtig sind oder gar moralisch verwerflich oder anti-sozial. „Any rule or command that prohibits a person from choosing some preference order is morally unacceptable ... from the point of view of democracy" (Riker 1982: 117). Sie sind alle gleich zu werten[57]: gleich relevant (oder eben auch irrelevant).

Der Gleichgültigkeit gegenüber der Art und dem Zustandekommen der gegebenen Präferenzstrukturen entspricht das Desinteresse an der individuellen Kompetenz im Hinblick auf Partizipation und Selbstregierung. Denn auch die Ergebnisse demokratischer Prozesse werden unhinterfragt als gegeben hingenommen: „Notice ... that in the liberal view it is not assumed that the electorate is right. ... The liberal assumes not popular competence, but merely that the electorate can change officials if many people are dissatisfied ..." (ebd.: 10f.). Das reduzierte Programm der empirischen Demokratietheorie nahm ja gerade bei der nüchternen Erkenntnis der diversen Unzulänglichkeiten der Bürger seinen Ausgang; auf lediglich ‚negative Kontrolle' zurückgestutzt, kann es mit ihnen leben. Das Individuum, nicht-autonom wie es ist, darf getrost so bleiben.

IV.

Was das Individuum und seine Autonomie betrifft, könnte der Kontrast zwischen empirischer und deliberativer Demokratietheorie größer nicht sein. In der letzteren ist das Individuum – so könnte man meinen – so überragend wichtig, daß man es unter keinen Umständen so lassen kann, wie es ist. Das gilt vor allem für seine Präferenzen. Wie oben geschildert (II.2.e.), werden sie nicht als Datum genommen, sondern (a) nach guten (reflexiven, ‚otherregarding') und schlechten (egoistischen, a-sozialen) sortiert und (b) einem diskursiven Prozeß unterworfen, in dem jedem einzelnen die Chance geboten ist, zur höheren Klasse der Präferenzen zu gelangen. Die transformierten, ‚endogenen' Präferenzen sind dann allerdings nicht mehr im strengen Sinn autonom gebildet, womit die Theorie sich in einen Widerspruch verwickelt, denn Ausgangspunkt der Kritik an den naturwüchsigen Präferenzen ist nicht zuletzt der, daß sie nicht ‚autonom und reflexiv' entstehen, sondern sozial (ggf. sogar manipulativ) vermittelte Zufallsprodukte sind. Der Widerspruch setzt sich fort, wenn (wie z.B. bei Cohen) der einzelne zwecks Läuterung der Präferenzen, Relativierung der Eigeninteressen und Einübung einer adäquaten Vorstellung vom Gemeinwohl auf ‚Assoziationen' verwiesen wird, also auf Sozialisierungs-Agenturen, die häufig genug gerade umgekehrt Partikula-

---

57 Moralphilosophen beißen sich hieran seit langem die Zähne aus. Um die Unhaltbarkeit der ‚libertären' Position zu beweisen, arbeiten sie gern mit Extrembeispielen ‚verwerflicher' Präferenzen – worauf die Angegriffenen meist antworten, daß gerade solche Präferenzen im allgemeinen nicht *politisch* relevant würden (vgl. die Diskussion bei Offe 1997: 83ff.).

rismus, „collective selfishness" (Offe 1997: 103) und ideologische Horizontverengung befördern.[58]

Gerade in ihren widerspruchsfreien Varianten postuliert die Theorie, daß das Individuum im politischen Prozeß von seinen konkreten Interessen zu abstrahieren habe. Dahinter steht ein Menschenbild, das an die Stelle der konkreten (‚kontingenten') Person die allgemeine Idee von ihr setzt; d.h. nicht nur die Politik, sondern schon das Individuum wird ‚intersubjektiv' gedacht. Demokratietheoretisch ernstzunehmen ist es erst, wenn es reflexiv und in dialogischen (öffentlichen) Prozessen sich von seiner jeweiligen (sozial induzierten) Partikularität abgekoppelt, sein ‚unreflektiertes Wollen' überwunden hat und sozusagen zur (verallgemeinerten und verallgemeinerbaren) Idee von sich selbst gelangt ist. So wird es zur ‚moralisch autonomen' Person – womit wir bei einem dritten Aspekt des Autonomiebegriffs (s.o.) angekommen wären, demzufolge Autonomie, gänzlich unvoluntaristisch, Befreiung von allfälliger Kontingenz meint. Hängt man den philosophischen Anspruch etwas tiefer, bleibt immer noch die ‚enlarged mentality' (Benhabib 1992), die in die demokratischen Tugenden des diskursiven Verhaltens, der Bereitschaft, sich überzeugen zu lassen, der Fähigkeit, sich selbst in Frage zu stellen, und einer quasi vorgängigen Menschheits-Solidarität mündet.

All dies erreicht der einzelne nur, wenn er zu einer spezifischen Form vernünftigen Argumentierens in der Lage ist: jederzeit fähig, „to appeal to reasons that are recognizably moral in form and mutually acceptable in content" (Gutmann/Thompson 1996: 57), und ebenso fähig, dieselbe Qualität in der Argumentation anderer zu erkennen. Das ist auf der einen Seite ein Kunstgriff, der moralische Konflikte in kognitive umwandelt und damit (unter rationalen Individuen) leichter lösbar erscheinen läßt. Auf der anderen Seite aber sind die Anforderungen an die kognitive Kompetenz der einzelnen „exceedingly demanding" (Offe 1997: 101). Das macht das deliberative Anforderungsprofil zugleich zu einem Risikofaktor für das konkrete Individuum, das sich zwar vielleicht persönlich vervollkommnen möchte, dann aber damit rechnen muß, vom eigensüchtigen Rest über den Löffel balbiert zu werden. „Thus deliberative practices make sense only if they are widely adopted; however, if they are as demanding as we have reason to imagine they are, they are quite unlikely to be as widely adopted." (ebd.)

Die ‚Autonomie-Bedingung für individuelle Autonomie', in der beschriebenen Weise an kognitive Kompetenz gekoppelt[59], erscheint in hohem

---

58 Die Widersprüchlichkeit gewinnt an Virulenz, wenn man erstaunt zur Kenntnis nehmen muß, daß es nicht unbedingt nötig sei, daß die Assoziationen – z.B. ‚zivilgesellschaftliche Akteure' – ihrerseits intern demokratisch organisiert seien (Palazzo 1999: 99). Wenn aber ihre interne Willensbildung nicht gängigen demokratischen Regeln zu folgen hat, kann das bedeuten, daß das Gruppen-Interesse autoritativ oktroyiert ist.

59 Sektoral definierte Sachkompetenz scheint den Kreis der potentiell ‚Erwählten' nicht unwesentlich zu erweitern. Indessen kommt diese Art von Kompetenz – vor allem in den

Maße exklusiv und inegalitär und könnte als Negierung eines Autonomieanspruchs des normalen Individuums verstanden werden. Indessen baut die deliberative Demokratietheorie, in gut klassischer Tradition, auf Lerneffekte und „staatsbürgerliche Selbstqualifikation" (Schmalz-Bruns 1995: 189) und strebt darum Verfahrensweisen an, die solches Lernen begünstigen.[60] Zudem weist Habermas gelegentlich darauf hin, daß das diskursive Ideal nicht als Restriktion mißverstanden werden dürfe (z.b. 1994: 393). Und letztlich relativieren individuelle Unzulänglichkeiten sich dadurch, daß das jeweilige ‚Selbst' „in den subjektlosen Kommunikationsformen" ohnehin „verschwindet" (ebd.: 365); darum „verlagert sich die Bürde der Legitimation der Rechtsetzung von den Staatsbürgerqualifikationen auf die ... Verfahren diskursiver Meinungs- und Willensbildung" (ebd.: 165).

So sind zwar die ideellen Anforderungen an die individuelle – intellektuelle und moralische – Kompetenz außerordentlich hoch; doch wenn der einzelne sie nicht erfüllt, ist das fürs Gesamtergebnis nicht unbedingt tragisch, weil es dafür auf intersubjektive Kommunikationszusammenhänge ankommt, in denen er im Zweifelsfall keine Rolle spielt. Denn nicht das konkrete Individuum steht im Zentrum dieser Theorie, sondern nur die verallgmeinerte Idee von ihm. Die individuelle Autonomie – so oder so verstanden –, angeblich ‚gleichursprünglich' mit der öffentlichen, hat vor der letzteren keinen Bestand, zerrinnt in ‚subjektloser' Kommunikation, an der das Individuum nur begrenzten Anteil hat. Was seine Chance zur Selbstbestimmung betrifft, steht es darum kaum besser da als im Zeichen des Zynismus der empirischen Demokratietheorie. In materiell-selbstsüchtiger Betrachtung mag es sogar schlechter dastehen, gehen im einen Fall doch seine Interessen (wenn es Glück hat) unter dem Motto des ‚mutual advantage' in Politikergebnisse ein, während es im anderen Fall hinter einem aus seiner Sicht höchst nebelhaften ‚common good' zurückzustecken hat (und sich dann auch noch sagen lassen muß, daß es ihm an Einsichtsfähigkeit fehlt). Das ‚liberale Dilemma' – „what is good for all is not what is good for each" (Bohmann 1996: 78) – wird auf beiden Wegen nicht befriedigend gelöst; und es wäre wohl auch nur zu lösen, wenn wir so weise und abgeklärt wären, wie die Diskurstheoretiker hoffen, daß wir es irgendwann sein werden. Die verheißene „'Rückkehr des Bürgers' auf die Bühne der Demokratietheorie" (Schmalz-Bruns 1995: 15) jedenfalls rückt ihn, insofern sie primär auf ‚zivile Tugenden' abhebt, nicht wirklich ins Zentrum demokratischer Politik.

---

rigoristischeren Versionen – ihrerseits nur wiederum über das Medium vernünftigen Argumentierens und der ‚shared reasons' zum Tragen.
60 Damit „die institutionelle Ordnung moderner Demokratien diesem erweiterten Anspruch" genügen kann, müssen „die vorhandenen Mechanismen einer moralischen Selbstadaptation ausgebaut ... werden." (Schmalz-Bruns 1995: 190).

V.

Eingangs dieses Kapitels habe ich auf die Spannung zwischen Demos und Individuum abgehoben; abschließend muß ich noch einmal darauf zurückkommen. Wenn demokratietheoretische Autoren vom Demos sprechen, thematisieren sie üblicherweise das unerläßliche Ausmaß an Homogenität (s.o., b.). Wechselt man dagegen die Perspektive, geht also von den einzelnen aus, kommt deren Differenz in den Blick. Die Interessen der Individuen sind unterschiedlich, von jeweiligen sozialen Lagen, ‚Lebenswelten', auch kulturellen Zugehörigkeiten geprägt; ihre – auch politische – Vergemeinschaftung findet in mehr oder weniger distinkten gesellschaftlichen Segmenten statt. Beschäftigt man sich also mit den einzelnen, kann man realistischerweise kaum vermeiden, Gruppen in den Blick zu nehmen. Indessen zielt die normative Vorstellung vom autonomen Individuum auf Universalität und konnte die Idee der Gleichheit sich erst auf der Basis einer Abstrahierung von allen konkreten Partikularitäten entwickeln. Wie Individuum und Demos stehen auch ‚autonomes Individuum' und ‚partikulare Gruppe' in einem Spannungsverhältnis, das auf unterschiedliche Weise aufgelöst werden kann. Wie also geht die Demokratietheorie mit Differenz und mit der Realität allfälliger partikularer Vergemeinschaftung um: Werden sie als legitim akzeptiert, welche Ausdrucksformen werden ihnen zugebilligt, welcher Stellenwert wird ihnen beigemessen?

In der Tradition der ‚Madisonian Democracy' nimmt die empirische Variante die pluralistische Gesellschaft zum Ausgangspunkt, sieht also Gruppen-Repräsentanz in der Weise vor, daß plurale Interessen sich per Organisation in den politischen Prozeß einklinken und dort durch Aushandlung, Tausch oder Aggregation Berücksichtigung finden. Die optimistische Erwartung (vor allem der Pluralismustheoretiker), daß dies in einer für alle Gruppen befriedigenden Weise funktioniert, ist allerdings nur begrenzt kompatibel mit der postulierten Allgemeingültigkeit des Mehrheitsprinzips. Welches Interesse immer das Pech hat, in den Mehrheitskompromiß nicht einzugehen, bleibt politisch irrelevant – ggf. auf lange Zeit. Eine gesonderte Minderheiten-Repräsentanz wäre eine ‚Vergewaltigung der Mehrheit' und gilt als so undemokratisch wie illegitim. ‚Strukturelle Minderheiten' sind politisch marginalisiert, ebenso nicht- bzw. schwer-organisierbare Gruppen. Genau genommen haben alle die Gruppierungen schlechte Karten, deren Präferenzen sich nicht durch Tausch und quasi rechnerisch durchsetzen lassen. Die kulturell segmentierte, von gravierenden Wertkonflikten geprägte Gesellschaft stellt die empirische Demokratietheorie demnach vor ein schwer zu lösendes Problem, dem sie nur ausweichen kann, indem sie diese Art von Konflikten dem Privatbereich zuweist. Die *politische* Berücksichtigung von Differenz bleibt insofern defizitär.

Obwohl der Kantischen Tradition verhaftet, derzufolge das Individuum erst in der Abstraktion von historisch-kontingenter Partikularität zu seinem wahren Selbst kommt, erhebt die deliberative Demokratietheorie den Anspruch, dem Phänomen gesellschaftlicher Diversität besser gerecht zu werden. Intersubjektive Kommunikation und ‚Lebenswelt' sind nämlich komplementär zu denken. Die von ihren jeweiligen lebensweltlichen Zusammenhängen geprägten Individuen treten in einen ‚praktischen Diskurs' miteinander ein, in dem jeder bestrebt und in der Lage ist, die Perspektive des anderen nachzuvollziehen, und in dem darum die Rechtfertigungsgründe *aller* Positionen gerecht gegeneinander abgewogen werden können. Die ‚shared reasons' – sowohl Grundlage wie Resultat des Diskurses – sind die Antwort der deliberativen auf das ungelöste Problem der empirischen Variante; denn wo nicht Stimmen gezählt, sondern ‚Gründe' und Argumente diskutiert werden, haben wirklich alle, auch die sonst marginalisierten, Gruppen eine faire Chance (s. z.B. Williams 2000: 125ff.). Der deliberative Ansatz und Konzepte wirksamer Gruppenrepräsentation erscheinen geradezu als „natural allies", da die öffentlichen Diskurse auf Inklusivität abzielen, also alle relevanten sozialen und politischen Perspektiven eines Sachproblems einzuschließen trachten (ebd.: 125).

‚Im Kleingedruckten' allerdings liest sich dies etwas anders. Zum einen geht es, wenn es konkret wird, nicht primär um faktische Repräsentanz einer (wie immer marginalen) Gruppe, sondern um Repräsentanz des betreffenden Problem-Aspekts (s.u., d.). Sie kann auch vikarisch erfolgen, womit aus dem sonst vernachlässigten Interesse leicht das ‚wohlverstandene Interesse' werden kann. Zum zweiten sind zwar die jeweiligen Lebenswelten unverzichtbare Basis der ‚praktischen Diskurse'; auch werden Assoziationen als ‚Schulen der Demokratie' durchaus positiv gewürdigt. Doch ist der Zweck der Diskurse gerade der, über die dort erworbenen (Basis-)Interessen hinaus- und zu einer ‚unparteiischen', unvoreingenommenen, nicht-partikularen Sicht des jeweils anstehenden Problems zu gelangen[61]. Zum dritten sind die vielfach beschriebenen Postulate des vernünftigen Argumentierens, der ‚idealen Sprechsituation', der Beschränkung auf ‚reziprok-allgemeine Gründe' usw. Normen, die ihrerseits kulturell (nämlich von einer bestimmten Wissenschaftskultur) geprägt sind und gerade von marginalisierten Gruppen möglicherweise weder geteilt noch überhaupt verstanden werden, während andererseits jene, die diese Normen verinnerlicht haben, die Gründe der anderen, der ‚Fremden', kaum als vernünftig und verallgemeinerbar akzeptieren dürften.[62] Vor allem *kulturelle* Differenz wird von dem Konzept nicht zureichend erfaßt, was nicht zuletzt seinem universalistischen Anspruch geschuldet ist:

---

61 „Practical discourse ... aims to establish common or generalisable interests" (Baumeister 2000: 80).

62 S. hierzu die Beispiele, die Gutmann/Thompson für ‚nicht-akzeptable' Gründe liefern (1996, z.B.: 65ff.). Kritisch dazu s. Baumeister (2000: 76f.). Das Problem des ‚thick multiculturalism' – das ja die Frage einschließt: Wieviel Toleranz schulden Demokratien Nicht-Demokraten – dürfte allerdings demokratietheoretisch nicht wirklich überzeugend zu lösen sein.

Das ‚universelle' Individuum ist demnach erst dann wirklich autonom, wenn es in der Lage ist, von seiner eigenen Differenz zu abstrahieren.

d. Die Tücken der Repräsentation

I.

Der individuelle Anspruch auf Selbstbestimmung stößt sich hart im Raum mit dem Faktum, daß die vielen Individuen sich im Staat im allgemeinen vertreten lassen müssen, ihnen der direkte Zugang zum politischen Entscheidungsbereich zumeist verwehrt ist. Jedenfalls in modernen Flächenstaaten gilt Repräsentation als so unvermeidliche wie selbstverständliche ‚Arbeitsteilung' zwischen Politikern und Volk (Weale 1999: 106). Indessen bleibt ein Rätsel, wie man autonom sein kann, wenn man nicht selbst entscheiden kann, sondern auf andere angewiesen ist, um den eigenen Willen auszudrücken und zur Geltung zu bringen. ‚Vikarisches Handeln' widerspricht ganz grundsätzlich dem Autonomie-Postulat, und zwar auch dann, wenn man ‚Repräsentativität' im Sinne der Widerspiegelung *aller* Interessen und Meinungen als Norm versteht.

Repräsentation ist ein facettenreicher Begriff. Im allgemeinsten Sinne ist er, in Anlehnung an Hanna Pitkin (1967: 8f.), zu definieren als das Vergegenwärtigen von etwas, das in dem Moment eben gerade nicht präsent (oder zumindest nicht sichtbar) ist. Er erlaubt höchst unterschiedliche Anwendung und hat unterschiedliche Implikationen, „depending on what is being made ... present, and in what circumstances." (ebd.: 10). Fürsten repräsentieren ihre Macht und Herrlichkeit vor dem Volk; Staatsoberhäupter repräsentieren ihr Volk (seine Stärke, Glorie und seine guten Seiten) nach außen; und die eigentlichen ‚Volksvertreter' repräsentieren seinen Willen (was Rousseau zufolge bekanntlich gar nicht möglich ist), und erst dieser spezifische Repräsentationsbegriff wirft Probleme auf. Denn die Repräsentanten des Volks sind seine Bevollmächtigten (‚agents') oder Treuhänder, agieren – mehr oder weniger ‚repräsentativ' – in seinem Namen und haben dabei unvermeidlich Ermessensfreiheit. Deren Ausmaß variiert mit dem zugrundeliegenden Konzept und dem Typ von Repräsentation. Die diversen normativen Konzepte und realen Formen unterscheiden sich (1) nach dem Wer, (2) nach dem Was und (3) nach dem Wie der Repräsentation, wobei das letztere die eigentlich knifflige und umstrittene Frage ist. Mit dem Wie sind nämlich nicht allein die Verfahren zur Herstellung von Repräsentation und Repräsentativität (Mehrheits- oder Proportionalwahl oder gar Zufallsauswahl) angesprochen, sondern vor allem und zentral das Verhältnis von Repräsentanten und Repräsentierten, von denen eben nicht klar ist, ob sie wirklich ‚principals', Auftraggeber sind oder auch nur sein sollen. Mindestens ebenso knifflig, aber selten theoretisch elaboriert, ist in unserem Kontext schließlich (4) die Frage nach der Repräsentations*basis*, die in unterschiedlicher Weise bestimmt oder auch unbestimmt, begrenzt oder unbegrenzt sein kann.

(1) Wer wird repräsentiert? Es ist stets ‚ein anderer'[63], präziser: eine Vielzahl von anderen, und diese Vielzahl erlaubt unterschiedliche Konzeptualisierungen: von ‚vielen (identifizierbaren) Individuen' bis hin zur ‚Nation'. Dazwischen liegen die Mehrheit eines Wahlkreises oder auch nur ein kleiner Teil von ihm; der ganze Wahlkreis; die Parteianhänger im ganzen Land – oder wiederum nur ein spezieller Teil von ihnen; eine sektorale (mehr oder weniger organisierte) Gruppierung; eine Wert- oder Glaubensgemeinschaft; die Anwohner einer bestimmten Region; überhaupt eine wie auch immer sich selbst definierende distinkte Minderheit; die gesamtstaatliche Mehrheit (die zumeist ‚eigenschaftslos' ist und gern mit dem ‚ganzen Volk' gleichgesetzt wird). Aus dem Faktum, daß es in jedem Falle um eine Vielheit geht, folgt schon einmal, daß selbst dann, wenn wir vergleichsweise große Homogenität unterstellen dürfen, Repräsentation niemals eine „one-to-one, person-to-person relationship" konstituiert (Pitkin 1967: 221), also von vornherein nicht als einfache ‚principal-agent'-Beziehung konzipiert werden kann.

(2) Was wird repräsentiert? Die Definition des ‚Wer' ist nicht ohne Einfluß auf das ‚Was' der Repräsentation. Sind es identifizierbare Individuen oder Teile des Wahlkreises, werden deren konkrete (‚subjektive') Interessen im Vordergrund stehen; die Vertretung des ganzen Wahlkreises, einer Region, einer sektoralen Gruppe oder gar der Wählermehrheit legt die Vorstellung ‚objektivierter', verallgemeinerter Interessen nahe; ist Vertretungsmaßstab eine Partei, wird deren Programm (oder ‚Ideologie') zur Richtschnur; ist es eine Wertegemeinschaft, sind es deren Werte; und wer ‚die Nation' als ganze vertritt, für den werden die vielen verschiedenen Interessen und Werte in einer (ggf. sogar überzeitlichen) Vorstellung vom Gemeinwohl auf- und untergehen. Aber natürlich werden auch Ideen und die in der Öffentlichkeit umherschwirrenden Meinungen repräsentiert. Und je nach Art der zur politischen Lösung anstehenden Probleme könnte der Akzent sogar auf der Repräsentation der verschiedenen Aspekte einer Sachfrage liegen, die mit vorfindbaren Interessen nicht notwendigerweise identisch sind.

(3) Wie wird repräsentiert? Hier reicht die Bandbreite möglicher Konzeptualisierungen von der ‚virtuellen' über die ‚deskriptive' Repräsentation bis hin zum imperativen Mandat. Indessen werden eben diese drei Extremtypen im allgemeinen rasch abgehakt: Denn die virtuelle Repräsentation kommt gänzlich ohne Autorisierung aus und hat darum keinen legitimen Platz in der Demokratietheorie; dasselbe gilt nach vorherrschender Auffassung für das imperative Mandat, das als ‚Eins-zu-Eins-Beziehung' Prozesse gegenseitiger Überzeugung in einer Volksvertretung verbieten würde; und

---

63 – und nur Bußhoff (2000: passim) spricht von ‚Selbstrepräsentation', die mit der ‚Fremdrepräsentation' stets verkoppelt sei.

die ‚statistische Repräsentation', die in Reinkultur allein auf die korrekte Widerspiegelung des Volksganzen abhebt, ist für die Handlungsorientierung der Repräsentanten eher unerheblich[64], bedarf weder der Autorisierung[65] noch eines Mandats noch auch nachträglicher Rechenschaft und scheint darum ebensowenig demokratietheoretisch vertretbar. Zwischen diesen Extremen sind Typen angesiedelt, die unterschiedliche Freiheitsgrade der Repräsentanten zulassen bzw. unterschiedliche Bindungswirkung fordern. Die Eckpunkte sind hier das ‚mandate'- (oder Delegierten-) Modell und das ‚independence'- (oder Treuhänder-) Modell, zwischen denen eine kontext-adäquate Optimierung gefunden werden muß.

Je nachdem, wer und was zu repräsentieren ist, neigen Konzepte und reale Formen dem einen oder anderen Modell zu. Je mehr die Vertretung des ‚Ganzen' und des Gemeinwohls im Vordergrund steht, desto mehr ist dem Repräsentanten unabhängige und "substantive action" (Pitkin 1967: passim) zuzuschreiben, desto unbeschwerter kann er seinem eigenen Urteil folgen ("judgmental representation"; Mather 2000: 26) und desto weniger muß er sich bei seinen Wählern über deren Wünsche und Vorstellungen rückversichern. Auch wo es um die Vertretung der Interessen von Teilgesamtheiten geht, bleibt dem Repräsentanten dann ein erhebliches Maß an Unabhängigkeit, wenn deren ‚wahre' Interessen als objektiviert und objektivierbar gelten.[66] Gleiches gilt, wenn die ‚issues at stake' vorrangig mit Wissen und Expertise zu tun haben – wobei indessen unterstellt ist, daß die Volksvertreter klüger und kenntnisreicher sind als das Volks selbst[67]. Je mehr es aber um ‚handfeste' Interessen kleinerer Gruppen und je mehr es um konfligierende Werte geht, desto mehr ist Rückbindung der Vertreter an die Vorstellungen der jeweils Vertretenen erforderlich, soll Repräsentation als solche auf Akzeptanz treffen und als legitim erachtet werden. Daraus läßt sich als Regel ableiten, daß Repräsentation in homogenen Gesellschaften, in denen die Formulierung eines Mehrheits- oder gar ‚Volkswillens' keine großen Probleme bereitet und Vorstellungen vom Gemeinwohl nur im Detail umstritten sind, anders aussehen muß als in heterogenen, segmentierten Gesellschaften, die von gravierenden Wertkonflikten geprägt sind. Im ersten Fall mag das ‚general mandate' nicht nur akzeptabel sein, sondern für die einzelnen Bürger auch noch entlastend wirken, im zweiten wird man um Annäherungen an das ‚issue specific mandate' (Mather 2000: 27) kaum herumkommen.

---

64 Statt um das ‚act for' geht es hier lediglich um das ‚stand for' (vgl. Pitkin 1967: 60ff.; Weale 1999: 108ff.)

65 Das zuverlässigste Verfahren für die getreue Widerspiegelung wäre nämlich die repräsentative Stichprobe.

66 „If they have a ‚true' interest about which they know very little, then the representative is justified in pursuing it even against their wishes." (Pitkin 1967: 210)

67 – was füglich bestritten werden darf: In den meisten Sachfragen kommen die Vertreter ohne Information und Expertise jedenfalls einiger der Repräsentierten nicht aus.

Entsprechend unterschiedlich werden die Verfahren zur Herstellung von Repräsentation sein müssen. Wahlverfahren z.b., die auf Repräsentativität im Sinne deskriptiver Repräsentanz abzielen, werden im ersten Fall als wenig dringlich erscheinen; im zweiten dagegen werden distinkte Gruppen (die Überstimmtwerden und Marginalisierung fürchten müsssen) auf ein Mindestmaß einer „politics of presence" (z.b. in Form von Quotierungen; Weale 1999: 117ff.; vgl. auch Mansbridge 2000) größten Wert legen. Während im einen Fall die allgemeine Vorweg-Autorisierung durch die Wahl und deren Kopplung mit nachträglicher Kontrolle (über die nachfolgende Wahl) ausreichen dürften, könnten im anderen Fall spezifischere Formen der Kontrolle, zumindest der Kontestierung auch zwischen den Wahlen nötig werden. Öffentliche Rechenschaftspflicht gilt zwar allgemein als unabdingbares Korrelat der Repräsentation (Pitkin 1967: 226; Bußhoff 2000: passim), aber sie fordert je nach Kontext spezifische Formen; und die ‚Verantwortung vor dem Gewissen' – in vielen Verfassungen festgehalten, aber selten glaubwürdig in die Praxis umgesetzt – wird die Repräsentierten nicht generell zufriedenstellen.

(4) Die Repräsentationsbasis ist im allgemeinen als territoriale konzipiert; doch steht nicht erst in jüngerer Zeit das Desiderat auch funktionaler bzw. sektoraler Repräsentation im Raum. Das letztere wirft ebenso Probleme auf wie der postnationale Kontext, weil ein ‚Sektor' stets mehr umfaßt als die Organisationen, die sich in ihm tummeln. Repräsentation – darauf wurde schon mehrfach hingewiesen – wird (abseits virtueller Repräsentation) erst dann legitim, wenn man weiß, wer alles, welche Gruppe(n), zu repräsentieren sind, wenn also sowohl die Grundgesamtheit wie ihre Zusammensetzung bekannt sind. Ist dieses nicht der Fall, weiß der Repräsentant also nicht, wen (alles) er vertritt, kann er seine Aufgabe in der Tat nur als ‚virtuelle' oder als ‚symbolisch' (Pitkin 1967: 92ff.) verstehen, d.h. er kann agieren, wie er will; seine Urteile und Entscheidungen werden tendenziell willkürlich. Er ist weder autorisiert, noch hat er ein Mandat, noch weiß er, wem gegenüber er rechenschaftspflichtig ist. Bestenfalls steht er dann für einen Teil einer gedachten Population (z.B. für die Mitglieder eines bestimmten Verbandes), schlimmstenfalls für sich selbst. Unbestimmtheit oder auch Unbegrenztheit der zu repräsentierenden Einheit machen das Konzept der Repräsentation als solches, nach welchem Modell auch immer, grundsätzlich prekär.

II.

Die unterschiedlichen Auffassungen der liberalen Klassiker zur Notwendigkeit von Repräsentation wurden oben (II.2.b.) bereits dargestellt; dem ist nicht viel hinzuzufügen. Überraschend ist, daß sich gerade die Befürworter mit dem Konzept als solchem nur wenig auseinandergesetzt haben, obwohl sie doch allen Grund gehabt hätten, sich etwa von Hobbes' Vorstellungen abzugrenzen, die auf virtuelle Repräsentation hinauslaufen. „Even John Stuart Mill, who devotes an entire book to representative government, does not consider it necessary to explain what representation is or means." (Pitkin 1967: 4) Entsprechenden Anlaß sahen offenbar nur die Gegner, namentlich Rousseau, der Repräsentation als Willens-Übertragung definiert, die seiner Ansicht nach ein Unding ist. Was die Befürworter betrifft, darf man schließen, daß Repräsentation für sie im Grunde genommen kein eigenständiges Konzept ist, sondern eher als eine Art ‚second best', d.h. als ein Surrogat für direkte Demokratie in den Fällen betrachtet wird, in denen die letztere unpraktikabel erscheint. Grundsätzlich kennt nämlich die Interessen des Individuums niemand so gut wie es selbst; und sogar wenn man unterstellt, daß ein Repräsentant diese Interessen zu erkennen vermag (was den Ökonomen und Utilitaristen unter den Klassikern bereits schwer fällt), kennt er sie doch niemals *besser* als das Individuum. Darum ist „acting for someone else independently and with discretion" eigentlich so unmöglich wie illegitim (Pitkin 1967: 199). Allerdings lassen die Utilitaristen sich das Schlupfloch der Unterscheidung zwischen den ‚privaten' (egoistischen, zumeist wirtschaftlichen) und den ‚öffentlichen' (allgemeinen) Interessen der Individuen offen: Während die ersteren nicht vertreten werden können (und dürfen), sind die letzteren als objektivierbare, also vom konkreten Individuum loslösbare, legitimer Gegenstand von Repräsentation. Zum Beispiel gilt dies für die allgemeinen Interessen der Eigentümer (im Gegensatz zu ihren ‚besonderen' Interessen als Konkurrenten). Doch bleibt ein Rest von Mißtrauen: Repräsentanten mögen sich auch von diesen (so Locke) ggf. entfernen und bedürfen darum eines Mindestmaßes an Aufsicht und Sanktionierung durch die Repräsentierten.

Es ist kein Zufall, daß die seither weitgehend akzeptierte Auffassung von Repräsentation nicht von einem der liberalen Klassiker, sondern von einem konservativen Politiker entwickelt wurde[68], nämlich von Edmund Burke, der in seiner berühmten Rede an die Wähler von Bristol 1774 (Burke 1975: 156ff.) das freie Mandat mit den Erfordernissen parlamentarischer Deliberation rechtfertige und im übrigen die Grundregel aufstellte, daß es bei der Repräsentation nicht um die Vertretung diverser Einzelinteressen, sondern allein um das *eine*, das allgemeine Interesse gehe. „Parliament is not a *congress* of ambassadors from different und hostile interests, which interests each must maintain, as an agent and advocate, against other agents and advocates; but Parliament is a *deliberative* assembly of *one* nation, with *one* interest – where not local purposes ... ought to guide, but the general good, resulting from the general reason of the whole." Darum schuldet der Repräsentant seinen Wählern zuvörderst "his judgment", das er auf dem Altar von Wählermeinungen nicht opfern darf. „If government were a matter of will upon any side, yours, without any question, ought to be superior. But government and legislation are matters of reason and judgment ...; and what sort

---

[68] Ohnehin ist ja das Konzept der Repräsentation weit älter als das der (modernen) Demokratie; und in der Praxis war es ein Mittel, um vor-demokratischen Fürsten zu Ressourcen zu verhelfen.

of reason is that in which the determination precedes the discussion ...". Sowohl die Vertretung des allgemeinen Interesses als auch die Gebote von Vernunft und Deliberation erfordern ‚judgmental representation' und gebieten geradezu, daß der Repräsentant sich von der Bindung an (partikuläre, engstirnige) Wählerinteressen befreie: sich *über* das Volk erhebe. Nicht nur unterschwellig, sondern z.T. (z.B. in den Federalist Papers) explizit verbindet sich mit einem solchen Repräsentationskonzept gern die Vorstellung von den Volksvertretern als einer Elite[69], bei der Weisheit, Mäßigung und ‚disinterestedness' sich versammeln.

III.

Die empirische Demokratietheorie führt den Gedanken zwar nicht der Deliberation, aber der politischen Elite fort. Die Vertreter des Volks sind zugleich dessen Führer; sie vollziehen nicht den Volkswillen, sondern sie fabrizieren ihn (Schumpeter); und das (desinteressierte, uninformierte) Volk tut gut daran, die Arbeitsteilung zwischen sich und den Führern zu akzeptieren und sich aus dem Geschäft der Politik herauszuhalten (s. schon o., II.2.d.). Direkte Formen der Beteiligung werden nicht allein aus Praktikabilitätserwägungen abgelehnt: Sie stören[70], sind unzulässige Einmischung. Repräsentation wird so zu einer (nicht normativ unterfütterten) Quasi-Norm. Das einzige, was der Wähler zu tun hat, ist, seine Repräsentanten zu ‚autorisieren'; bis zur nächsten Wahl sind die letzteren dann frei und ungebunden, das zu tun, was sie für richtig halten. Mit der Wahl mag ein generelles Mandat verbunden sein, üblicherweise in Gestalt des Wahlprogramms der obsiegenden Partei; aber es gibt keine Garantie, daß die Gewählten sich tatsächlich daran halten, noch auch Mechanismen, mittels derer sie dazu gezwungen werden könnten. Mit anderen Worten, das Mandat ist im Zweifelsfall wertlos und seine Erteilung ohnehin nicht Zweck der Übung; „it is clear that the electoral function is not that of giving a mandate to representatives, but that of appointing certain agents to a general and autonomous political function." (Zolo 1992: 80) Immerhin kommt irgendwann die nächste Wahl und mit ihr die Möglichkeit für den Wähler "to throw the rascals out"; d.h. die generalisierte Autorisierung findet ihr Komplement in einer „retrospective accountability": „the electorate does not mandate a prospective political programme, but rather makes a retrospective judgment about the tolerability of past performance." (Weale 1999: 108) Und das entlastet den Wähler sogar, denn es enthebt ihn von der Notwendigkeit, einen expliziten Willen zu formulieren (Riker 1982: 242).

Weder die Fragen nach dem ‚Wer' oder ‚Was', noch auch die nach dem ‚Wie' der Repräsentation sind für die empirische Demokratietheorie sonderlich relevant. Die Autorisierung durch die Wählermehrheit hebt die Volks-

---

69 J. St. Mill ist sich da allerdings nicht so sicher; er hält die Repräsentativversammlung für kaum kompetenter und verantwortungsbewußter als das Volk (1861, ch. V).
70 – sind, wie man es im politischen Alltag häufig hört, unzulässiger ‚Druck der Straße'.

vertreter für eine limitierte Zeitspanne von Wahlkreisen, Gruppen, Teileinheiten und all deren speziellen Interessen ab bzw. zwingt sie erst und nur dann in Kontakt mit ihnen, wenn sie um ihre Wiederwahl fürchten müssen. Aber eben das letztere verbietet – aus pragmatischen Gründen – zugleich eine eindeutige Konzeptualisierung von Repräsentation als einer Vertretung des ‚Ganzen'. Als das ‚Was' der Repräsentation sieht die These der ‚responsive rule' die Wählerpräferenzen vor, doch ist der Konnex hier ebenso unbestimmt wie im Falle des ‚Wer'. Das Wahlergebnis gibt nur selten eindeutig Aufschluß über die Wählerpräferenzen und schon gar nicht über den Volkswillen. Zwar mag es die Aufgabe einer Repräsentativverfassung sein, sicherzustellen, „daß bei einer etwaigen Divergenz zwischen hypothetischem und empirischem Volkswillen dem hypothetischen Volkswillen der Vorrang gebührt."(Fraenkel 1964: 71) Doch in den hypothetischen Volkswillen läßt sich alles hineinlesen; in der Lesart von Downs sind es die Eigeninteressen der Politiker. Nur ihre Eigeninteressen mögen sie ggf. dann, wenn sie ihre Wiederwahl betreiben, veranlassen, sich den Präferenzen einzelner, für den Wahlausgang mutmaßlich relevanter Wählergruppen besonders verpflichtet zu fühlen.

Für das ‚Wie' der Repräsentation folgt daraus zweierlei: zum einen eine dezidierte Parteinahme für ‚judgmental', also ungebundene Repräsentation, die nicht einmal vikarisch genannt werden kann, weil vikarisches Agieren zumindest eine Vorstellung vom ‚wohlverstandenen' Interesse des Vertretenen voraussetzt; und zum zweiten ein generelles Desinteresse an Repräsentativität. Nicht umsonst sind die Anhänger der empirischen Demokratietheorie im allgemeinen skeptisch gegenüber dem Proportional-Wahlsystem, das auf Widerspiegelung der gesellschaftlichen Interessenlandschaft abzielt. Weder das ‚standing for' noch das ‚acting for' interessieren in diesem Repräsentationskonzept wirklich. Wählerpräferenzen gelten als erratisch und beliebig und werden (wie gesehen) punktuell nur dann ernstgenommen, wenn Wahlen zu gewinnen sind. Das muß auch nicht weiter problematisiert werden, weil Gruppen mit intensiven Präferenzen allemal die Möglichkeit der Organisation offen steht. Die Repräsentation spezieller Interessen erfolgt über Verbände und Parteien (bzw. deren Verbandelung miteinander) und ragt so ggf. in Parlament und Regierung hinein; daher ist es unnötig, über eine Extra-Repräsentanz bestimmter Gruppen oder Minderheiten im eigentlichen Repräsentativsystem auch nur nachzudenken.

Es erscheint plausibel, daß in einem solchen Konzept von Repräsentation deren möglicherweise ungewisse Basis nicht wirklich ein Problem darstellt. Es geht schließlich nicht vorrangig um die Vertretung einer bekannten Einheit, sondern um die Freiheit des Vertreters. Gleichwohl sind die Vorstellungen hierzu so präzise wie schlicht: Basis ist allein das Gesamt der im Staatsgebiet lebenden Bürger; und damit ist sie territorial definiert.

IV.

Wie der empirischen gilt der deliberativen Demokratietheorie Repräsentation als Norm, auch wenn eine ihrer Varianten sich „directly-deliberative" (Cohen/Sabel 1997) nennt. Norm ist sie hier sogar in einem emphatischen Sinn, ist Deliberation doch scheinbar nur in repräsentativen Institutionen möglich (s. z.B. Gutmann/Thompson 1996: 142). Und nur der öffentlichen Deliberation in repräsentativen Foren eignet „solidaritäts- und vertrauenstiftendes Potential", während durch Volksabstimmungen „ein System generalisierten Mißtrauens institutionalisiert" würde (Schmalz-Bruns 1999: 225f.): Direktdemokratische Verfahren wirken geradezu „demoralisierend" auf den Bürger und bringen sein jeweils „schlechteres Ich" hervor, weil sie ihn vom „Zwang zur argumentativen Rechtfertigung völlig entlasten" (Offe 1998b: 87).[71]

Repräsentation, so unverzichtbar wie der direkten Beteiligung moralisch überlegen, findet in den Vorstellungen der deliberativen Demokratietheorie in verschiedenen Formen und Institutionen statt – vom zentralen Parlament bis hinunter zu informellen und ad hoc-Gremien – und steht, wie alles in diesem Konzept, unter der obersten Maxime, daß Demokratie vernünftige und gerechte Entscheidungen zu produzieren habe. Die Frage nach dem ‚Wer' der Repräsentation läßt sich grundsätzlich mit ‚alle' beantworten, womit indessen zunächst nicht das abstrakte Ganze (z.B. die Nation) gemeint ist, sondern alle jeweils lebensweltlich geprägten Bürger. Das Ziel ist „full representation" (Gargarella 1998: 270), was auch gesellschaftlich marginalisierte Gruppen einschließt. Da dies über parlamentarische Repräsentation allein meist nicht zu erreichen ist, werden zusätzliche, komplementäre Formen der Repräsentation erforderlich. Gleichwohl ist man gegenüber spezifischer (kompensatorischer) Gruppen-Repräsentation eher skeptisch, weil „group-differentiated representation" gewissermaßen den Gruppen-Eigensinn festigt, während Deliberation gerade umgekehrt auf generelle Gründe, auf ‚shared reasons' abhebt (Gutmann/Thompson 1996: 151ff.)[72], den Eigensinn also überwinden will. Deswegen und weil außer der lebenden auch die künftigen Bürgergenerationen mitvertreten werden sollen, nähert das Objekt der Repräsentation sich denn doch an das ‚abstrakte Ganze' an, das eher in den Köpfen der Repräsentanten (oder doch eher der Moralphilosophen?) als in der Wirklichkeit existiert.

Das wird deutlich, wenn es um die Frage nach dem ‚Was' der Repräsentation geht. Hiermit sind nämlich definitiv nicht – geradezu emphatisch nicht – die Interessen der Vertretenen gemeint. Repräsentation ist gerade nicht das

---

71 Dagegen lassen Cohen und Sabel in der Tat eine gewisse Sympathie für die direkte Demokratie erkennen. Allerdings sei sie an die Bedingungen der Kleinheit und Homogenität gebunden und darum in modernen Gesellschaften nicht „workable" (1997: 322).
72 Die beiden Autoren sind in diesem Punkt etwas widersprüchlich, denn andererseits unterstellen sie, daß „disadvantaged groups" eine eigene Vertretung finden – aber wo? (ebd.: 132f.)

Mittel, die Präferenzen der Bevölkerung ins politische Entscheidungssystem zu übertragen; sondern die Repräsentation als solche ist eben deshalb unverzichtbar, weil es nur auf diesem Weg möglich scheint, „to recognize morally justifiable claims and to discourage the expression of morally unjustifiable claims." (Nelson 1980: 7) Die Vertretenen mögen ihre spezifischen Anliegen vorbringen, aber die Aufgabe der Repräsentanten ist es dann, „to justify their claims in moral terms" (Gutmann/Thompson 1996: 129). Repräsentiert werden demnach gewissermaßen nur die ‚guten Gründe', die möglichst so geartet sind, daß sie in einem – vorweg immerhin nicht bestimmbaren – ‚common good' aufzugehen vermögen. Darüber hinaus ist die Rolle der Repräsentanten die, die verschiedenen Aspekte von (Sach-) Problemen zu ‚vergegenwärtigen', womit sie tendenziell in die Position von Experten rücken – oder auch durch sie austauschbar werden, zumal von spezieller Autorisierung selten die Rede ist.

Damit sind wir bei der Frage nach dem ‚Wie' der Repräsentation angelangt, die zwar selten konkret beantwortet wird, für deren Beantwortung sich indessen bemerkenswerte Indizien finden. Die vielen ‚deliberativen Gremien', die die konventionelle Repräsentation – dezentral und möglichst nah am Bürger – ergänzen sollen, kommen in den meisten vorliegenden Konzepten ohne Mandat und sogar ohne Autorisierung aus. „Very little can be said in general terms about the requisite representational form: how many members of different groups, affected parties, and so forth" – und vor allem, *wie* die Vertreter zu solchen werden (Cohen/Sabel 1997: 332): ggf. z.B. per Auslosung.[73] Auch Repräsentativität und Proportionalität spielen eine geringe Rolle, weil sie für die Repräsentanz von ‚Gründen' eher unerheblich sind; wichtig sind ja nicht die Präferenzen der am Ende Betroffenen, sondern "the provision of relevant local information and the crisp articulation of alternative views" (ebd.: 333). Ähnlich unbestimmt sind die Vorstellungen über die Rechenschaftspflicht der betreffenden Quasi-Repräsentanten. Sie variieren vom Verweis auf ‚trust' (der denn allerdings bei zuviel ‚Mißbrauch' schwinden mag; Bohmann 1996: 169) bis zur Rechtfertigung vor der allgemeinen Öffentlichkeit. Rechenschaft gegenüber den Vertretenen ist dagegen im allgemeinen nicht vorgesehen: konsequenterweise nicht, denn das wäre eine Rückbindung an selbstsüchtige Interessen.

Aus all dem folgt, daß Repräsentation in der deliberativen Konzeption mindestens so ‚judgmental', so frei und ungebunden ist wie in der empirischen. Wie oben gesehen, ist schon grundsätzlich eine „relation of identity" zwischen Repräsentanten und Repräsentierten undenkbar (Young 2000: 126), nicht zuletzt weil jeder einzelne Repräsentant eine Vielheit zu vertreten hat.

---

[73] – wie z.B. bei Peter Dienels ‚Planungszelle', einer der möglichen Konkretisierungen des deliberativen Modells. Bei den neuerdings in Mode gekommenen Mediationsverfahren wird man dagegen ‚berufen', d.h. Legislative oder Exekutive entscheiden über die Zusammensetzung.

Wo aber deliberiert werden soll, ist ein engerer Konnex zwischen beiden nicht einmal wünschbar. So mag ‚vikarisches Argumentieren' den Ausgangspunkt von Repräsentationsprozessen markieren; ihr Endpunkt ist ein ‚vikarisches Entscheiden', das nicht mehr das – wie immer ‚wohlverstandene' – Interesse der Vertretenen im Auge hat, sondern (im besten Fall) die konsensuale Problemlösung, die der Rückversicherung bei den Repräsentierten deshalb nicht mehr bedarf, weil sie ‚vernünftig' ist. Sofern solches Entscheiden in informellen deliberativen Gremien gefunden wird, haben die Vertretenen nicht einmal die Möglichkeit, durch Nicht-Wiederwahl – also durch Rücknahme der Autorisierung – ihre Pseudo-Vertreter zu sanktionieren. Wir stehen hier vor einem merkwürdigen Paradox. Einerseits geht es der deliberativen Demokratietheorie erklärtermaßen um ein Maximum an Partizipation und Inklusivität und Nähe zum Bürger in politischen Entscheidungsverfahren; andererseits müssen aber, um der erhofften Optimalergebnisse der Deliberation wegen, sowohl direkte Entscheidungsbeteiligung wie Mandatierung und möglichst auch die Einbeziehung von direkt Betroffenen (die sich ggf. weniger leicht überzeugen lassen als ‚Unbefangene') ausgeschlossen werden. So ist denn nicht nur Repräsentation nötig, sondern werden Formen von Repräsentation vorgeschlagen, die mangels Autorisierung und Kontrolle sich den vor-demokratischen Varianten der symbolischen oder auch der virtuellen Repräsentation annähern. Zumindest gilt dies für die dezentrale Form der deliberativen Gremien abseits des Parlaments. Da diese in den konkreteren Varianten des Ansatzes zunehmend die Aufgabe der eigentlichen Problemlösung übernehmen sollen, beim Parlament als dem einzig autorisierten Repräsentationsorgan folglich nur noch die Aufgabe der Aufsicht und kritischen Begleitung verbleibt[74], mutiert gewissermaßen auch die Kontrolle zur vikarischen: Repräsentanten kontrollieren Repräsentanten. Der Bürger bleibt von Anfang bis Ende ausgeschlossen; er darf sich nur in der Öffentlichkeit zu Wort melden, das im Zweifelsfall ungehört verhallt.

Die Basis der von der deliberativen Demokratietheorie ins Auge gefaßten – komplexen – Repräsentation darf man sich differenziert und mehrdimensional vorstellen. Da deliberative Gremien den Parlamentarismus nicht abschaffen, sondern ergänzen sollen, ist die Repräsentationsbasis einerseits territorial und ganzheitlich definiert; sie umfaßt alle Staatsbürger auf dem betreffenden Territorium. Die deliberativen Gremien dagegen werden dezentral und sektoral tätig; d.h. die Basis dieser zusätzlichen Repräsentation ist sowohl territorial (lokal) und funktional definiert, wobei das Zugangskriterium sich aus dem jeweiligen Problemzusammenhang ergibt. Unklar ist, wieweit ‚Betroffenheit' ein Kriterium ist; bei manchen Autoren scheint dies durch, andere sind eher skeptisch, und wie eben gesehen scheint es der Logik

---

74 Wie bescheiden diese Rest-Aufgaben sich ausnehmen mögen, zeigt sich an Cohen und Sabels Monitum, daß ein „second-guessing" der in deliberativen Gremien gefundenen Lösungen unangemessen wäre (1997: 336).

des Deliberationsprinzips zu widersprechen. Wie auch immer: die Abgrenzungskriterien bleiben auf der zweiten Repräsentationsschiene so unklar wie unbestimmt; eine eindeutige Zuordenbarkeit von Repräsentant und ‚constituency' entfällt. Genau genommen sind die Teilnehmer an deliberativen Zusatzveranstaltungen darum häufig keine wirklichen Repräsentanten.[75] Man glaubt dies hinnehmen zu können, weil es der ‚deliberativen Repräsentanz' eben primär auf das ‚Was' und nicht auf das ‚Wer' der Repräsentation ankommt: Ein Gremium sollte alle relevanten Problemseiten und die respektiven Informationen und Argumente versammeln, und dabei ist der Bezug zu einer personalen Repräsentationsbasis zumindest theoretisch unerheblich. Das Problem der unbestimmten, ggf. sogar unbestimmbaren Basis, oben schon mehrfach als besondere Tücke der Repräsentation angesprochen, scheint damit gelöst; jedenfalls hat man es elegant umgangen. Zugleich bietet die problemorientierte Definition einer (Pseudo-) Basis den unbestreitbaren Vorteil, von territorialen Grenzen absehen zu können. Ist eine Sachfrage von grenzüberschreitender Dimension, stellen sie für diese Art ‚repräsentativer' Problemlösung keine unüberwindliche Barriere dar.

e. Mehrheitsregel und Minderheitenrecht

I.

Ähnlich wie die Repräsentation betrat das Mehrheitsprinzip die Bühne der Demokratietheorie als ‚a matter of expediency' bzw. als praktikable Notlösung[76]: als die einfachste (und kostengünstigste) demokratietheoretisch vertretbare Entscheidungsregel. Erst im Lauf der Zeit errang es die höhere normative Weihe als *einzig* demokratisch legitime Entscheidungsregel, weil es die einzige sei, die politische Gleichheit und damit zugleich Fairness und Gerechtigkeit garantiere. Jede Abweichung von der einfachen Mehrheit (ob nach oben oder nach unten) privilegiere Minderheiten, schaffe unterschiedliche Stimmgewichte und verstoße folglich gegen die Gleichheitsnorm. Indessen implizieren Mehrheitsentscheidungen stets insofern ‚Herrschaft', als sich die Überstimmten der gegen ihren Willen getroffenen Entscheidung zu unterwerfen haben. Denkt man Demokratie vom Postulat größtmöglicher individueller Selbstbestimmung her, ist die Mehrheitsregel darum hochproblematisch. Die konstitutionelle Ökonomie (z.B. Buchanan/Tullock 1971; Brennan/Buchanan 1985) folgert daraus, daß Einstimmigkeit die einzige demokratisch legitime Entscheidungsregel sei – zumindest dann, wenn es um grundlegende Entscheidungen gehe. Hinzu komme, daß „all less-than-una-

---

75 Und das ist genau das, was an der Zusammensetzung von Mediations-Gremien in der politischen Realität vielfach kritisiert wird.
76 „Das Mehrheitsprinzip ist ... keine Legitimierungsweise, sondern eine Verlegenheitslösung." (Luhmann 1975: 196).

nimity decision-making rules can be expected to lead to nonoptimal decisions by the Pareto criterion" (Buchanan/Tullock 1971: 95).

In der Tat sind Zweifel erlaubt, ob die Mehrheitsregel so fair ist wie die gängige Auffassung unterstellt. Versteht man kollektive Entscheidungen nicht schlicht und abstrakt als ‚Schluß der Debatte', sondern im materialen Sinn als ‚social choice', und Entscheidungsregeln folglich als Regeln zur Aggregation von Präferenzen, kommt man (wie oben bereits angemerkt; II.3.c.) rasch zu der Einsicht, daß das Mehrheitsprinzip keinerlei Garantie für optimale, faire, gerechte oder auch nur konsistente Resultate liefert. Ihre Ergebnisse sind ‚Artefakte' und nicht notwendigerweise das, was die Mehrheit der Individuen wirklich will (Riker 1982: 115): „The choice lacks meaning" (ebd.: 136). Obendrein bedeutet die Mehrheitsentscheidung, wie Buchanan und Tullock mathematisch nachzuweisen versuchen (1971: 221), nicht einmal zwingend, daß die Mehrheit (was auch immer damit impliziert sein mag) sich durchsetzt. Im Repräsentativsystem führt die durchgängige Geltung der einfachen Mehrheitsregel vom Wahlkreis bis zum Parlament *de facto* vielmehr zur Minderheitsherrschaft, nämlich zur Dominanz von 25 % + x der Wähler über den Rest, und müßte für diesen demnach unvermeidlich hohe externe Kosten produzieren.

Da sich hinter den ‚25 % + x' im allgemeinen keine identifizierbare Gruppe der Wählerschaft mit feststehenden und bekannten Präferenzen verbirgt, glauben die Anhänger des Mehrheitsprinzips den Einwand vernachlässigen zu können. Sie halten ihm die besonderen Vorzüge der ‚issue-Neutralität' und der ‚Anonymität' entgegen, die nur der Mehrheitsregel eignen: Was auch immer ihr Resultat sein mag, alle Präferenzen sind bei seinem Zustandekommen gleich gewichtig, unabhängig von der Art der issues und von der Art der Personen (Weale 1999: 129f.); oder anders ausgedrückt: jede Alternative und jede Stimme hat die gleiche Chance. Im Gegenzug kritisieren sie an den möglichen anderen Entscheidungsregeln – insbesondere der Einstimmigkeit oder den ‚super-majorities' – deren ‚Pathologien', die vom hohen Zeitbedarf und den hohen Transaktionskosten bis zu den ‚pork-barrel politics' reichen, die (über-)große Mehrheiten unweigerlich nach sich ziehen und die die Politik so intransparent wie inegalitär machen (schließlich müssen Minderheiten-Gruppen ‚bestochen' werden, um eine Super-Majorität zusammen zu bringen). Überdies begünstigen sie den Status quo, nicht zuletzt weil unter ihrem Diktat Entscheidungen häufig gar nicht erst zustande kommen (s. z.B. Scharpf 1994: 28f.).

So scheint in der politischen Praxis denn vieles für die Mehrheitsregel zu sprechen. Indessen ist sie sehr voraussetzungsvoll. Sie wird nur dann gesamtgesellschaftlich akzeptiert werden, wenn die jeweils überstimmte Minderheit darauf vertrauen kann, (a) daß die jeweilige Mehrheit ihre Position nicht dazu nutzen wird, der Minderheit unzuträgliche Lasten aufzuerlegen, und (b) daß das Blatt sich jederzeit wenden kann, d.h. die Minderheit stets die Chance hat, ihrerseits zur Mehrheit zu werden. Geltungsvoraussetzungen sind demnach ein Mindestmaß an Homogenität sowie die Existenz eines stabilen, Mehrheit und Minderheit verbindenden Basis-Konsenses innerhalb der Gesellschaft, die Abwesenheit starker soziokultureller Segmentierung und ‚struktureller Minderheiten', ein Modicum an Gleichverteilung bei der Intensität der alternativen Präferenzen und schließlich die Garantie von Jeweiligkeit und Periodizität, was ausschließt, daß per Mehrheitsentscheid irreversible Entscheidungen getroffen werden (vgl. Dahl 1989: 161; Abromeit 1984: 134f.).

Aus all dem folgt: Es gibt keine theoretisch bestimmbare, allgemeingültige ‚beste' Entscheidungsregel für die Demokratie; vielmehr ist darüber je nach der Struktur der Gesellschaft sowie nach Art der Entscheidungen, also kontextuell (und ggf. neu) zu befinden. Als zweites folgt, daß gesamtgesellschaftliche Entscheidungssysteme ohne spezielle Regeln und Mechanismen zum Schutz von Minderheiten sowie des einzelnen Individuums in den meisten Fällen nicht auskommen werden, wenn sie demokratischen Postulaten genügen wollen.

II.

So ist es wenig verwunderlich, daß zumindest einige der liberalen Klassiker sich mit dem Mehrheitsprinzip durchaus schwertaten. Dies wurde oben (II.2.b.) bereits geschildert und muß hier nicht noch einmal wiederholt werden. Selbst wo das Prinzip als solches auf wenige Bedenken stieß, war man der Mehrheit selbst gegenüber skeptisch eingestellt und bemühte sich, ihrer ‚Herrschaft' und möglicher Willkür Schranken zu setzen, um die individuelle Freiheit zu schützen.

Auch was die Haltung der empirischen Demokratietheorie zum Thema betrifft, kann ich mich hier kurz fassen. Das Mehrheitsprinzip gilt ihr unhinterfragt, wird gleichwohl nicht idealisiert. Es ist einfach, praktikabel und hat sich bewährt, punktum. Weder erwartet man von ihm, den ‚Volkswillen' darzustellen (den es nach dieser Lehre nicht wirklich gibt), noch unterstellt man ihm Optimalergebnisse im Hinblick auf die Realisierung der Wählerpräferenzen. Zwar findet sich unter dem Titel der ‚responsive rule' immer wieder die These, daß reale politische Systeme erst dann demokratisch zu nennen seien, wenn die Politik sich an den per Wahl ausgedrückten Präferenzen der Mehrheit orientiere. Doch ist damit im allgemeinen nicht gemeint, daß sich in der Wahlentscheidung tatsächlich ein – inhaltlicher – Mehrheitswille ausdrücke; eher ist die These abstrakt zu verstehen, d.h. in dem Sinne, daß die formale Autorisierung durch die Wählermehrheit die nachfolgenden politischen Entscheidungen legitimiere. Ob die Wählermehrheit mit ihnen tatsächlich einverstanden war, zeigt sich dann bei der nächsten Wahl. Demnach rechtfertigt sich das Mehrheitsprinzip nicht zuletzt dadurch, daß die betreffenden Entscheidungen grundsätzlich revidierbar sind.

Korrelat zur Mehrheitsregel ist auch in der empirischen Demokratietheorie der Schutz der Individualrechte, der der Gerichtsbarkeit zugeschrieben und also aus dem der Mehrheitsregel unterliegenden Entscheidungsbereich ausgeklammert wird. Dies soll verhindern, daß die Mehrheitsregel in Mehrheitsherrschaft resultiert. Doch gehen die Vorsichtsmaßregeln gegen eine ggf. ‚overbearing majority' nicht so weit, ihr gegenüber auch Minderheitenrechte in Schutz zu nehmen, denn das liefe ja – siehe oben – auf die Privilegierung einzelner Gruppen hinaus. Veto-Rechte gegen den Mehrheitsentscheid zumal gelten per se als undemokratisch. Mehrheitsregel und Demokratie fallen so ineins, erscheinen als identisch, ohne daß ernstlich der Beweis für die besondere demokratische Qualität und Optimalität dieser Entscheidungsregel angetreten würde.[77] Das einzige (in der Tat oft wiederholte) schlagende Argument zu ihren Gunsten ist das abstrakter und formaler Gleichheit. Indessen prämiiert – und privilegiert – eben das egalitäre Prinzip des ‚one man, one vote' in der Realität differenzierter, nicht-homogener Gesellschaften die Angehörigen der Mehrheitskultur und läßt denen, die von ihr abweichen, kaum eine politische Durchsetzungschance. Der wichtigste der von der empirischen Demokratietheorie a priori gesetzen ‚substantive values', der der Gleichheit, ist in ihrem Konzept der reinen Mehrheitsdemokratie also nicht wirklich geschützt (vgl. Gutmann/Thompson 1996: 28).

III.

Die deliberative Demokratietheorie geht mit der Frage differenzierter, wenn auch unkonkreter um. Für die formellen (Letzt-) Entscheidungsinstitutionen, namentlich für das Parlament, wird an der Mehrheitsregel im allgemeinen nicht gerüttelt, zumal sie ihrerseits „deliberativ interpretiert" werden kann (Bohmann 1996: 182) – schließlich muß sich auch die Mehrheit (der Abgeordneten) erst einmal einigen. Doch gilt die Mehrheitsregel bei weitem nicht als die einzig demokratisch vertretbare Entscheidungsregel; schon gar nicht wird ‚majoritarianism' schlichtweg mit Demokratie gleichgesetzt (vgl. Bellamy/Castiglione 2000: 75), der Einsicht folgend, daß sie in komplexen Gesellschaften eben weder Anonymität noch ‚issue-Neutralität' garantiere. Noch gar fungiere sie im Sinne umfassender Responsivität, sondern wirke vielmehr hochgradig exklusiv, indem sie ganze Gruppen permanent von der politischen Mitbestimmung ausschließe. Je nach Art der Gesellschaft bedürfe es darum ihrer Ergänzung, ggf. sogar Ersetzung durch andere Entscheidungsverfahren, als da sind Super-Majoritäten, Proportionalität und Deliberation (ebd.: 76). Veto-Rechte kommen in dieser Aufzählung nicht vor – logischerweise nicht, da sie nicht im Einklang mit dem Postulat diskursiver Einigung stehen.

---

77 Stattdessen stammen viele der – mathematischen oder logischen – Beweise für ihre *Nicht*-Optimalität aus dem Lager der empirischen Demokratietheorie selbst.

Das Stichwort ‚Inklusivität' verweist auf das eigentliche Ideal deliberativer Entscheidungsverfahren: das der Einmütigkeit. Während das Gros der Demokratietheoretiker seit ‚klassischen' Zeiten dieses Ideal für nicht praktizierbar hält, glauben die Diskurstheoretiker des Rätsels Lösung gefunden zu haben: Sofern in deliberativen Arenen bzw. Gremien Inklusivität garantiert ist, ist der deliberative Prozeß die praktische Umsetzung des Einstimmigkeitsprinzips, denn an seinem Ende steht der Konsens. Es wird sozusagen so lange diskutiert, bis alle Teilnehmer zur Einsicht in die jeweils besseren Argumente und die gerechteste Problemlösung gelangen. In der deliberativen Idealvorstellung werden Abstimmungen damit überhaupt überflüssig, womit weiteres Nachdenken über Entscheidungsregeln und Abstimmungsverfahren sich eigentlich erübrigt. Indessen ist die Situation bei tiefgreifenden, vor allem Wertkonflikten nicht ganz so einfach wie idealerweise konzipiert und Einigkeit dann häufig nicht erzielbar. Den Ausweg aus dem daraus resultierenden Dilemma bietet nun nicht etwa die Nicht-Entscheidung (was ja durchaus vertretbar wäre), sondern eine Art konjunktivischer Denkfigur: Einmütigkeit wird immer dann unterstellt, wenn der Entscheidungsprozeß „fair and open to all citizens" war „and thus includes all their publicly accessible reasons" – und wenn an seinem Ende diejenigen, die mit dem Ergebnis nicht übereinstimmen, „continue to cooperate" (Bohmann 1996: 183f., 187). Das Interessante an dieser Denkfigur ist, daß sie es gestattet, selbst das Mehrheitsprinzip zur (quasi-) Einstimmigkeit umzudefinieren. Mit dem „agreement to disagree" auf der Basis von fortdauerndem „mutual respect" sowie mit einem „second-order agreement" – insbesondere über die Nützlichkeit fortgesetzter Kooperation und über die Art der sich wechselseitig zumutbaren ‚Gründe' (Gutmann/Thompson 1996: 79, 93) – läßt sich demnach das mißliche Faktum des Überstimmtwerdens elegant umschiffen. Nur mögen diejenigen, die nicht übereinstimmen, die Lösung weniger befriedigend finden, zumal dann, wenn ihnen das ‚agreement to disagree' wiederholt zugemutet wird. Mißtrauen weckt in diesem Zusammenhang die Formel des „reasonable disagreement" (ebd.: 220), deren nicht näher expliziertes Gegenstück – das ‚*un*reasonable disagreement' – offenbar der Unvernunft der Nicht-Übereinstimmenden angelastet werden kann, was es erlaubt, über deren Vorstellungen hinwegzugehen. Das heißt aber nichts anderes, als daß auch in diesem Konzept das Problem der strukturellen Minderheit ungelöst bleibt; sie wird man dann daran erkennen können, daß sie das Kooperieren einstellt.

Doch die Zweifel am deliberativen Konzept einer im demokratischen Sinn optimalen Entscheidungsregel setzen schon früher an, nämlich an der Frage der faktisch erreichbaren Inklusivität der gedachten Diskursverfahren. Der Verdacht der exkludierenden Wirkung der Anforderungen an die Einsichtsfähigkeit und Denk- und Argumentationskultur der Teilnehmer wurde hier indessen schon mehrfach geäußert und muß an dieser Stelle nicht noch einmal eigens expliziert werden. Wenn er zu Recht besteht, stehen wir wieder einmal vor einem Paradox: dem nämlich, daß mit dem Anspruch, eine ideale

Verwirklichungsform des Einstimmigkeitsprinzips gefunden zu haben, einige Wenige – die, wie oben gesehen, nicht einmal unbedingt Repräsentanten sein müssen – die Entscheidungsrechte der Vielen auszuhebeln vermögen. Der bekannte Vorwurf der Anhänger der Mehrheitsdemokratie, jede Abkehr von der einfachen Mehrheit führe unweigerlich zu ‚undemokratischen' Ergebnissen, scheint sich damit erneut zu bestätigen. Erschwerend kommt in diesem Fall hinzu, daß die Vereinbarungen der Wenigen (wie ebenfalls oben gesehen) von den Präferenzen der Bürger systematisch entkoppelt sein sollen und folglich auch nicht mit deren unterschiedlichen Intensitäten zu rechtfertigen sind. Das Entscheidungsmodell schwebt also in der Luft. Seine Ergebnisse mögen sich an der Vernunft legitimieren – aber wer vermag schon zu beurteilen, ob der Anspruch jeweils zu Recht besteht? Ist die Tatsache, daß eine (Teil-) Einigung erzielt wird (und die Nicht-Überzeugten bei der Stange bleiben), schon ein zuverlässiger Indikator für Vernünftigkeit und Gerechtigkeit?

f. Wann sind politische Entscheidungen legitim?

I.

Dies führt unmittelbar zu der Frage, was denn eigentlich politische Entscheidungen als demokratische legitimiert: Ist es die Entscheidungsregel, die Repräsentativität der Entscheidenden, der ‚Auftrag', die nachträgliche Kontrollmöglichkeit – oder dürfen sie schon dann als legitim gelten, wenn sie ‚gut und richtig' sind oder im Einklang mit bestimmten, mehr oder weniger universellen Normen stehen?

Legitimität wird im allgemeinen mit ‚Rechtmäßigkeit und Anerkennung' übersetzt. Was hier primär interessiert, ist ‚Anerkennung' als die sozusagen aktive Komponente des Begriffs: ‚Legitimierung' erfolgt via Anerkennung seitens der Herrschafts- oder Normunterworfenen, und dies ist auf unterschiedlichen Wegen denkbar.[78] Zwischen beide Komponenten schiebt sich allerdings die ‚Anerkennungswürdigkeit' von Entscheidungen bzw. Normen (Beetham 1991: 15f.), die ihrerseits auf unterschiedlichen Gründen beruhen und überdies je nach theoretischer Perspektive einen so hohen Stellenwert erringen kann, daß die faktische Anerkennung an Bedeutung einbüßt. Bei der Frage danach, was politische Entscheidungen legitimiert, haben wir es also mit einer Doppelfrage zu tun, nämlich (1) woran bemißt sich ihre Anerkennungswürdigkeit bzw. *was* macht sie legitimierungsfähig, und (2) welche Art von (sichtbarer?) Anerkennung ist zu fordern bzw. *wie* findet Legitimierung statt.

---

78 Wenn man Legitimität definiert als die „generalisierte Bereitschaft, inhaltlich noch unbestimmte Entscheidungen innerhalb gewisser Toleranzgrenzen hinzunehmen", also auf die „Fraglosigkeit legitimer Geltung" auf der Basis eines „Grundkonsenses" abhebt (Luhmann 1975: 28f.), ist der ‚Aktivitätsgrad' dieser Komponente allerdings gering.

(1) Gründe für Legitimität und Legitimierungsfähigkeit können grundsätzlich (und wenn man von vormodernen Gründen wie dem Gottesgnadentum[79] absieht) in Verfahren, Ergebnissen (‚output') und Norm- oder Wertkonformität liegen. Politische Entscheidungen mögen zum einen anerkennungswürdig sein, weil sie auf eine bestimmte Weise zustande gekommen sind. Dies kann sich in der schlichten (formalen) Rechtmäßigkeit erschöpfen, kann aber auch darüber hinausgehen, indem z.b. besondere Qualifikationsmerkmale wie Inklusivität, Diskursivität o.ä. hinzuaddiert werden. Zum zweiten mögen sie anerkennungswürdig sein, weil sie bestimmte wünschbare Ergebnisse produzieren: das Wohl Aller mehren, ein unabweisbares Problem lösen, der Nation aus der Klemme helfen, u. dgl.. Dabei sehen manche Probleme derart drängend aus, daß es legitim erscheinen mag, um ihrer Lösung willen von der Einhaltung sonst vorgeschriebener Verfahren abzusehen. Aber Entscheidungen mögen, zum dritten, erst dann als anerkennungswürdig gelten, wenn sie im Einklang mit bestimmten, allgemein geteilten Werten stehen, z.B. mit dem Gebot der Gerechtigkeit oder mit Glaubensgeboten, oder auch wenn die Entscheidungsgründe „wahrheitsfähig" und die in die Entscheidung eingeflossenen Interessen „verallgemeinerungsfähig" sind (Habermas 1973: 153ff.). Diese Variante erlaubt zwar nicht unbedingt den Verzicht auf die Einhaltung der nötigen Verfahren, macht aber wie schon die zweite (und wie gleich zu sehen sein wird) ggf. den Verzicht auf den Nachweis faktischer Anerkennung ‚legitim'.

(2) Bei der Frage nach dem ‚Wie' der zu fordernden Anerkennung ist die Bandbreite größer; zwischen ‚stillschweigender' Akzeptanz am einen Ende der Skala und expliziter Zustimmung am anderen versammelt sich eine ganze Reihe von Möglichkeiten. Schon bei Locke findet sich die Variante, daß stillschweigende Zustimmung (zum Herrschaftssystem als solchem wie zu Einzelentscheidungen) stets dann vorliegt, wenn der Bürger im Land bleibt und sich dort weiterhin seines Eigentums erfreut (s.o., II.2.b.). Nicht-Auswandern oder auch Nicht-Rebellion wären demnach ein (schwacher) Indikator für Anerkennung. Stillschweigende Akzeptanz mag auch unterstellt werden, wenn die Bürger die betreffende Norm tatsächlich befolgen (‚compliance'). Empiriker sprechen gern von ‚diffuser' und ‚spezifischer' Unterstützung[80] – das eine eine schwächere, das andere eine stärkere Form von Anerkennung –, die per Meinungsumfragen ermittelt werden kann. Anerkennung oder Nicht-Anerkennung kann sichtbar werden im Wahlverhalten: Die Bürger autorisieren Entscheidungsträger und machen durch Wieder- bzw. Nicht-Wiederwahl deutlich, ob sie deren Entscheidungen akzeptiert haben. Die deutlichste (stärkste) Form der Anerkennung liegt zweifellos in der expliziten Zustimmung der Normadressaten. Das ‚explizit' könnte allerdings dann als überflüssig erachtet werden, wenn die Norm so aussieht, *als ob* alle Norm-

---

79 Oder gar der ‚Zoologie', die Marx zufolge das ‚Geheimnis des Adels' ausmacht.
80 Oder auch von Zwischenformen beider Varianten; s. z.B. Westle 1989.

unterworfenen ihr zugestimmt haben *könnten*. Die Krücke des ‚als ob' entfällt, wenn die Bürger die Möglichkeit haben, Nicht-Anerkennung durch Widerspruch sichtbar kund zu tun. Insofern scheint die Abwesenheit solchen Widerspruchs die eindeutigste Art demokratischer Legitimierung: Sie läßt keinen Raum für Zweifel. Doch auch sie mag überflüssig werden, wenn – sozusagen im demokratischen Idealtyp – das Was und das Wie der Legitimierung in einen Prozeß zusammenfallen: in Verfahren, die sicherstellen, daß die Normadressaten am Zustandekommen der Entscheidung hinreichend beteiligt sind. Und das ist der eigentlich demokratische Sinn der ‚Legitimation durch Verfahren'.

Ob die schwächeren Formen der Legitimierung die gewünschte Wirkung entfalten, hängt im übrigen von bestimmten Bedingungen ab, deren wichtigste die der Homogenität ist. In der europäischen Demokratiedebatte wird, wie oben gesehen (I.1.), gern behauptet, daß die europäischen Gesellschaften zu heterogen seien, um ‚input-Legitimierung' zu gestatten (mit der dann im allgemeinen entweder die ‚Autorisierungs'-Variante oder der ‚demokratische Idealtyp' gemeint sind), weswegen europäische Politik sich allein über ihren output (selbst) zu legitimieren habe. Doch genau umgekehrt wird ein Schuh daraus. Nur in einer homogenen Gesellschaft kann ‚effektive Problemlösung' mit der stillschweigenden Akzeptanz rechnen, die die These der output-Legitimierung ebenso stillschweigend unterstellt. Nur dort, wo Konflikte nicht sehr tief gehen und die Vorstellungen der Bürger nicht zu weit auseinander liegen, können sich die Erwartung gerechter Lösungen und das nötige Vertrauen in die politischen Eliten entwickeln, die die (nur scheinbare) Selbst-Legitimierung problemlösender Politik ermöglichen. In einer heterogenen, stark segmentierten Gesellschaft dagegen ist schon die Problemwahrnehmung nicht einheitlich, von der Bewertung der je angebotenen Lösungen ganz zu schweigen, und herrscht Mißtrauen vor. Hier wird explizite input-Legitimierung also unverzichtbar (s. dazu u., III.1.b.). Die zweite wichtige Bedingung ist die des Vorhandenseins von Exit-Optionen oder vergleichbaren Ausweichmöglichkeiten. Wo diese fehlen, verbietet es sich, auf stillschweigende Zustimmung zu schließen.

II.

In den Augen der liberalen Klassiker ist politische Herrschaft nur dann legitim, wenn sie auf der Zustimmung der Bürger beruht. Diese kann jedoch auch als fiktiv, nämlich (unter bestimmten Bedingungen) stillschweigend gedacht werden. Was die Legitimität politischer Entscheidungen betrifft, sind die Vorstellungen ambivalent; sie oszillieren zwischen verschiedenen Kombinationen von Verfahren (repräsentativ; direkt; ‚ausbalanciert') und qualitativen Anforderungen: Anerkennungswürdig sind Gesetze, unabhängig von der wie auch immer erfolgten Zustimmung durch das Volk oder seine Repräsentanten (bzw. deren jeweilige Mehrheit), erst dann, wenn sie vernunftgemäß sind, keine selbstsüchtig-partikulären Interessen begünstigen, den Schutz von Freiheit und Eigentum des Individuums nicht verletzen, mit dem ‚Gemeinwillen' (der mit dem Mehrheitswillen bekanntlich nicht notwendigerweise identisch ist) im Einklang stehen.

Die empirische Demokratietheorie kommt weitgehend ohne solche qualitativen Bestimmungen der Anerkennungswürdigkeit von Entscheidungen aus. Der Akzent liegt hier nahezu ausschließlich auf der Autorisierung: Was immer auf Grund der Autorisierung der Entscheidungsträger durch eine Wählermehrheit politisch entschieden wird, hat (mit wenigen konstitutionellen Ausnahmen) zunächst grundsätzlich die Vermutung der Legitimität für sich, wobei nicht angenommen wird noch werden kann, „that the electorate is right" (Riker 1982: 10). Das Pendant der Autorisierung ist allerdings die ‚public accountability'; d.h. die zweite Legitimitätsbedingung ist die, daß die Bürger die Möglichkeit haben, die Entscheidungsträger nachträglich zur Rechenschaft zu ziehen. Sowohl Legitimierung wie Legitimationswürdigkeit folgen allein aus Verfahren: parlamentarischen Verfahren, die Kontrolle garantieren, und dem zentralen Verfahren der periodischen Wahl, die dem Bürger erlaubt „to throw the rascals out". Für die Einzelentscheidungen zwischen den Wahlen wird bis zum Beweis des Gegenteils (bei der folgenden Wahl) ‚diffuse Unterstützung' unterstellt. Dieses rein prozedurale Legitimationskonzept kennt nur eine einzige Einschränkung: Illegitim ist, was die Stabilität des Ganzen gefährdet.

Im Gegensatz zur empirischen ist für die deliberative Demokratietheorie nicht automatisch legitim, was im Namen einer Bürgermehrheit (ob per Autorisierung oder direkt) entschieden wird. Hier muß die begründete „Vermutung der Vernünftigkeit" hinzukommen (Habermas 1994: 368). Anerkennungswürdigkeit und faktische Anerkennung fallen auseinander; ist die erstere nicht gegeben, ist die zweite wertlos. Überdies ist faktische Zustimmung im Zweifelsfall weniger bedeutsam als die Gründe es sind, unter denen sie erfolgt. Das erlaubt zugleich die ‚als ob'-Konstruktion: Politische Entscheidungen, sofern in der Sache anerkennungswürdig, können schon dann legitim sein, wenn die Entscheidungsgründe allgemein zustimmungs*fähig* sind.[81] Ob dies – oder auch beides – der Fall ist, vermag ggf. ein weiser Philosoph oder Sozialwissenschaftler festzustellen; doch wird angenommen, daß sich die Zustimmungsfähigkeit von Gründen im öffentlichen Diskurs von allein erweist. Insofern spielen auch in diesem Konzept Verfahren eine zentrale Rolle: Diskursverfahren nämlich, deren konkrete Ausgestaltung indessen diffus und nebelhaft bleibt. Gewiß ist allein, daß sichergestellt sein muß, daß alle relevanten Entscheidungsgründe ‚öffentlich zugänglich' sind (Boh-

---

81 Die allgemeine Zustimmungsfähigkeit dürfte zumeist mit der prinzipiellen Anerkennungswürdigkeit zusammenfallen. Doch scheint mir zumindest denkbar, daß beides nicht zwingend identisch ist, daß also zustimmungsfähig erscheint, was nicht wirklich dem Vernunftgebot entspricht.

mann 1996: 183) und daß zwischen ihnen – in welcher Form auch immer – ein Austausch stattfindet, der in ‚shared reasons' mündet.

Politische Herrschaft wie politische Entscheidungen sind folglich dann legitim, „when the exercise of state power is supported by considerations acknowledged as reasons by the different views endorsed by reasonable citizens, who are understood as equals." (Gutmann/Thompson 1996: 224). Dies ist zugleich die Demokratiedefinition der deliberativen Demokratietheorie (ebd.: 222). Aber Demokratie und Legitimität fallen in allen hier betrachteten Demokratietheorien ineins; nur liegen das jeweilige Demokratieverständnis und die Vorstellungen über die Anerkennungswürdigkeit so weit auseinander, daß die einen die jeweils anderen für nicht-demokratisch halten können.

g. Partizipation und Prozedur

I.

Beide *mainstream*-Varianten der modernen Demokratietheorie bauen zwecks Legitimierung politischer Herrschaft ganz wesentlich auf Verfahren. Um so mehr muß erstaunen, daß die eine von ihnen ‚prozedural' nicht nur genannt, sondern gar gescholten wird, während die andere sich das Prädikat ‚substantive' an die Fahnen heftet. Das verweist auf die unterschiedliche Zwecksetzung der ins Auge gefaßten Verfahren. Zugleich kommt kein Konzept von Demokratie ohne eine Vorstellung davon aus, wie die Bürger an politischen Entscheidungen zu beteiligen sind; ‚garantierte' Beteiligung wiederum bedarf geregelter Verfahren. Partizipation und Prozedur sind aufs engste verknüpft; und insofern ist *jede* Demokratietheorie zwangsläufig ‚prozedural'.

Wie immer Verfahren im einzelnen ausgestaltet sein mögen: Sie sind Mittel zu einem bestimmten Zweck und folglich danach zu beurteilen, inwieweit sie tatsächlich tauglich sind, den anvisierten Zweck zu erfüllen. Im Folgenden soll knapp skizziert werden, welche Beteiligungsverfahren jeweils vorgesehen sind; worauf sie abzielen und wem sie nützen und ob das eine mit dem anderen kompatibel ist; und welche Grenzen ihnen ggf. gesetzt sind. Darüber hinaus ist zu prüfen, wie das jeweilige demokratietheoretische Konzept mit möglichen Defiziten von Beteiligung unter den gegebenen bzw. vorgestellten Verfahrensbedingungen umgeht, wobei solche Defizite sowohl quantitativer wie qualitativer Natur sein können.

II.

Der empirischen Demokratietheorie wird gern vorgehalten, daß sie der Partizipation der Bürger nur eine minimale Rolle zuweise; „Indeed, ... a prominent feature of recent theories of democracy is the emphasis placed on the dangers inherent in wide popular participation." (Pateman 1970: 1) In der Tat sieht das Konzept höchst eingeschränkte Möglichkeiten und Verfahren der

Beteiligung vor – genau genommen nur ein einziges: das der Wahl der politischen Entscheidungsträger. Dieses *eine* Verfahren ist indessen so eminent wichtig, daß seine Abwesenheit oder sein Nicht-Funktionieren gleichbedeutend mit Nicht-Demokratie sind. ‚Meaningful elections' sind das primäre Definitionsmerkmal von Demokratie; und ‚meaningful' heißt, daß die vom Wähler zu treffende Auswahl tatsächlich die Regierungszusammensetzung beeinflußt, einen Regierungswechsel herbeizuführen imstande ist und idealtypischerweise auf der Basis solcher Informationen erfolgt, die dem Wähler gestatten, eine sinnvolle Beziehung zwischen (vergangenem und geplantem) Regierungshandeln und der eigenen Präferenzstruktur herzustellen. Die primäre Zwecksetzung des zentralen Verfahrens ist also die Auswahl, Autorisierung und Sanktionierung des Führungspersonals; seine sekundäre, wenn auch (je nach Theorievariante) durchaus nicht nebensächliche Zwecksetzung ist die gewissermaßen nachträgliche Bindung des Regierungshandelns an die Mehrheitspräferenzen: Die Regierung, die diese konsequent und sichtbar ignoriert, wird abgewählt. Insofern beide Zwecksetzungen erfüllt sind, nützt das Verfahren sowohl den Wählern als auch den Politikern, denen es per Autorisierung ein hohes Maß an Handlungsfreiheit zwischen den Wahlen einräumt.

Um die Zwecksetzungen zu erfüllen, müssen indessen etliche Randbedingungen gegeben sein. Hierzu gehört als erste eine bestimmte Struktur des Parteiensystems: In Vielparteiensystemen z.B. setzen geänderte Wahlentscheidungen sich häufig gerade nicht in Regierungswechsel um, sondern bestenfalls in interne Machtverschiebungen; Regierungswechsel finden ggf. auch zwischen den Wahlen als Folge interner Rivalitäten und unabhängig vom ausdrücklichen Wählerwillen statt. Eine weitere Bedingung ist das Vorliegen von Parteienkonkurrenz, was sowohl die inhaltliche Abgrenzung der Parteien voneinander wie ‚kompetitives' Elitenverhalten impliziert. Weder bei Ununterscheidbarkeit der Parteien noch bei dauerhaften (formellen oder informellen) Großen Koalitionen könnten Wahlen dem Kriterium der ‚meaningful elections' genügen. Am problematischsten dürfte die Bedingung der ausreichenden Wählerinformation sein. Von vielen Autoren wird sie zwar als gegeben unterstellt, doch halten Schumpeter ebenso wie die meisten Wahlforscher sie für unrealistisch, während Downs theoretisch nachweist, daß auf Grund der Eigeninteressen und der Nutzen-Kosten-Kalküle der Politiker *und* der Wähler mit zureichender Information/Informiertheit bestenfalls im Ausnahmefall zu rechnen ist. So vermag das zentrale Verfahren zwar unter bestimmten Bedingungen seine primäre Zwecksetzung zu erfüllen, erweist sich im Hinblick auf den sekundären Zweck indessen als nur begrenzt tauglich. Es nützt folglich der einen Akteursgruppe (den Gewählten) mehr als der anderen.

Andere Beteiligungsverfahren sind aber nicht vorgesehen, weil sie dem übergeordneten Zweck der Systemstabilität ebenso wie dem Postulat effizienten Regierens im Wege stehen. Verfahren werden in diesem Konzept grundsätzlich daraufhin entworfen – und bewertet –, Systemziel (Stabilität) und demokratisches Ziel (ein Modicum an Selbstbestimmung) in Einklang zu bringen; da zwischen ihnen ein Überordnungsverhältnis besteht, ist die Bandbreite vertretbarer bzw. zulässiger Verfahren äußerst schmal. Die Grenzen sind eng gezogen: Jede Art der Beteiligung, die die Stabilität gefährden oder auch Einmischung ins Regierungshandeln ermöglichen könnte, fällt aus dem Rahmen.

Angesichts dieser Rangordnung dürfte der empirische Ansatz wenig Probleme mit qualitativen wie quantitativen Defiziten der Beteiligung haben. Qualitative Defizite spielen (wie nun schon mehrfach festgestellt) in der Tat keine Rolle; die Wähler müssen weder mündig noch rational noch moralisch etc. sein. Anders verhält es sich dagegen mit quantitativen Erfordernissen. Da (wie eben gesehen) die Legitimität der jeweiligen politischen Führung allein an ihrer Autorisierung durch die Wählermehrheit hängt, kann nachlassende Wahlbeteiligung nicht anders denn als Legitimitätsentzug für das Gesamtsystem interpretiert werden. Ein Mindestmaß an Wahlbeteiligung (über dessen Schwellenwert man sich allerdings nicht einig ist) gilt zugleich als ein wesentlicher Stabilitätsfaktor, was die ‚Fetischisierung' der – ggf. inhaltsleeren – Beteiligung (Habermas et al. 1961: 15) in realen parlamentarischen Demokratien erklärt. Ein kniffliges Problem tut sich hier auf: Um seiner Stabilität willen ist das System auf Beteiligung angewiesen, und aus dem gleichen Grund muß die Beteiligung nach Art und Inhalt in engen Grenzen verbleiben.

III.

Ist Partizipation wirklich per se wünschbar? In der Kritik an der partizipatorischen Demokratietheorie der 70er Jahre heißt es z.B., „it is not at all clear that participation is of much importance from a moral point of view", nicht zuletzt weil „decisions made with the participation of all those affected will not necessarily be acceptable to all those who participated", sondern ganz im Gegenteil die Konflikte unter ihnen verschärfen können (Nelson 1980: 40f.); und ohnehin folge aus breiter Entscheidungsbeteiligung „by no means ... that each person will be able to control his own destiny." (ebd.: 41). Aber individuelle Selbstbestimmung ist offenkundig nicht der alleinige, ggf. nicht einmal der primäre Zweck von Beteiligungsverfahren. Ist sie in der empirischen Demokratietheorie mit Erfordernissen von Systemstabilität und Regierungseffizienz zu diskontieren, so in der deliberativen mit den Postulaten ‚guter' Politik und am ‚common good' orientierter, vernunftgemäßer Normsetzung. Die unterschiedliche Doppel-Zwecksetzung verlangt nach unterschiedlichen Verfahren. So zentral wie das Wahlverfahren in der einen sind Diskursverfahren in der anderen Variante, womit die denn aber vor dem Dilemma steht, daß Deliberation als solche *prima facie* nur schwer mit hoher Beteiligung zu vereinbaren ist (vgl. Bohmann 1998: 28; Elster 1998: 109).

Des Rätsels Lösung ist die Kombination mehrerer Verfahrenstypen, die zwar grundsätzlich sämtlich deliberativ sein sollen, aber auf unterschiedlichen Niveaus und mit unterschiedlicher Breite der Beteiligung. Ergebnis ist (lt. Bohmann 1998: 193, 172ff.) ein „dualistisches" oder „two-track model", das sich bei genauerer Betrachtung allerdings als ‚three-track model' entpuppt. Sozusagen auf unterster Ebene steht der öffentliche Diskurs, in dem zivilgesellschaftliche Akteure, ‚voluntary associations' etc. in so informelle wie unbeschränkte Kommunikation miteinander treten und zu dem ein jeder – jede Meinung, jede Problemsicht – Zugang hat. Auf einer höheren, halb formellen, halb informellen Ebene sind deliberative Gremien angesiedelt, in denen Experten sowie Vertreter verschiedener Problemsichten sich mit verallgemeinerungsfähigen Gründen gegenseitig überzeugen (und auf diese Weise Konflikte eben gerade nicht verschärfen, sondern lösen). Hier gibt es zwar Beteiligung, doch bleibt offen, wie sie zustande kommt. Auf der obersten Ebene schließlich finden sich die formal institutionalisierten Entscheidungsgremien, die, per Wahlverfahren autorisiert, sich mit den auf der zweiten Ebene erarbeiteten Problemlösungsofferten auseinanderzusetzen haben. Hier wie dort besteht der Zwang zur Rechtfertigung vor der allgemeinen Öffentlichkeit, so daß im Modell alle Ebenen und Verfahrenstypen aufs schönste verkoppelt sind. Zudem ist das „Zusammenspiel unterschiedlicher Formen von Demokratie" in der Weise „aufzubrechen und zu prozessualisieren", daß sie stets ‚reflexiv' aufeinander bezogen bleiben (Schmalz-Bruns 1995: 161)

Der Zweck der komplexen Übung, die unter dem Motto einer „metapolitischen Radikalisierung partizipatorischer Demokratie" steht (ebd.), ist es zum einen, den Anspruch auf Partizipation „mit den Anforderungen einer problem- und ergebnisbezogenen, oft expertiseabhängigen Politik zu verbinden" (ebd.). Ihr weiterer Zweck ist der, die individuellen (und Gruppen-) Präferenzen so zu transformieren, daß sie untereinander und mit dem ‚common good' verträglich, wechselseitig zumutbar, verallgemeinerungs- und konsensfähig werden. Der erwartete Nutzen liegt zunächst in den problemadäquaten Ergebnissen. Vom Individuum her betrachtet, besteht er definitiv nicht darin, den Individuen die politische Umsetzung ihrer Präferenzen zu erlauben, sondern vielmehr darin, die Bürger (in Umkehrung des bekannten Schumpeter-Diktums) auf eine ‚höhere Stufe der gedanklichen Leistung' zu führen. Ob die vorgestellten Verfahren zu beidem in der Tat tauglich sind, ist schwer zu beurteilen, da sie im allgemeinen nicht wirklich konkretisiert werden. Aufgeführt werden allein die kognitiven Anforderungen an die Teilnehmer sowie abstrakte Voraussetzungen für das Gelingen deliberativer Prozesse, zu denen Inklusivität, Gleichheit und wechselseitige Respektierung, Kooperationsbereitschaft und Problemlösungsorientierung zählen und schließlich – nicht zu vergessen und nicht zuletzt, um die letzten beiden Voraussetzungen ggf. erzwingen zu können – die Anwesenheit einer neutralen Instanz. Soweit ersichtlich, gibt es Garantien weder für die generelle Realisierbarkeit der Voraussetzungen noch auch dafür, daß selbst ihr Vorliegen generell zu den erwünschten Ergebnissen führt. Zwar wird große Hoffnung auf die segensreiche Wirkung von Öffentlichkeit gesetzt, vor der sich alle Akteure, Beteiligte und Positionen rechtfertigen müssen. Indessen findet sich gelegentlich das Monitum, daß gerade das freie Argumentieren und die Bereitschaft, sich überzeugen zu lassen, nicht-öffentlich besser gedeihen: „secrecy ... enhances the quality of whatever deliberation takes place." (Elster 1998: 110).

Der Prozeduralismus der deliberativen Demokratietheorie läßt sich in den Satz zusammenfassen, daß Verfahren (und Institutionen) „should be arranged so as to provide opportunities and incentives for officials and citizens to engage in moral reasoning." (Gutmann/Thompson 1996: 358). Aus dem Grundprinzip folgen Grenzen für die Beteiligung: Alle Verfahren, die dies ausschließen – zu denen z.B. alle Varianten der direkten Beteiligung von Betroffenen ebenso gehören wie Verfahren, die auf interessengeleitetes ‚bargaining' abzielen – mögen zwar zulässig sein, gelten aber als nicht wirklich legitim. Qualitative, kognitiv-moralische Defizite der Beteiligung sind in dem Konzept doppelt desaströs, nämlich sowohl für den einzelnen als auch für das Entscheidungssystem insgesamt. Wer den kognitiven Anforderungen nicht genügt, gar ihnen nicht genügen will, verwirkt letztlich seinen Partizipationsanspruch[82]; und Entscheidungen, die auf dem Weg defizitärer Beteiligung erreicht worden sind, sind weder legitim noch demokratisch.

So ist denn in beiden (modernen) demokratietheoretischen Varianten Partizipation als Definitionsmerkmal von Demokratie mittels der für sie konzipierten Verfahren entscheidend relativiert.

4. Demokratie, Staat und Grenze: ein vorläufiges Fazit

Nachdem ich nun den Stand der modernen Demokratietheorie, so gut es geht, auf Antworten zu den ‚ungelösten Fragen' der europäischen Demokratiedebatte durchforstet habe, steht die generelle Frage zur Beantwortung an, ob es, diesem Stand zufolge, möglich ist, Demokratie jenseits der Nationalstaaten, also postnational und ‚teil-entgrenzt', überhaupt auch nur zu denken. Etwas spezifischer formuliert, läßt die Frage sich zuspitzen zu der, auf welche – begriffsnotwendigen? – Elemente von Demokratie verzichtet werden muß, wenn man sich daran machen will, sie als postnationale zu konzipieren. Oder anders herum formuliert: Welche Anpassungsleistungen muß die Demokra-

---

82 – auch wenn Habermas (1994: 393) die Anforderungen nicht als Restriktion verstanden wissen will. Wie das dann praktisch aussehen kann, ist indessen schwer vorstellbar.

tietheorie erbringen, damit ihre Konzepte im Hinblick auf postnationales Regieren ‚kontexttauglich' sind? (Wolf 2000a: 153ff.).[83]

I.

In beiden theoretischen (*mainstream-*) Lagern findet sich zunächst die Auffassung, daß Demokratie im Zeitalter der Globalisierung grundsätzlich und aus normativen Erwägungen nicht auf den Nationalstaat beschränkt bleiben dürfe. „Ideally ... inclusive democracy refuses exclusive sovereign borders"; „the nation-state is an inappropriately exclusive political form, and ... inclusive politics in our world normatively requires a more open system" (Young 2000: 9, 13). Das Ideal, demzufolge die demokratische Qualität eines kollektiven Entscheidungssystems nicht allein danach zu bemessen ist, ob es "democratic in relation to its own demos", sondern *auch* daran, ob es „democratic in relation to everyone subject to its rules" ist (Dahl 1997: 116), erfordert zwingend die ‚dritte Transformation' der Demokratie (Dahl 1989: 320), weil kollektive Entscheidungen zunehmend im trans- oder supranationalen Raum getroffen werden. Folglich kann „the idea ... of a self-determining collectivity ... no longer meaningfully be located within the boundaries of a single nation-state alone." (Held 1998: 21) Doch gehen darüber, welche Konsequenzen das Prinzip als solches für die Konzeptualisierung von Demokratie zeitigt, die Meinungen ziemlich weit auseinander. Um nur einige Varianten zu nennen: Das ‚Binnen'-Konzept von (nationalstaatlicher) Demokratie muß sich in der Weise ändern, daß auch die Belange von Nicht-Dazugehörigen mitreflektiert werden (Young 2000: Kap. 7); die „democracy inside nations" ist um den Aspekt einer „democracy among states" zu ergänzen (Archibugi 1998), das Konzept der Demokratie also mit einem umfassenden Konföderations-Konzept zu verknüpfen (Held 1998; Archibugi 1998); die überkommenen Vorstellungen von Repräsentation und Verantwortlichkeit sind grundlegend zu revidieren (– aber wie?) (Held 1991); die ‚Weltbürger' als Normadressaten müssen ‚irgendwie' auch global repräsentiert sein (Held 1998; Archibugi 1998); neue Akteure wie die NGOs rücken als Repräsentanten einer globalen Zivilgesellschaft in die zentrale Position einer globalen Demokratietheorie (fast schon ‚herrschende Meinung' ...); das Postulat demokratischer Selbstbestimmung wird zur Forderung von ‚Nicht-Dominanz' modifiziert, womit der

---

83 Der Kontext, den Wolf ins Auge faßt, ist weniger auf supranationale Politien als auf internationale Regime gemünzt. Die Anforderungen, die er aus den Merkmalen dieses spezifischen Kontextes für Demokratisierungsvorschläge ableitet, sind der ‚ausbalancierte Legitimationsmodus', die ‚funktionale Differenzierung' und der ‚horizontale Politikstil' (ebd.: 155). Wie weiter unten zu sehen sein wird (III.1.b.), unterscheidet sich Wolfs Art der Kontextualisierung von der hier erarbeiteten in einigen wesentlichen Punkten, was nicht zuletzt daraus resultiert, daß meine diesbezüglichen Überlegungen ‚staatsnäher', da primär am *europäischen* Demokratie-Dilemma orientiert sind. Theoretisch relevant ist vor allem der Unterschied der Perspektive: die Perspektive Wolfs ist die ‚systemische', meine ist die der Entscheidungsunterworfenen.

Akzent sich von der Partizipation auf die (interne) Autonomie verlagert (Young 2000).

Aber es gibt auch das Votum, daß alles dies vergebliche Liebesmüh' sein könnte, weil die grenzüberschreitenden Angelegenheiten die Bürger im allgemeinen (und empirisch betrachtet) zu wenig interessieren, um sich einmischen zu wollen (Dahl 2000). Ebenso wie die These der Notwendigkeit transnationaler Demokratisierung findet sich nämlich die Gegenthese in beiden demokratietheoretischen Lagern (bei zugegebenermaßen unterschiedlicher Gewichtung): daß die Loslösung der Demokratie vom Nationalstaat weder machbar noch sinnvoll, ja nicht einmal wünschbar ist. Die Argumentation ist in sich so vielfältig wie über die Lager hinweg einheitlich: Die Infrastruktur, deren eine funktionierende Demokratie bedarf (vom Parteiensystem bis zur diskursiven Öffentlichkeit); das Erfordernis nicht-willkürlicher Zuweisung von Bürgerschafts-Rechten und -Pflichten; die Zurechenbarkeit kollektiver Entscheidungen zu bestimmten Akteuren; die Sichtbarkeit der Wege, auf denen Zustimmung und Widerspruch geltend gemacht werden können; das unerläßliche Minimum an Vertrauen, Loyalität und Solidarität, ohne das kollektive Entscheidungen nicht hinnehmbar sind; das Mindestmaß an geteilter Weltsicht und Problemwahrnehmung bzw. ‚Willenseinheit'; etc. – dies alles mache die Vorweg-Definition einer eindeutig abgegrenzten Einheit unverzichtbar, und deren politische Form sei nun einmal der Staat. Die eindeutigste (und einfachste!) Grenzziehung sei zudem die territoriale: die Definition des Staats*gebiets*. Wie die Demokratie nicht ohne Staat, so komme der Staat nicht ohne territoriale Grenzen aus; als „Referenzpunkt für die Ausbildung eines ‚Volkes'" (Offe 1998a: 102) seien sie die *conditio sine qua non* politischer Handlungsfähigkeit (abseits bloßer ‚negativer Koordination') wie auch jeder Demokratisierung. Der Verzicht auf solche Grenzen hätte nicht nur zur Folge, daß die Beziehungen zwischen Entscheidungsträgern und Entscheidungsunterworfenen sich systematisch im Nebulösen verlieren, daß Verantwortlichkeit im Diffusen zerbröselt, sondern hätte zugleich gravierende ‚sozialmoralische Konsequenzen'; die „Ent*grenzung* von Funktionszusammenhängen wäre ... begleitet von der (Selbst-) Ent*pflichtung* von Individuen, Gruppen, Regionen ..." (ebd.: 132) und käme somit einer gesellschaftlichen Desintegration gleich, die geradenwegs zurückführt in den Zustand der Anarchie.

II.

Unabhängig von den divergierenden Antworten einzelner Autoren aus den beiden demokratietheoretischen Schulen auf die postnationale Herausforderung scheinen die beiden Ansätze *als solche* in unterschiedlicher Weise geeignet, mit den Dilemmata umzugehen, die sich aus dieser Herausforderung ergeben. Im Kern besteht das Dilemma darin, daß jede Demokratietheorie die (in welcher Form auch immer zu sichernde) Kongruenz von Entscheidungsunterworfenheit und Entscheidungsbeteiligung postuliert, aus normativen Gründen postulieren muß, solche Kongruenz sich aber verflüchtigt bzw. nicht mehr herstellbar ist, wenn die relevanten Entscheidungen außerhalb der Grenzen fallen, innerhalb derer eine Beteiligung der Betroffenen sinnvollerweise organisiert werden kann. Wie schon oben (II.1.) resignativ angemerkt, ist es bei radikaler Entgrenzung – etwa bei funktionalen Entscheidungs-‚Regimen' im Weltmaßstab – wohl in der Tat logisch und praktisch unmöglich, einen zuverlässigen Konnex zwischen Betroffenheit und Beteiligung zu konzipieren, da die jeweiligen Zuständigkeiten nicht zu lokalisieren sind: „Whose consent is necessary, ... whose participation is justified ...? What is the relevant constituency? ... To whom do decision-makers have to justify their decisions ...?" (Held 1991: 203f.) – und an wen sollen die Adressaten sich ihrerseits jeweils wenden können? Auf keine dieser Fragen gibt es eine eindeutige Antwort; präziser: jeder denkbaren Antwort wird unweigerlich ein Moment des Willkürlichen anhaften. So sind denn Abstriche an demokratischen Postulaten unvermeidlich.

Indessen entstehen zwischen den überkommenen Nationalstaaten und der totalen Entgrenzung Zwischenformen der Institutionalisierung supranationaler Entscheidungssysteme, in denen sich Ansatzpunkte für die unerläßliche Zurechenbarkeit und Zuordenbarkeit finden lassen, wenn man nur lange genug nach ihnen sucht, ebenso wie Ansatzpunkte für die Herstellung von Näherungswerten an Kongruenz, wenn man genügend konzeptionelle Flexibilität mitbringt. Die Frage ist daher, wieviele – und welche – Abstriche auch für solche Zwischenformen zu machen sind. Und eben auf diese Frage gehen die Antworten der verschiedenen Demokratiemodelle auseinander.

Die empirische Demokratietheorie identifiziert, wie gesehen, Demokratie mit einer historisch-konkreten Form ihrer Institutionalisierung, deren wesentliche Elemente freie, gleiche und periodische Wahlen auf der Basis von Parteienkonkurrenz, die eindimensional (territorial) konzipierte Repräsentation, das Mehrheitsprinzip und die im Binnenverhältnis von Parlament und Regierung sowie über die Wahlen hergestellte ‚public accountability' sind. Ein erster Schwachpunkt im postnationalen Kontext ist die Fixierung auf Regierung und Regierungsbildung, die begriffsnotwendig Staatlichkeit voraussetzt. Des weiteren ist das Konzept insofern voraussetzungsvoll, als es nach einer ausgebildeten Infrastruktur im intermediären Bereich (Parteien, Verbände, Medien) verlangt, die grenzüberschreitend im allgemeinen nicht vorzufinden ist. In besonderem Maße gilt dies für die Anforderungen an Kohärenz und Strukturierung des Parteiensystems, dessen Loslösung von einer bestimmten gesellschaftlichen Konfliktstruktur es mutmaßlich politisch entwertet, während Verbände sich (je nach Typus) leichter an grenzüberschreitende Referenzsysteme anzupassen vermögen; unter den Medien wiederum werden nur diejenigen grenzüberschreitend relevant werden können, die sich von vornherein an Eliten und Experten wenden. Wenig voraussetzungsvoll scheint das Konzept auf den ersten Blick in Hinsicht auf den politischen Vergemeinschaftungsgrad des Demos, zumal es mit dessen weitgehender Apathie rechnet. Doch eben die läßt sich nicht mehr ohne weiteres unterstellen, wenn der Demos über die Nationalstaatsgrenzen hinaus erweitert gedacht wird. Dann nämlich werden hochdivergente (auch politische) Kulturen sowie sozioökonomische Ungleichheiten und Gegensätze aufeinanderstoßen, Konflikte also in einem Maße virulent werden, den das eher schlicht gestrickte Institutionen- und Verfahrensmodell des empirischen Ansatzes nicht mehr auffangen kann: Auf den vergleichsweise homogenen Nationalstaat ausgerichtet – in den puristischeren Versionen sogar auf den Einheitsstaat –, sind seine Konfliktverarbeitungskapazitäten begrenzt.

Den größten Stolperstein auf dem Weg zu einem postnational anwendbaren Demokratiekonzept stellt aber wohl die Fixierung auf die Mehrheitsregel dar. „Democracy requires the formation of a majority which must govern in the interest of the whole population. In excessively heterogeneous communities, it would be impossible to form a majority homogeneous enough to allow for the formation of a government." (Archibugi 1998: 206). Für die hochgradige Segmentierung, die eine multinationale, multikulturelle Gesellschaft zwangsläufig auszeichnet, ist die Mehrheitsdemokratie von vornherein untauglich; von den Zielvorstellungen der empirischen Demokratietheorie aus betrachtet noch schlimmer: bei einer derartigen gesellschaftlichen Basis wirkt die Mehrheitsregel destabilisierend, ist also kontraproduktiv. Die Demokratie schlägt sich hier gewissermaßen selbst. Auch daß das Konzept einlinig und eindimensional auf territoriale Repräsentation setzt, macht es *prima facie* für transnationale Entscheidungssysteme ungeeignet, da diese zum einen nach funktionaler Repräsentanz verlangen und zum anderen auf beiden Dimensionen die Repräsentationsbasis nicht eindeutig eingrenzbar ist. Das mag für manchen Vertreter des Ansatzes kein Problem sein, das ihm den Schlaf raubt, da Repräsentation in seiner Vorstellungswelt nicht auf Repräsentativität noch auf Beauftragung, sondern allein auf Autorisierung der – anschließend tendenziell ungebundenen – Politiker abzielt. Indessen verschafft die beliebige Autorisierung durch ‚irgendwen' keine demokratische Legitimität.

So erweist sich das empirische Modell der Konkurrenzdemokratie angesichts der postnationalen Herausforderung als ‚self-defeating'. Es bleibt eng an den Staat gebunden und kann weder mit (Teil-) Entgrenzung noch mit hoher Segmentierung der gesellschaftlichen Basis adäquat umgehen. Die Gleichung ist einfach: Wenn es keinen halbwegs homogenen Demos, kein funktionsfähiges Parteiensystem, keine identifizierbare territoriale Repräsentationsbasis gibt und wenn vor allem die Mehrheitsregel nicht anwendbar ist, dann gibt es definitionsgemäß keine Demokratie und entfällt die Möglichkeit der ‚input-Legitimierung'. So versagt das Modell auf Grund seiner institutionellen, Status quo-verhafteten Prämissen. Die ironische Pointe ist die, daß eben die Anpassung ans Gegebene einer Anpassung an neue Kontexte im Wege steht. „The pragmatists ... have sold out by adopting a definition (of democracy; H.A.) that is clearly feasible, because it looks like the status quo,

while doggedly insisting that it is still the democratic ideal" (Nelson 1980: 4)
– und dann stellt sich heraus, daß auch das aufs Machbare reduzierte Ideal
nur sehr begrenzt ‚machbar' ist.

III.

Demgegenüber ist die deliberative Demokratietheorie ein Muster an Flexibilität: weder auf den Status quo noch auf bestimmte Institutionalisierungen festgelegt. „... democratic regimes are characterised by popular forms of authorization, governance and influence. However, institutional translation of these properties ... clearly appears to be a matter of degree"; "there is no necessary list of democratic institutions and procedures that are required for people to consent to, to influence and control the decisions of their rulers." (Bellamy/Castiglione 2000: 81). Sowohl die institutionelle Unter-Definiertheit von Demokratie wie die Ergebnisorientiertheit lassen das deliberative Modell als vielseitig anwendbar erscheinen, auf unterschiedlich strukturierte Gesellschaften ebenso wie auf den postnationalen Kontext. Die Kombination von Partizipation und vernünftigem Ergebnis sowie der oben skizzierte Mix verschiedener Verfahren lassen jeweils kontextabhängige Akzentverschiebungen zu. Ist Partizipation der Vielen nicht oder nur begrenzt möglich, übernehmen die Ergebnisse die Last der Legitimierung, was dann unbedenklich ist, wenn sie diskursiv zustande gekommen, so problemadäquat wie vernunftgemäß sind und so aussehen, als ob die Vielen ihnen hätten zustimmen können, wären sie gefragt worden. Fehlt es an einer Repräsentativversammlung auf oberster Ebene oder wird deren Zusammensetzung auf Grund der ungewissen Repräsentationsbasis zum Problem, können deliberative (Experten-) Gremien an deren Stelle treten, sofern sichergestellt ist, daß dort zwar nicht alle Betroffenen, wohl aber alle Sachaspekte angemessen vertreten sind. Haben die Normadressaten selbst keinen Zugang zum Entscheidungssystem, können zivilgesellschaftliche Akteure und NGOs legitimerweise ihre Rolle übernehmen. Fehlt es allerdings an der sie alle verbindenden Öffentlichkeit, wie dies bei grenzüberschreitenden Entscheidungszusammenhängen häufig der Fall ist, haben die Diskurstheoretiker ein Problem, entfällt mit ihr doch zugleich der segensreiche Rechtfertigungszwang, der die Vernünftigkeit der Entscheidungen garantieren soll. Aber selbst dann haben die Ergebnisse eine gewisse Rationalitäts-Vermutung für sich: weil nämlich in transationalen Entscheidungssystemen nicht mit Mehrheit entschieden, sondern verhandelt wird, bis ein allseits befriedigender Konsens erzielt ist.

Viele Probleme, die sich der empirischen Demokratietheorie bei der Konzipierung von Möglichkeiten postnationaler Demokratisierung in den Weg stellen, hat die deliberative Demokratietheorie auf solche Weise mehr oder weniger elegant umgangen, doch hat das natürlich seinen Preis. Dessen eine Komponente ist ein gewisser Realitätsverlust. Der als Grundvoraussetzung für das Gelingen des deliberativen Modells postulierte ‚epistemische

Prozeduralismus' mag im Himmel der Vernunft und in Intellektuellenzirkeln zu Hause, dürfte aber in realen Entscheidungsgremien eher selten anzutreffen sein. Darüber hinaus hat er inegalitäre Konsequenzen; zumal im transnationalen Kontext beschränkt sich das Deliberieren erklärtermaßen auf Eliten-Veranstaltungen. Die zweite Komponente ist die, daß ‚unterwegs über die Grenzen' die Individuen und ihre Bedürfnisse aus dem Blickfeld geraten: Sie kommen in den postnational inspirierten Varianten des Konzepts gar nicht mehr vor. Mit ihren Partizipationsansprüchen werden sie vorzugsweise auf die lokale Ebene verwiesen; daß sie sich auch transnational zur Geltung bringen, ist nicht vorgesehen.

Auch so lassen sich die Dilemmata postnationaler Demokratie umschiffen. Ein Problem bleibt gleichwohl ungelöst: das des Demos. Da er konzeptionell nicht vorweg nationalstaatlich eingegrenzt ist (zumindest bei einer Reihe von Autoren nicht) und keine expliziten Homogenitäts-Postulate erhoben werden, scheint auf den ersten Blick auch hier Flexibilität obzuwalten. Doch der erste Eindruck täuscht, denn die Bedingung kultureller Homogenität schleicht sich hinterrücks über die kognitiven, ‚epistemischen' und moralischen Anforderungen an die deliberierenden Akteure wieder ein (s.o. II.3.b., c. Abschnitt IV.). So mag das Modell zwar grenzüberschreitend anwendbar sein, aber nur bis zu einem gewissen Grade; es versagt gegenüber kultureller Segmentierung dann, wenn sie auch Sprach- und Denkkulturen umfaßt.

IV.

Was also bliebe beim Versuch einer Transnationalisierung der jeweiligen Demokratiemodelle auf der Strecke? Die Antwort kann sehr kurz ausfallen: im einen Fall ist es die Demokratie selbst, im anderen der individuelle Anspruch auf Beteiligung und Selbstbestimmung. Dem einen Konzept zufolge ist Demokratie post- bzw. überstaatlich schlicht unmöglich, dem anderen zufolge nur als eine Art Surrogat-Demokratie. ‚Input-Legitimierung' wäre folglich entweder völlig unmöglich oder aber nur auf eine Weise, die vom Erfordernis der Zustimmung seitens der Entscheidungsunterworfenen – der Bürger – abgelöst ist. Auf die Frage nämlich, was ein postnationales Entscheidungssystem schließlich zu legitimieren vermag, haben beide Konzepte gleichwohl eine Antwort parat. In dem der empirischen Demokratietheorie erfolgt Legitimierung auf dem Doppelweg der Autorisierung und der Kontrolle. Wenn die Autorisierung mittels ‚meaningful elections' entfällt, bleibt immer noch die Kontrolle – wenn auch in der reduzierten, von der Wählerbasis abgehobenen Form der horizontalen, gegenseitigen Kontrolle der verschiedenen Akteure innerhalb des supranationalen Entscheidungssystems. Die deliberative Demokratietheorie knüpft Legitimation an die allgemeine Zustimmungsfähigkeit der Entscheidungsgründe. Ihr Ausweg liegt in der ‚als ob'-Konstruktion: In diskursiven Prozessen auf der supranationalen Ebene werden die Akteure am Schluß zu Konsensen und zu ‚shared reasons' gelangen, denen auch die Bürger hätten zustimmen *können*. Beides scheint vom eingangs bezeichneten Demokratieverständnis gleich weit entfernt.[84] Das bestätigt den von Dahl (1989: 320) formulierten Verdacht, „that the third transformation (of democracy; H. A.) will lead not to an extension of the democratic idea beyond the nation-state but to the victory ... of de facto guardianship."

---

84 Damit ist allerdings nicht ausgeschlossen, daß beide Konzepte – vor allem aber das deliberative Konzept – im von Wolf (2000a: 153ff.) intendierten Sinn zumindest partiell ‚kontexttauglich' sind!

III. Ein neuer Minimalismus

1. Zweck und Maß von Demokratie

Man kann bei dieser pessimistischen Diagnose stehen bleiben; man kann den ‚Trick' Schumpeters, das (normativ unbefriedigende) Gegebene kurzerhand zur einzig machbaren Form von Demokratie umzudefinieren, erneut anwenden und also – z.B. – das Entscheidungssystem der EU zur demokratischen Veranstaltung erklären; man kann versuchen, „die Möglichkeit von Demokratie unter den gegebenen Umständen zu analysieren und neu zu denken." (Puntscher Riekmann 1998: 203) Das letztere haben sich einige Vertreter der deliberativen Demokratietheorie in der Tat vorgenommen, dabei aber, so wie es aussieht, das Kind mit dem Bade ausgeschüttet. Das Beipiel müßte abschrecken.

Im Folgenden soll Demokratie weder ‚neu gedacht' noch umdefiniert werden. Eher im Gegenteil geht es um eine Rückbesinnung auf ihren Kern, der, so die These, von den diversen im Lauf der Zeit erfolgten Anlagerungen befreit werden muß, damit die Demokratie in verschiedenartigen Kontexten einschließlich der post-staatlichen ihren Zweck erfüllen kann. Von der Demokratie wird von vielen Theoretikern wie von Bürgern zu viel erwartet (vgl. Shapiro/Hacker-Cordón 1999: 1), was nicht nur Enttäuschung bis hin zur ‚Politikverdrossenheit' nach sich zieht, sondern auch ihren wirklichen Zweck fast in Vergessenheit geraten läßt; auch innerstaatlich funktioniert das, was Demokratie genannt wird, darum vielfach nicht ‚zweckentsprechend'. Nicht eine ‚neue' Theorie der Demokratie soll also entwickelt werden, sondern eine alte wiederbelebt und flexibilisiert.

Wenn dies einigermaßen überzeugend gelingt, sollte am Ende des Unterfangens ein ‚Maß für Demokratie' stehen, das es erlaubt, unterschiedliche Entscheidungssysteme mit unterschiedlichen Institutionalisierungen demokratischer Prinzipien auf ihre demokratische Qualität hin zu evaluieren.

a. Was ist wesentlich? Ein minimalistisches Konzept

I.

Das Ganze ist ‚ein neuer Minimalismus' übertitelt; warum? Man hat sich angewöhnt, demokratischen Minimalismus mit dem Rückzug auf die Unterscheidung zwischen Singular und Plural zu identifizieren. Demokratie reduziert sich demnach auf die Chance, zwischen verschiedenen Führern (bzw. Führungscliquen) auszuwählen (Schumpeter), und damit auf die Möglichkeit, „(to) get rid of governments without bloodshed." (Przeworski 1999: 23).[1] Für solchen Reduktionismus mögen sogar gute Gründe sprechen, weil (wie Przeworski nachzuweisen versucht) es keine Garantien dafür gibt, daß mit der demokratischen Methode (die er allerdings vorschnell mit der reinen ‚electoral democracy' gleichsetzt) weitergehende normative Zielsetzungen zu erreichen sind. Andere Versionen reduzieren die Demokratie auf die Existenz irgendeiner Art von öffentlicher Kontrolle der Regierung; wieder andere auf die Gewähr von Bürgerrechten; auch ihre Definition als ‚responsive rule' kann bei genauerem Hinsehen zumeist unter Minimalismus verbucht werden.

All diese Minimal-Definitionen stellen bestimmte Institutionalisierungen in den Mittelpunkt; und all dies ist hier nicht gemeint. Gesucht wird nicht das institutionelle Minimum von Demokratie – nach dem Motto: welche Art von Praxis ist *gerade noch* mit demokratischen Postulaten verträglich? –, sondern der unhintergehbare Kern, also das normativ-definitorische Minimum, unter dem Motto: was ist essentiell, was akzidentiell? Dieser ‚andere' Minimalismus ist insofern radikal, als er keine Abstriche am normativen Kerngehalt zuläßt, sondern Abstriche allein an den Randbedingungen, qualifizierenden Elementen und vor allem bei der Vorweg-Festlegung von Verwirklichungsformen vornimmt. Radikal ist er weiterhin, indem er Vorweg-Relativierungen vermeidet, auf das ‚irgendwie' und das ‚wenigstens ein bißchen' verzichtet, wie es geradezu idealtypisch Ranney und Kendall (1956; 1969: 46) in ihrer Minimaldefinition von Demokratie vorführen: „(1) Those who hold office ... must stand ready, *in some sense*, to do whatever the people want them to do ...; (2) each member of the ‚community' ... should have, *in some sense*, as good a chance as his fellows to participate in the community's decision-making ...". ‚Radikal minimalistisch' ist das Konzept schließlich, weil es Demokratie nicht nominalistisch als Regierungs- oder Herrschaftsform versteht, sondern als Eigenschaft von kollektiven Entscheidungssystemen definiert.

---

1 „Die funktionale Bestimmung definiert Demokratie als einen Mechanismus des gewaltfreien Elitentauschs, als eine Form des Königsmords, bei dem der Mord nicht mehr durchgeführt wird." (Eder 1995: 329).

II.

Der Ausgangspunkt der Minimaldefinition ist das Individuum, und zwar nicht ein abstraktes, fiktives Individuum, das als Substrat all dessen, was den ‚guten Menschen' ausmacht, irgendwo im luftleeren Raum schwebt, sondern das konkrete Individuum, das Wünsche, Präferenzen, Interessen, Vorstellungen entwickelt – dabei von seinem sozialen Umfeld mal mehr, mal weniger geprägt wird – und dessen Bedürfnis nach Selbstbestimmung darin besteht, so leben zu können, daß es ‚nach seiner Façon selig' wird. Das kann es natürlich nicht einmal im ‚Urzustand', jedenfalls nicht, wenn man sich diesen konkret vorzustellen versucht; vielmehr steht es ständig vor der Notwendigkeit, sich mit anderen Individuen auseinanderzusetzen, mit ihnen Vereinbarungen einzugehen (‚wie du mir, so ich dir ...'). Immer dort, wo nicht nur bilaterale, sondern kollektive Entscheidungen nötig werden, führt sein Bedürfnis nach Selbstbestimmung zu dem Anspruch, an solchen Entscheidungen beteiligt zu sein. Die einzige Möglichkeit, die individuelle Selbstbestimmung in den kollektiven Entscheidungsbereich hinein zu verlängern, ist die, das Individuum am Zustandekommen der Entscheidungen, denen es schließlich unterworfen ist, die es ‚mittragen' soll, zu beteiligen und die resultierenden Kompromisse mit seiner Zustimmung zu versehen. Damit wird im übrigen nicht notwendigerweise Herrschaft begründet, sondern es wird lediglich sichergestellt, daß kollektive Entscheidungen mit den Wünschen der von ihnen Betroffenen einigermaßen konform gehen.

Der Wesensgehalt von Demokratie ist also die Beteiligung der Individuen an den Entscheidungen, von denen sie betroffen, denen sie unterworfen sind. Sie ist insofern keine Regierungsform, sondern eine Eigenschaft, die – verschiedenen – Regierungsformen, aber auch anderen kollektiven Entscheidungszusammenhängen anhaften kann. Ihr Zweck ist die Ermöglichung individueller Selbstbestimmung auch dann, wenn das Individuum nicht für sich allein steht. Der Bezug zum Individuum ist essentiell: „Democracy is ... the politics of the subject" (Touraine 1997: 12) und verfehlt als ‚subjektlos' gedachte ihren Sinn. Ebenso verfehlt sie ihren Sinn, wenn zwar das Individuum als solches, nicht aber seine Präferenzen in den Mittelpunkt gerückt werden; denn warum sollte ihm an Beteiligung gelegen sein, wenn nicht um der größtmöglichen Umsetzung seiner Vorstellungen willen? Sie mögen ‚nichtautonom' gebildet sein (s.o., II.3.c.); sie mögen sich im Prozeß der Auseinandersetzung mit den Präferenzen anderer relativieren und von ‚exogenen' zu ‚endogenen' mutieren; doch es gibt keinen Richter über ihre Authentizität, moralische Qualität und sonstige Angemessenheit, d.h. sie sind ernst zu nehmen. Vor allem sind ihnen nicht vorweg die ‚common concerns' entgegenzuhalten, denn die sind zunächst un-definiert: Sie entstehen als abstrakte aus der (jeweils individuellen) Reaktion auf Externalitäten, die den kollektiven Entscheidungsprozeß ja erst in Gang setzt, und werden im Laufe dieses Prozesses, in der Auseinandersetzung zwischen den Beteiligten, inhaltlich definiert.

Dieser Demokratiedefinition zufolge hat Demokratie nicht vorrangig damit zu tun, „how government should treat its citizens", noch aber auch damit, „how citizens can be *capable* (Hervorhebung H.A.) of self-government" (Sandel 1996: 27). Beides sind zweifellos wichtige Fragen, aber gewissermaßen nachgelagert und sekundär. Zudem verengt die erste Frage die Perspektive von vornherein auf den Staat und betrachtet Demokratie als etwas, das ‚von oben gewährt' wird, während die zweite mit dem Aspekt der Kompetenz ein Erziehungs-Projekt impliziert, das letztlich auf ‚social engineering' und also wiederum auf ein ‚top down'-Denken hinausläuft. Wie weit solches Denken die Demokratietheorie seit langem beherrscht, zeigt sich zum einen in dem verblüffenden Diktum, daß „the ideal of popular sovereignty, though it has a certain hold on us, ... is, in fact, incapable of supporting a justification of democracy" (Nelson 1980: 69), zum anderen in der Mutmaßung, daß die Idee der ‚popular rule' nur *ex negativo* gerechtfertigt werden könne, nämlich damit, „that the alternative would be worse." (Mather 2000: 21)

Offenkundig geht, wer so argumentiert, von den erwartbaren Ergebnissen demokratischen Regierens aus. Doch auch die sind in einer vom Individuum ausgehenden demokratietheoretischen Betrachtung zunächst einmal und strenggenommen sekundär. Optimal-Ergebnisse, ob dies nun effektiv problemlösendes oder vernunftgemäßes Regieren meint, könnten eine Republik der Experten und Manager oder auch eine Republik der Weisen begründen; wozu bedürften sie der Demokratie? Doch unglücklicherweise gehen die Auffassungen darüber, was die jeweils ‚richtige' und die ‚gerechte' Problemlösung ist, weit auseinander; befragt man zwei Experten, erhält man drei verschiedene Meinungen. Auch weiß man nicht, was ‚Weisheit' ist; man erkundige sich nur einmal bei den Sozialwissenschaftlern und den Philosophen. Entscheidend bleibt immer, was ‚unten', an der Basis, ankommt, und so bleibt der Bezug zu den Individuen und ihren Präferenzen unverzichtbar, unabhängig davon, wie inkompetent oder wie ‚unweise' sie sind. Die einzige Qualitätsnorm, die an Entscheidungsergebnisse anzulegen ist, ist dann die der Fairness und Gerechtigkeit, und die ist, der oben dargelegten Definition folgend, wiederum allein prozessual zu bestimmen: ‚Ungerecht' ist es, wenn man Entscheidungen unterworfen wird, von deren Zustandekommen man ausgeschlossen war.

III.

Das vorgestellte Konzept kann und will seine vertragstheoretische Herkunft nicht verleugnen[2]. Der Schritt von der Entscheidung des Individuums über seine eigenen Angelegenheiten zur gemeinsamen, kollektiven Entscheidung erfolgt über die Denkfigur des Vertrags: Im Austausch gegen eine vereinbarte

---

2 Auch wenn mir einschlägig ausgewiesene Kollegen versichern, daß meine Argumentation der vertragstheoretischen Basierung gar nicht bedürfte und ich darum die eine oder andere theoretische Aporie hätte vermeiden können.

Versorgung mit kollektiven Gütern nehmen die Individuen gewisse Abstriche in puncto Selbstbestimmung in Kauf, vorausgesetzt der Tausch ist so geartet, daß sie ihm zustimmen können. Wäre es möglich, die konkrete Ausgestaltung der Versorgung mit kollektiven Gütern ein für allemal zu fixieren, könnte man es bei der einmaligen Zustimmung bewenden lassen. Dies ist jedoch im allgemeinen nicht der Fall und (ins Staatliche gewendet) der z.b. von Robert Nozick (1974) konzipierte ‚Minimalstaat' unrealistisch. Die Demokratie kommt sozusagen erst deshalb und nur dann ins Spiel, weil bzw. wenn die kollektiv zu entscheidenden Fragen vorweg nicht präzise bestimmbar sind. Aus der Unbestimmbarkeit der kollektiv, d.h. ‚politisch' zu lösenden Probleme und aus der Unvermeidbarkeit ständiger Anpassung an veränderte Situationen resultiert ein mehrfaches Zustimmungs-Erfordernis: (1) Da kollektive Entscheidungen zu Einzelfragen häufig gar nicht erst zustande kommen, wenn *alle* Betroffenen *einzeln* zustimmen müssen, muß vorab einvernehmlich geregelt werden, in welchen Fällen und unter welchen Regeln von der Einmütigkeit abgewichen werden darf; (2) wann immer diese Entscheidungsregeln geändert werden sollen, ist dagegen die Zustimmung aller ‚Vertragspartner' erforderlich; (3) wann immer die Entscheidungsregeln sich für bestimmte Vertragspartner als dauerhaft nachteilig erweisen, muß die Möglichkeit der ‚Vertragskündigung' bestehen, also der urprünglichen Vereinbarung die Zustimmung wirksam entzogen werden können. Dabei hätte grundsätzlich die Regel zu gelten, (a) daß die entsprechende Zustimmung nicht als fiktiv und stillschweigend unterstellt werden kann, und (b) daß Zustimmung bzw. ihr Entzug nicht vikarisch erfolgen können.

Dies ist im Prinzip ein Verfassungsmodell (vgl. Brennan/Buchanan 1985), und zwar eins, das das Volk als Gesamtheit der Vertragsparteien versteht (vgl. Abromeit 1999: 22ff.). Es erscheint derart utopisch[3], daß der Leser sich verwundert fragen wird, wie denn ausgerechnet solch ‚liberaler Maximalismus' zur Begründung eines ‚demokratischen Minimalismus' taugen soll. Nähme man die Möglichkeit der Vertragskündigung durch jeden einzelnen praktisch ernst, wäre dies das Ende jeglicher Politik (i.S. kollektiven Entscheidens), denn Querulanten gibt es immer. Das (neo-)liberale Verfassungsmodell scheitert offenbar unweigerlich an der Realität; und ebenso unweigerlich landet man beim Problem der ‚expediency', das die Demokratietheorie seit alters her begleitet. Der übliche Ausweg aus dem Dilemma ist das ‚als ob': Die Denkfigur des Vertrags wurde – und wird – lediglich benutzt, um einen Anhaltspunkt zu geben, wie Normen und Regeln aussehen müßten, damit jeder ihnen zustimmen *könnte*. Dieser Weg wird hier indessen nicht beschritten. Stattdessen kommen Realität und ‚expediency' auf dem Umweg über die Negativ-Version von Zustimmung ins Spiel: über das Recht zum Widerspruch, das je nach Kontext (s.u., b.) unterschiedlich weitgehend

---

3   Immerhin liegt es (in modifizierter Form) dem dualen Föderalismus sowie z.B. der ‚halbdirekten' Demokratie der Schweiz zugrunde.

sein kann und das weiterhin dadurch zu qualifizieren ist, daß es konzeptuell in engsten Zusammenhang mit der *Selbst*bestimmung gestellt ist, also in strengem Sinn als ‚selbstbezogen' verstanden werden muß und darum nicht dazu dienen kann, die Selbstbestimmungsrechte *anderer* zu entwerten (s.u., d., Abschnitt II.).

Auch hier ist die Vertragsanalogie aber natürlich eine Hilfskonstruktion. Sie erfüllt zwei wichtige Funktionen: Sie begründet (1) das demokratische Prinzip des Zustimmungs-Erfordernisses, das ins Praktische gewendet und im Sinne des unhintergehbaren Minimums nur als *Widerspruchs*möglichkeit zu konzipieren ist; und sie verweist (2) darauf, daß das Zustimmungs-Erfordernis nicht an das Vorhandensein eines Demos gebunden noch auch zwingend mit dem Staat verknüpft ist, sondern stets dann zum Tragen kommt, wenn kollektiv entschieden werden soll, d.h. auch in nichtstaatlichen, postnationalen oder suprastaatlichen Entscheidungszusammenhängen.[4]

Einer solchen vertragstheoretischen Argumentation wird gern entgegengehalten, daß sie rein negativ und destruktiv sei, aktive, gestaltende demokratische Politik nicht ermögliche, sondern behindere, von ihren moralischen Defekten ganz zu schweigen (z.B. Schmalz-Bruns 1999: 223ff.). In der Tat steht ihr nicht der Aufbau von „solidaritäts- und vertrauensstiftendem Potential" oder einer „moral constituency" im Vordergrund. Dem Einwand, ein voll ausgebildetes, funktionierendes demokratisches System ziele auf Gestaltung ab und deswegen dürfe demokratische Beteiligung sich nicht in bloßem Widerspruch *erschöpfen*, ist im allgemeinen auch durchaus zuzustimmen. Indessen geht es hier eben um die Formulierung einer *Minimal*bedingung; sie fungiert als eine Art Auffangposition für die Fälle, in denen reichhaltigere Demokratiekonzepte an den Umständen scheitern, hochriskant zu werden drohen bzw. hohe externe Effekte produzieren. Sie bezeichnet, welche Möglichkeiten den Entscheidungsunterworfenen *mindestens* offen stehen müssen, wenn alle anspruchsvolleren Formen von Demokratie nicht machbar erscheinen – nach dem Motto: lieber eine Minimalversion als gar keine Demokratie.

b. Zur Relevanz des Kontexts

I.

Die Verwirklichungsformen des demokratischen Prinzips der Zustimmung sind, wie damit bereits angedeutet, kontextabhängig; sie können nicht in allen Entscheidungskontexten gleich aussehen – oder wenn sie es täten, bestünde die Gefahr, daß sie kontraproduktiv wirken. Die entscheidenden Variablen

---

4 Und in der Tat finden sich vertragsanaloge Entscheidungsformen in den verschiedensten gesellschaftlichen Bereichen und auf den verschiedensten Ebenen, typischerweise zwischen organisierten/institutionellen Akteuren.

sind zum einen die Struktur der ‚Basis' – der Gesellschaft – und zum anderen die (z.T. durch die Natur der zu lösenden Probleme vorgegebene) Struktur des Entscheidungszusammenhangs selbst.[5]

Die ‚Basis' kann überschaubar und homogen sein: Die Entscheidungsbetroffenen haben grundsätzlich ähnliche Interessen oder sind zumindest durch das gemeinsame Interesse an bestimmten Problemlösungen verbunden. Sie kann pluralistisch-heterogen sein: Die Interessen der Entscheidungsbetroffenen gehen mehr oder weniger weit auseinander, was Aushandlungsprozesse und Kompromißbildung erforderlich macht. Sie kann aber auch heterogen im Sinne von segmentiert sein, wobei sowohl der Verfestigungsgrad der Segmente wie die Ursachen und Dimensionen der Segmentierung variieren können. Aushandlungs- und Kompromißfindungsprozesse stoßen hier ggf. an die Grenzen von Machbarkeit und Akzeptanz, und zwar um so mehr, je mehrdimensionaler die Segmentierung ist; impliziert sie z.B. die kulturelle und die sprachliche Dimension, wird schon die Verständigung zum Problem.

Die Entscheidungssysteme ihrerseits variieren nach Zuständigkeit und nach Komplexität. Im ersten Fall reicht die Bandbreite von der bereichsspezifischen (‚Wirtschaftsgemeinschaft') bis hin zur umfassenden Zuständigkeit (die im allgemeinen den Staat auszeichnet). Der Breite der Zuständigkeit entspricht nicht zwingend ein bestimmter Komplexitätsgrad: Sowohl bereichsspezifische wie umfassende Entscheidungssysteme können einfach strukturiert (‚Einheitsstaat') oder – z.B. – als Mehrebenensystem organisiert sein; allerdings wird sich im allgemeinen nur bei umfassender Zuständigkeit zusätzlich die Mehrdimensionalität hinzu gesellen, d.h. die Inkorporierung von territorialer und funktionaler Dimension.

II.

Entsprechend unterschiedliche Formen wird das Zustimmungs-Erfordernis annehmen können – und müssen. Die schlichte Grundregel ist die, daß bei homogener Basis, geringer Zuständigkeitsbreite und einfach strukturiertem Entscheidungssystem die generelle Autorisierung der Entscheidungsträger

---

5 Wie oben (II.4., FN 83) bereits angemerkt, unterscheidet die hier vorgenommene Kontextualisierung sich grundlegend von der Wolfschen. Das von Wolf (2000a: 153ff.; 2000b) entwickelte Kontextualisierungs-Konzept zielt auf die Anpassung normativer (demokratischer) Standards an einen bestimmten, für postnationale Entscheidungszusammenhänge als typisch erachteten Regierungs- bzw. Politikstil; mir geht es um die Anpassung postnationalen Regierens an einen als unhintergehbar erachteten demokratischen Standard. Gleichwohl sind beide Kontextualisierungs-Versuche als komplementär anzusehen, denn im Wolfschen Konzept bleibt im postulierten ‚balanced mode of legitimation' die input-Legitimierung das ungelöste Problem (2000b) und der ‚horizontale Politikstil' von der Sphäre der Entscheidungsunterworfenen entkoppelt; während meinem Versuch mutmaßlich angekreidet werden wird, daß er die Erfordernisse effektiven Regierens konzeptionell unterbewertet. Beide Konzepte zusammen zu bringen, würde zugleich heißen, die Schere zwischen Legitimität und Demokratie wieder zu schließen.

(als ‚Minimum'!) ausreicht, mit zunehmender Heterogenität, Kompetenzfülle und Komplexität indessen ‚stärkere' bzw. direktere Zustimmungsformen erforderlich werden. Das läßt sich wiederum mit einer vertragstheoretischen Überlegung verdeutlichen. Vor die Entscheidung über Entscheidungsregeln gestellt, kalkulieren rationale Individuen ihre jeweils zu erwartenden Kosten. Zwei Kostenarten fallen an, nämlich die Kosten der Entscheidung selbst (Transaktionskosten), die sich aus der Dauer des Prozesses ergeben und den entgangenen Nutzen aus der (Noch-) Nicht-Beendigung eines unbefriedigenden Zustands bezeichnen, und die externen Kosten (Frustrationskosten) des Überstimmtwerdens (wenn ich also eine Regelung erdulden muß, die meinen Präferenzen widerspricht). Wie der Ausgleich zwischen beiden Kostenarten sich gestaltet, hängt ab (1) von Typ und Materie der Entscheidung: je wichtiger und grundlegender, ggf. irreversibler, die Entscheidung ist (Verfassungsfragen; Eingriffe in Autonomiebereiche; Entscheidungen, die unwiderruflich das Umfeld verändern), desto höher werde ich die externen Kosten bewerten, also höhere Entscheidungskosten in Kauf nehmen als etwa bei Entscheidungen über die Details kollektiver Aufgabenerfüllung. Es hängt (2) ab von der Intensität meiner Präferenzen, die z.B. in Glaubens- und Existenzfragen (bzw. dem, was ich als solche definiere) im allgemeinen als besonders hoch einzustufen ist, was ebenfalls zur Höherbewertung der externen Kosten führt. Und es hängt (3) entscheidend ab von der Struktur der Gesellschaft, in der ich mich befinde: Bin ich überzeugt davon, daß die meisten Anderen ähnliche Werte und Interessen haben wie ich, werde ich die Entscheidungskosten hoch bewerten, da ich keine hohen externen Kosten fürchten muß; sehe ich mich dagegen in einer Minderheitsposition und muß ich mit häufigem Überstimmtwerden rechnen, ist es umgekehrt.

Daraus folgt zunächst einmal, daß Entscheidungsregeln – sprich: Zustimmungsformen – differenziert zu konzipieren sind, nämlich variieren müssen je nachdem, wie grundlegend die jeweilige Entscheidung und wie langfristig ihre Wirkung und wie heterogen/segmentiert die Basis der Entscheidungsbetroffenen ist. Das heißt zugleich, daß die Mehrheitsregel nicht generell anwendbar ist, es vielmehr je nach Kontext super-majoritärer Regeln, im Extremfall bis hin zur Einstimmigkeit, bedarf. Das damit verbundene praktische Problem läßt sich entschärfen, indem man z.B. gesellschaftlichen Segmenten in den Bereichen, in denen deren Mitglieder über distinkte Präferenzen mit besonderer Intensität verfügen, Autonomie einräumt. Damit handelt man sich indessen das Mehrebenen-Problem ein; wenn Entscheidungen auf mehreren Ebenen getroffen werden, verdoppeln sich gewissermaßen die Zustimmungs-Erfordernisse – zumal dann, wenn (was im allgemeinen der Fall ist) Entscheidungen der höheren Ebene teilweise auf die unteren durchgreifen.

Spätestens hier ist nun das Repräsentations-Konzept zu problematisieren. Repräsentation ist zwar in allen umfassenden Entscheidungssystemen zweifellos unverzichtbar, ist aber mit um so mehr Tücken behaftet, je komplexer sie sowohl wie ihre Basis werden. Um nämlich auf der obersten Entscheidungsebene Einigungen zu ermöglichen, werden unter den Repräsentanten Tauschgeschäfte nötig, die naturgemäß um so leichter fallen, je vielfältiger die einbezogenen Materien sind, weil das die Wahrscheinlichkeit erhöht, daß man für Zugeständnisse in Bereichen, die einem weniger wichtig erscheinen, ein Optimum in anderen, wichtigeren Bereichen erzielt. Einmal von allen anderen mit Koppelgeschäften, Paketlösungen und ‚log-rolling' verbundenen Nachteilen abgesehen, werden dabei aber häufig die Präferenzen der Repräsentierten zum Tauschobjekt, nicht zuletzt weil zur Verbesserung der Tauschposition unweigerlich am Ende auch Materien einbezogen werden, die eigentlich zum Autonomiebereich gehören. Kurz: die Repräsentierten haben in Mehrebenensystemen allen Grund, ihren Repräsentanten auf der obersten Ebene sehr genau auf die Finger zu schauen (vgl. Abromeit 1999: 26ff.). Das Problem verschärft sich weiter (worauf oben nun schon mehrfach hingewiesen wurde), wenn das Entscheidungssystem zu allem Überfluß auch noch mehrdimensional ausgelegt ist, also die funktionale Dimension einbezieht. In dem Fall scheint Repräsentation allein über die Schiene von Organisation(en) praktikabel und läßt folglich Nichtorganisierte und Betroffene (also die jeweils andere Seite eines sektoralen ‚Marktes') systematisch unvertreten bleiben.

Der Modus der Repräsentation ist also ab einem bestimmten Komplexitätsgrad grundsätzlich defizitär, was das Zustimmungs-Erfordernis anbelangt. Aus dem eben geschilderten Grund ändern die Annäherung des Repräsentationstypus an ‚deskriptive' (statistische) Repräsentativität bzw. gruppen-differenzierte Repräsentation wenig an dem Makel, weil Minderheitenvertreter, sobald sie für das Verhandlungsergebnis wichtig sind, in die Tauschgeschäfte an der Spitze einbezogen werden. Und dann hat auch die betreffende Minderheit allen Grund, ihren Vertretern zu mißtrauen. Das gilt auch und gerade dann, wenn den Minderheitenrepräsentanten Vetorechte eingeräumt sind.

Daraus ist nun bei weitem nicht zu folgern, daß man es dann doch am besten gleich und kontext-unabhängig bei der schlichten repräsentativen Mehrheitsdemokratie beläßt, weil alle Alternativen ‚mindestens so schlecht' sind. Die Folgerung kann vielmehr nur die sein, daß sowohl in stark segmentierten Gesellschaften als auch bei hochkomplexen Entscheidungssystemen dem demokratischen Zustimmungs-Erfordernis mit der vikarischen Zustimmung durch Repräsentanten nicht hinreichend Genüge getan ist. In beiden Fällen ist (wie das Beispiel des sog. Beteiligungs-Föderalismus lehrt!) Vertrauen in die Repräsentanten auf der obersten Entscheidungsebene nicht angebracht; hinzu kommt, daß bei hohem Komplexitätsgrad wegen der z.T. unbestimmten Repräsentationsbasis wie auch auf Grund der zu erwartenden Tauschgeschäfte unter den Repräsentanten die Kongruenzbedingung der Demokratie, derzufolge Nicht-Betroffene nicht über Betroffene entscheiden sollten, mit einiger Wahrscheinlichkeit verletzt wird. Zustimmung und Widerspruch lassen sich in beiden Fällen *wirksam* nur direkt aktualisieren.

III.

Vertrauen und Vertrauensbildung spielen in vielen Demokratiekonzepten eine wichtige Rolle; beides ist indessen nicht ohne weiteres zu haben. Vertrauen gedeiht bei wahrgenommener Ähnlichkeit – von Werten, Interessen, Weltsicht –; bei wahrgenommener Differenz ist es ein rares Gut und bildet sich nur mühsam und langsam bei ständiger Möglichkeit der Rückversicherung, sprich Kontrolle heraus. Repräsentation wiederum baut auf Vertrauen, nämlich der Repräsentierten zum Repräsentanten; sie bildet nicht Vertrauen, sondern zehrt davon. Vertrauenszehrend sind aber auch komplexe Entscheidungszusammenhänge, da sie undurchsichtig sind und Kontrolle erschweren. Nun könnten natürlich ‚gute', gerechte Politikergebnisse Vertrauen schaffen, doch funktioniert das wiederum (wie oben gesehen, II.3.f.) nur bei einer gewissen Homogenität, nämlich bei ähnlicher Wahrnehmung und Definition des jeweiligen Problems und Bewertung seiner Lösung. Bei großer Differenz werden ja schon die Ansichten darüber auseinandergehen, welche und wieviele Probleme überhaupt politisch, d.h. kollektiv zu regeln sind, und wird ein erheblicher Teil der potentiell Entscheidungsbetroffenen dazu neigen, den Bereich *unmittelbarer* Selbstbestimmung (ob individuell oder in der Gruppe) sicherheitshalber groß zu halten.

Vertrauensbildung erfolgt schließlich über diskursive Verständigung. Aber auch dabei ist ein Mindestmaß an Gemeinsamkeit vorausgesetzt, die bei der Verständigungsbereitschaft anfängt und bei der Denkkultur und den Sprachstilen aufhört. Wir diskutieren nicht gern mit Leuten, von denen wir von vornherein wissen, daß sie völlig konträrer Auffassung sind, und wir diskutieren überhaupt nicht, wenn die Konflikte sehr tief gehen; wir rechnen dann z.B. mit selektiver Wahrnehmung unserer Argumente und damit, daß der Konflikt sich aufschaukelt und die Debatte als ‚Wortgefecht' immer hitziger wird. Was hilft es da, den Gegner damit zu konfrontieren, daß er nicht logisch argumentiere oder seine Gründe nicht ‚reziprok-allgemein' seien? Es wird den Konflikt nicht dämpfen, im Gegenteil.

Es gibt weit und breit kein Verfahren, dem die Garantie für Verständigung und Vertrauensbildung eingebaut ist. In der Politik ist bei scharfen Gegensätzen die einzige wirksame vertrauensbildende Maßnahme die, Entscheidungsprozesse in der Weise kontrollierbar zu machen, daß man den Betroffenen direkte Einspruchsmöglichkeiten eröffnet, und dann auf den Faktor Zeit baut. Es ist müßig, der Forderung nach Etablierung von Widerspruchsrechten entgegenzuhalten, mit ihnen werde „ein System generalisierten Mißtrauens institutionalisiert" (Schmalz-Bruns 1999: 226), wenn das Mißtrauen innerhalb der Gesellschaft längst besteht. Der angemessene Umgang mit ihm, scheint mir, ist es, dem Mißtrauischen die Chance zu bieten, ‚selbst nach dem Rechten zu sehen', also – z.B. – seine Repräsentanten fallweise zur Rechenschaft zu ziehen.

Das Gegenargument wäre, daß in einem Kontext wie dem hier skizzierten – starke Segmentierung, große Wertunterschiede, scharfe Interessengegensätze – Demokratie schlicht nicht möglich ist. Wenn das Vertrauen unter den gesellschaftlichen Gruppen so schwach entwickelt ist und das Mehrheitsprinzip eher delegitimiert als legitimiert, scheint die Veranstaltung von Demokratie wenig Sinn zu machen. Wenn indessen eine solche Basis *faktisch* von einem gemeinsamen Entscheidungssystem überwölbt wird, macht es demokratietheoretisch noch weniger Sinn, den ihm Unterworfenen den Kontroll- und Selbstbestimmungsanspruch gänzlich zu verwehren. Und das Mindestmaß, in dem der sich aktualisieren kann, ist nun einmal das Widerspruchsrecht. Dessen blockierende Wirkung hat unweigerlich zur Folge, daß der Bereich der von einem solchen System wirksam zu treffenden Entscheidungen schmal bleibt. Aber diese Folgerung ergibt sich – siehe oben – bereits aus dem mangelnden Vorschuß an Vertrauen in die generelle Gerechtigkeit der dort gefundenen Problemlösungen.

c. Zurück zum Prozeduralismus

I.

Demokratie ist essentiell Beteiligung und insofern essentiell prozedural. Wird sie wie hier geschehen mit individueller Selbstbestimmung identifiziert, läßt sie sich nicht zugleich auch über Politikergebnisse definieren, seien diese nun ideell („der Vernunft gemäß') oder materiell („Wohlfahrtsstaat') verstanden. „'Democracy' is to be defined in terms of procedures, not in terms of substantive policy"; und im Hinblick auf das letztere ist sie nicht notwendigerweise „a good form of government" (Nelson 1980: 3). Zum einen bringt demokratisches Regieren weder bessere noch schlechtere Ergebnisse hervor als nicht-demokratisches, nicht einmal ‚typische'. So streiten sich Ökonomen und Public Choice-Theoretiker seit Jahrzehnten, ob demokratische Beteiligung nun die Staatsausgaben in die Höhe treibe oder gerade das Gegenteil der Fall sei.[6] Wie die Beispiele Schweiz oder USA zeigen, sind die Ergebnisse auch nicht zwingend besonders wohlfahrtsstaatlich. Der These vom ‚demokratischen Frieden' zum Trotz verhalten die betreffenden Gemeinwesen sich genausowenig zwingend friedlicher als andere (s. z.B. Geis 2001). Die einzige Ausnahme mag sein, daß unter der Voraussetzung der Einhaltung bestimmter, optimal-inklusiver Verfahren auf faire und ‚gerechte' Ergebnisse zu schließen ist, allerdings nur in einem strikt formalen Sinn (s. schon o., a.). Daß dagegen die Politikergebnisse sich inhaltlich systematisch an den Wünschen der Bürger orientieren, ist deshalb nicht garantiert, weil die Beteiligungsverfahren häufig eben *nicht* im idealtypischen Sinn optimal funktionie-

---

6 Sicher scheint allein, daß bestimmte Formen der *direkten* Demokratie Staatsausgaben wie Steuern auf niedrigem Level halten (s. Kirchgässner et al. 1999: 71ff.).

ren. Immerhin läßt sich dies jeweils nachträglich feststellen und ggf. korrigieren, was dann aber eine gewisse Instabilität ('mangelnde Rechtssicherheit') mit sich bringt. Doch aus der Sicht der auf Regierungseffizienz pochenden Regierenden und Administratoren ist das Volk ohnehin ein potentieller Störfaktor und mindert seine Beteiligung eher die Qualität der Politik als daß es sie erhöht.

Zum zweiten ist schon mehrfach darauf hingewiesen worden, daß kein Politikergebnis per se als demokratisch gewertet werden kann. Ergebnisse legitimieren sich nicht selbst, auch wenn sie objektiv betrachtet noch so sehr im 'wohlverstandenen Interesse' aller liegen mögen (falls das denn je zuverlässig feststellbar sein sollte). Demokratietheoretisch hat der Grundsatz zu gelten, daß das Regieren der Bewertung durch die Regierten unterliegt, also nur dann als 'gut' zu erachten ist, wenn *sie* es für gut befinden. Was voraussetzt, daß sie über die Möglichkeit verfügen, ihr Urteil darüber abzugeben. Doch ist – zum dritten – davon auszugehen, daß das Urteil der Regierten nicht immer richtig ist. Sie mögen sachlich falsch liegen, unmoralisch oder gemeinschafts-unverträglich urteilen, das Wohl der jeweils Anderen (von Minderheiten, z.B.) aus dem Auge verlieren. Von daher mag es notwendig und sinnvoll erscheinen, ihnen gewisse Grenzen zu setzen. Solche Notwendigkeit folgt aber nicht aus dem Prinzip der Demokratie, sondern aus *anderen* Prinzipien, die jeweils gesondert zu explizieren sind.

II.

Wenn Demokratie sich in Verfahren aktualisiert: was macht dann Verfahren demokratisch? Im Kern geht es um Verfahren der Beteiligung und des Widerspruchs. Das sind zwar zwei Seiten einer Medaille; sie werden an dieser Stelle aber getrennt aufgeführt, weil sie unterschiedlichen (Teil-) Zwecken dienen und unterschiedlichen Logiken folgen. Beteiligung zielt auf Autorisierung und/oder Mitgestaltung und führt im allgemeinen zu Mehrheitsentscheidungen; Widerspruch dagegen dient der Kontestierung von (auch Mehrheits-) Entscheidungen, führt im Erfolgsfall zur Blockade und ist von seiner Natur her ein Minderheiten-Instrument. Beteiligung erstreckt sich im Idealfall auf alle Stadien des Entscheidungsprozesses, Widerspruch stellt eine Art Letztentscheidung dar. Beteiligungsverfahren sind häufig indirekt; in größeren Einheiten ist der 'direkte' Akt zumeist auf die Wahlen, also auf Autorisierung beschränkt, während die Mitgestaltung vikarisch durch Vertreter erfolgt. Doch ob direkt oder indirekt ist für die 'demokratische Qualität' von Beteiligungsverfahren zunächst weniger ausschlaggebend. Wichtig ist vielmehr, ob sie (a) inklusiv sind, also keine Bürger (-gruppen) ausschließen, ob (b) die Stimmen der Beteiligten gleiches Gewicht haben, und ob (c) die Verfahren dem Zweck entsprechen, die individuelle Selbstbestimmung in den Bereich der kollektiven Entscheidungen hinein zu verlängern, sprich: wenn sie Gewähr dafür bieten, daß die Präferenzen der Bürger dort zur Geltung kommen.

D.h. „... the decision rule for determining outcomes ... must take into account, and take equally into account, the expressed preferences of each member of the demos as to the outcome"; das erfordert natürlich, als Randbedingung, daß "each citizen ought to have adequate and equal opportunities for discovering and validating ... what his or her preferences are on the matter to be decided." (Dahl 1997: 112f.). Wie im vorigen Kapitel erläutert, werden die betreffenden Verfahren je nach Struktur der Basis und Komplexität des Systems unterschiedlich ausgestaltet sein müssen, um ihren Zweck nicht zu verfehlen. Wesentlich ist in diesem Zusammenhang das Einhalten der Kongruenzbedingung, das je nach Situation nach unterschiedlichen Vorkehrungen verlangt, die den jeweils wirklich Betroffenen die Beteiligung einräumen.

Der Widerspruch dagegen, gewissermaßen der letzte Hilferuf derjenigen, deren Präferenzen ignoriert (oder deren Betroffenheit übersehen) wurden, wird, soll auch er seinen demokratischen Zweck erfüllen, im allgemeinen direkt erfolgen müssen – schließlich geht es nicht zuletzt darum, dem eigenmächtigen (und eigeninteressierten) Agieren der Vertreter Schranken zu setzen. Da die Übergangenen und Überstimmten in aller Regel Minderheiten sind, ist Inklusivität hier kein qualifizierendes Merkmal; Gleichheit drückt sich vielmehr in der gleichen Chance aus, Widerspruch einlegen zu können, ist die Gleichheit im Schutz gegen das Überstimmtwerden.

Über diese Minima hinausgehende Qualifikationsmerkmale betreffen gern die Kompetenzen der Beteiligten (und derer, die Einspruch erheben), die sich durch „enlightened understanding" auszeichnen sollen (Dahl 2000: 37). Darüber, was solches Aufgeklärtsein ausmacht, gehen die Auffassungen weit auseinander; mißlich ist zudem, daß diese Art von Kompetenz nicht objektiv konkretisierbar und schwer meßbar ist. Demokratietheoretisch entscheidend scheint mir darum zu sein, daß es das Individuum selbst ist, das über seine eigene Qualifikation befindet, sich also ggf. selbst für unzuständig erklärt. Das impliziert, daß die Entscheidung darüber, welche Materien überhaupt kollektiv und unter Einschluß demokratischer Beteiligung entschieden werden, selbst Gegenstand demokratischer Verfahren sein muß (vgl. Dahl 1997: 114).

Weitergehende Anforderungen an die Ausgestaltung von Verfahren sowie an die Kompetenz der Beteiligten sind zumeist nicht mit dem demokratischen Zustimmungs-Erfordernis als solchem begründet, sondern mit der Hoffnung auf Optimal-Ergebnisse; sie mögen wünschbar sein, sind aber nicht zwingend. Das gilt vor allem für die Verfahrens-Postulate der deliberativen Demokratietheorie[7], die mittels Annäherung an die ‚ideale Sprechsituation' eine Garantie für vernunftgemäße Entscheidungen anstreben. Der ‚deliberative Prozeduralismus' baut auf die „Vervollkommnung demokratischer Verfahren und Kommunikationsvoraussetzungen" und meint beim Gelingen

---

7 Repräsentativversammlungen z.B. „may be democratic yet not deliberative" (Elster 1998: 99).

dieses Projekts sogar „von den Fähigkeiten und dem Bemühen einzelner Bürgerinnen und Bürger" absehen zu können (Palazzo 1999: 109; vgl. auch Habermas 1994: 414). Das Projekt ist indessen mit einem dreifachen Makel behaftet. Zum einen ist chronisch ungewiß, wie die ‚ideal procedure' aussieht und wie sie sich installieren läßt; zum zweiten ist jedenfalls die weitere Öffentlichkeit kaum gestaltbar und organisierbar; und zum dritten ist der Konnex zwischen dem Ersatz-Instrument ‚deliberative Gremien' und den Individuen so wenig gesichert, daß fraglich erscheinen muß, ob es sich dabei wirklich um ein *Beteiligungs*-Modell handelt. Doch ist ohnehin nicht zu übersehen, daß ein Ansatz, der (in seinen radikaleren Versionen) Abschied nimmt von der „Vorstellung des Volks als einer aus Individuen bestehenden handlungsfähigen Einheit" (Palazzo 1999: 112), dem hier vertretenen Konzept konträr entgegengesetzt ist. Dieses mag auf das Individuum als letzten Grund für die Demokratie nicht verzichten und fragt darum nicht primär nach den Möglichkeiten der (stets abstrakten) Handlungs*einheit*, sondern nach Verfahren, die den Individuen die Handlungsfähigkeit auch im (und gegenüber dem) Kollektiv erhalten. Und genau das ist der eigentliche Sinn eines demokratischen Prozeduralismus.

III.

Demokratietheorie ist in dieser Sichtweise primär Verfahrenslehre, nicht Regierungslehre und auch nicht politische (Vernunft-) Philosophie. Als demokratische hat eine Verfahrenslehre grundsätzlich eine ‚bottom up'-Perspektive einzunehmen, d.h. Verfahren im Hinblick darauf zu konzipieren, was sie den Individuen bringen, und nicht darauf, ob sie zur Erfüllung von Systemerfordernissen taugen. Theoretisch betrachtet ist das eine Frage der Beweislast: Nicht die Individuen müssen ihre Kompetenz beweisen, sondern das Entscheidungssystem seine Fähigkeit, auf Impulse aus der Basis zu reagieren. Die beiden demokratischen Verfahrenstypen Beteiligung und Widerspruch sind dazu da, solche Responsivität sicherzustellen – der eine in der Form stetiger inputs, der andere in der Art einer Notbremse.

Als Verfahrenslehre sollte Demokratietheorie eigentlich die Aufgabe haben, alle denkbaren Beteiligungs- und Wahlverfahren daraufhin zu untersuchen, wie leistungsfähig sie in dem bezeichneten Sinne sind, das leistungsfähigste herauszufiltern und mit der Empfehlung genereller Anwendung zu versehen. Doch offenbar gibt es das eine, allen anderen überlegene Verfahren nicht[8]. Dabei sind die wenigsten Verfahren a priori defizitär; das Problem besteht eher darin, daß sie – zumal auf den jeweils oberen Entscheidungsebenen – vor Aggregations-, Abstimmungs- und Kompromißbildungs-Aufgaben stehen, die je nach Entscheidungsmaterie, aktueller Situation und strukturellem Gesamtkontext differieren. Wenn aber kein einzelnes Beteiligungsver-

---

8   Im Hinblick auf Wahlverfahren s. hierzu z.B. Riker 1982.

fahren stets und voll zu befriedigen vermag, bleibt als Grundregel die übrig, ihnen sämtlich die Offenheit für Revision und Kontestierung einzubauen. Das ist um so dringlicher, je heterogener die Basis der Entscheidungsbetroffenen ist[9]. Grundsätzlich ist ja das Verhältnis von Beteiligung und Widerspruch als das eines trade-offs zu konzipieren, zwar nicht in dem Sinne, daß Widerspruchsmöglichkeiten die Beteiligung überflüssig machen, wohl aber und emphatisch in dem Sinn, daß immer dort, wo Beteiligung auf Grund der Rahmenbedingungen und des segmentierten oder auch diffusen Kontexts – häufig notgedrungen – defizitär bleibt, auf der Widerspruchsmöglichkeit um so nachdrücklicher zu insistieren ist.

Die verschiedenen Verfahrenstypen, die schwerpunktmäßig auf Autorisierung, Gestaltung oder Kontestierung abzielen, lassen sich in unterschiedlicher Weise untereinander kombinieren; je nach Akzentsetzung resultieren daraus die ‚electoral', die ‚participatory' oder die ‚contestatory democracy'. Die erstere bedarf zu ihrer Verwirklichung des staatlichen Kontexts, die zweite zumindest des genau abgegrenzten organisatorischen Unterbaus, während die dritte sich mutmaßlich auch mit unspezifischeren Entscheidungskontexten verträgt. Auch Kontestierung ist wiederum auf unterschiedlichen Wegen möglich (vgl. Pettit 1999: 180ff.); an erster Stelle werden hier zumeist die Gerichte genannt. Doch die eigentlich demokratische Form der Kontestierung ist das direktdemokratische Veto: das aus der Bevölkerung initiierte Sachreferendum.

d. Exkurs: *Nutzen und Risiken direkter Demokratie*

I.

Und darum ist es an der Zeit, sich mit den Vor- und Nachteilen direktdemokratischer Verfahren auseinanderzusetzen. Wie schon verschiedentlich angeklungen ist, wird ‚die' direkte Demokratie vom Gros der Demokratietheorie mit äußerstem Mißtrauen beäugt, obwohl sie doch *prima facie* die reinste Form der Volkssouveränität darstellt. Viele Negativ-Urteile stammen daher, daß man ‚die' direkte Demokratie der repräsentativen Demokratie als eigenen Systemtyp entgegensetzt – mit der immerhin bemerkenswerten Nuance, einem repräsentativen Idealtyp eine schlechte Praxis (die denn häufig nicht einmal zureichend komparativ-empirisch belegt ist) zu konfrontieren[10]. Nur so kann das Urteil zustande kommen, daß die abstimmenden Bürger durch potente, die jeweiligen Abstimmungskampagnen finanzierende Geldgeber quasi käuflich sind, während ihre Repräsentanten offenbar als unkorrumpierbar gelten. Nun läßt sich ‚die' direkte Demokratie in der Moderne ohnehin

---

9   Ähnlich auch Baumeister (2000: 182) in ihren Überlegungen zum ‚liberal value pluralism'.
10 „Wer über Volksentscheide und die Manipulierbarkeit der Leute spricht, sollte von der Irrtumsanfälligkeit des Parlaments nicht schweigen." (Meier 2001)

bestenfalls in abseitigen Ausnahmefällen realisieren. Der Normalfall sind repräsentative Entscheidungssysteme, die mehr oder weniger – oder gar keinen – Raum für direkte Beteiligung bieten. Realistischerweise hat man folglich über Nutzen und Risiken *einzelner* direktdemokratischer Instrumente zu diskutieren. Aber auch hier prägen Vor- und Negativ-Urteile das Bild, die inspiriert sind von der Vermutung genereller Inkompetenz des Bürgers (der überfordert ist, wenn er zur Selbst-Entscheidung aufgerufen wird), vom ebenso generellen Manipulationsverdacht, von der allgegenwärtigen Gefahr falscher (unmoralischer, unsachgemäßer) Entscheidung, von der jahrhunderte-alten Angst vor der Tyrannei der Mehrheit, die in Gestalt der tumben Masse noch furchterregender wird. Sie gipfeln in der bereits zitierten Warnung vor der „demoralisierenden Sozialisationswirkung" jedweder „plebiszitär-direktdemokratischen Öffnung" auf den Bürger, der im Dunkel der Wahlkabine sein „schlechteres Ich" austobt (Offe 1998b: 87).

Auch wenn die Aufgabe reizvoll erscheint, ist dies nicht der passende Ort, all die Vorurteile im einzelnen widerlegen zu wollen (s. hierzu z.B. Budge 1996: 59ff.; Kirchgässner et al. 1999). Das Ergebnis bliebe ohnehin insofern unbefriedigend, als jedem Beispiel ‚pro' ein Beispiel ‚kontra' entgegengehalten werden dürfte[11], umfassende vergleichende Wirkungsanalysen aber, die obendrein nach den verschiedenen Instrumenten differenzieren, bisher ausstehen. Was allerdings den demokratietheoretisch zentralen Vorwurf der mangelnden Informiertheit der Bürger und der mangelnden Einbettung von Volksentscheiden in eine öffentliche Debatte betrifft, reicht zur Entkräftung eine einfache Überlegung: „Political discussion only arises if adequate institutional incentives to talk about the issues at stake are created." (Bohnet/Frey 1994: 344) Wenn man nur alle vier bis fünf Jahre zu den Urnen gerufen wird und dann nur über Personen bzw. deren zumeist so vollmundige wie vage Programme zu entscheiden hat, ist der Anreiz naturgemäß gering. Wenn aber häufiger und auch in Sachfragen die Möglichkeit der Einmischung gegeben ist, wachsen die Anreize; nur „if a decision becomes a private good people have a strong incentive to demand information on the subject" (ebd.: 345) – und nicht nur das: Sie sind auch dann erst motiviert, untereinander darüber zu debattieren. Jedenfalls waren die Schweizer, die 1992 zur Entscheidung über den Beitritt zum Europäischen Wirtschaftsraum aufgerufen waren, dem Eurobarometer zufolge über den Zustand der Europäischen Gemeinschaft weit besser informiert als die Bürger der EG-Mitgliedstaaten, und hatten die Dänen, die dem Maastricht-Vertrag ihr kollektives Nein entgegenhielten, einen deutlichen Informationsvorsprung vor den übrigen Bürgern der EU.

Doch was Gegner und Befürworter des fallweisen Einsatzes direktdemokratischer Instrumente letztlich trennt, sind weniger unterschiedliche empirische Erfahrungen als vielmehr der unterschiedliche Maßstab zur Beurteilung

---

11 So kann man der schweizerischen die kalifornische Praxis entgegenhalten – und *vice versa*.

demokratischer Praxis. Den Kritikern steht je nach Provenienz der Aspekt der Systemstabilität im Vordergrund (Referenden wirken delegitimierend und destabilisierend insofern, als sie ggf. die repräsentativen Hauptakteure desavouieren); der der Entscheidungseffizienz (Volksabstimmungen verlängern Entscheidungsprozesse bis hin zur Nicht-Entscheidung, machen das Entscheidungssystem also handlungsunfähig); der der Qualität der Politikergebnisse (die Bürger tendieren zu egoistischen, ‚unmoralischen', sachinadäquaten Entscheidungen; der auf das ‚common good' abzielende deliberative Aspekt demokratischer Politik kommt zu kurz; des weiteren verunmöglicht direkte Beteiligung redistributive Politik); der der Systemkompatibilität (direktdemokratische Elemente sind mit parlamentarisch-majoritären Systemen nun einmal unvereinbar[12]). Dagegen argumentieren die Befürworter vergleichsweise schlicht: Sie orientieren sich an den zwei Kriterien der Ermöglichung von Selbstbestimmung und der Inklusivität und hoffen, auf der Suche nach der Maximierung von beidem in direktdemokratischen Verfahren die Lösung gefunden zu haben. Wie ihre Kontrahenten erliegen sie dabei allerdings gern der Gefahr voreiliger (und in diesem Fall blauäugiger) Generalisierung. Nicht alle direktdemokratischen Instrumente nämlich verbreitern – noch dazu kontext-unabhängig – automatisch die Inklusivität eines Entscheidungssystems. Kritiker würden gegen die vermutete höhere ‚demokratische Leistungsfähigkeit' zudem sofort ins Feld führen, daß Volksentscheide zum einen die Macht der Mehrheit bestärken, zum zweiten den heilsamen Zwang zu Kompromißbildung und Konsensfindung schwächen und zum dritten demokratische Beteiligung im Zweifelsfall in purer Negation quasi leerlaufen lassen, da sie nun einmal nichts anderes als ‚ja-nein'-Entscheidungen erlauben. Insofern als der Aspekt der Mitgestaltung zu kurz komme, sei direkte Beteiligung in der Form von Volksabstimmungen in demokratietheoretischer Sicht daher stets defizitär.

II.

Sieht man genauer hin, sind in dieser wie in anderer Hinsicht die verschiedenen direktdemokratischen Instrumente unterschiedlich zu bewerten. Der Maßstab bei der Beurteilung der im Folgenden aufgeführten Typen ist primär der Beitrag, den sie jeweils zur Erfüllung des Zwecks von Demokratie (im oben definierten Sinne) zu leisten vermögen – und zwar jeweils *in Ergänzung* zu repräsentativen Institutionen. Dieser Beitrag wird je nach gesellschaftlichem Kontext unterschiedlich ausfallen; im Einklang mit den oben (b.) angestellten Überlegungen ist darum Kontextadäquatheit das zweite Beurteilungskriterium. Zum Kontext zählt bei der Beurteilung von Verfahren grundsätzlich auch das institutionell-organisatorische Umfeld, das möglicherweise

---

12 Den Aspekt der Systemkompatibilität macht in höchst differenzierter Weise neuerdings S. Jung (2001) stark.

so geartet ist, daß bestimmte direktdemokratische Instrumente zur Wirkungslosigkeit verdammt sind oder der angestrebte Effekt geradezu in sein Gegenteil verkehrt wird. Hierzu hat Jung (2001) gerade eine umfassende und differenzierte Analyse vorgelegt, so daß ich mich in dieser Hinsicht kurz fassen kann. Ein drittes Beurteilungskriterium schließlich findet sich in der Entscheidungsmaterie: Direktdemokratische Instrumente erfüllen möglicherweise nicht in allen Entscheidungsbereichen den ihnen zugedachten Zweck.

Wichtigstes Kriterium zur Ausdifferenzierung des direktdemokratischen Instrumentariums ist das der ‚auslösenden Instanz' (vgl. auch Jung 2001: 80): Wird die jeweilige Volksabstimmung aus dem Volk heraus initiiert[13] oder von den Regierenden, ist sie also ein ‚bottom up'- oder ein ‚top down'-Instrument? Das zweite Kriterium differenziert nach dem Veto- oder Gestaltungs-Charakter der Instrumente, das dritte wiederum nach Entscheidungsmaterien, wobei die allgemeinste Unterscheidung hier die zwischen Personalplebiszit und Sachreferendum ist.[14] Mit diesen – analytischen und bewertenden – Kriterien ausgerüstet, sollen nun die einzelnen Instrumente auf ‚Nutzen und Risiken' hin abgeklopft werden. Im wesentlichen handelt es sich dabei um (1) das Personalplebiszit, (2) das – von oben initiierte – akklamatorische Sachplebiszit, (3) das obligatorische Referendum, (4) das – von unten initiierte – fakultative Referendum und (5) die Gesetzesinitative.

(1) Das Personalplebiszit läßt sich insofern rasch abhaken, als es im Hinblick auf die demokratische Zwecksetzung unerheblich ist; es trägt nicht zur besseren Umsetzung der Präferenzen der abstimmenden Bürger im kollektiven Entscheidungssystem bei, sondern stattet lediglich den Gewählten mit einem besonderen Vertrauensvorschuß aus. Der Nutzen des Instruments liegt also allein auf dessen Seite; was dagegen die Wähler betrifft, ist es unter ‚symbolische Politik' zu verbuchen: Sie dürfen abstimmen, ohne dabei mitzubestimmen. Der praktische Effekt wird auch deshalb auf den einer Entpolitisierung hinauslaufen, weil die betreffenden Kampagnen im Medien- und Fernsehzeitalter die Abstimmung zum Beliebtheitstest mutieren lassen. Dementsprechend ist beim Wähler keine irgendwie geartete Kompetenz gefragt. Diese Einstufung des Personalplebiszits gilt im übrigen weitgehend kontextunabhängig – mit zwei Einschränkungen: Zum einen dürfte die Direktwahl z.B. eines Regierungschefs oder Präsidenten in parlamentarischen Systemen zu Macht- und Verantwortlichkeits-Verschiebungen führen, kann dort also ggf. im demokratischen Sinne kontraproduktiv wirken; zum anderen ist das Personalplebiszit ein Instrument, das die jeweilige Mehrheit bestärkt, und

---

13 Jung zählt zum ‚Volk' allerdings auch die Opposition im Parlament, die Zweite Kammer oder auch (in Bundesstaaten) Länder (-Regierungen) (ebd.: 81) – eine Zuordnung, die m.E. nicht unproblematisch ist. (s.u.)
14 Jung führt als weitere Unterscheidung die zwischen Zustimmungs- und Entscheidungsreferendum an (ebd.: 77), die aber nur geringen zusätzlichen Erkenntnisgewinn produziert.

wird deshalb in stark segmentierten Gesellschaften den gewünschten Legitimierungseffekt nur im Ausnahmefall erbringen.

(2) Beim akklamatorischen Sachplebiszit legen Regierung, Präsident oder Parlamentsmehrheit dem Volk eine für besonders wichtig erachtete Sachfrage entweder zur Entscheidung oder zu dem Zweck vor, ein ‚Stimmungsbild' zu ermitteln. Der erwünschte Effekt ist im ersten Fall mit der der Vertrauensfrage vergleichbar – also Bestätigung; im zweiten Fall ist es auf den ersten Blick der der Entscheidungshilfe, auf den zweiten Blick häufig der der Verbesserung der Chancen bei der nächstfolgenden Wahl. Ein dritter, nicht gering zu veranschlagender Effekt ist der demonstrative, sowohl dem parteipolitischen Gegner wie auch u.U. dem Ausland gegenüber (‚seht her, welche Unterstützung wir haben!'[15]). Gelegentlich mögen solche Abstimmungen allerdings auch initiiert werden, um aus einem internen Patt herauszukommen bzw. einer ratlosen oder unentschlossenen Repräsentantenmehrheit auf die Sprünge zu helfen. Insofern als die zum Urnengang gerufenen Wähler ja auch ‚Nein' sagen können, ist hier ein wenn auch schwacher Bezug zum demokratischen Zweck gegeben. Doch ist nicht zu übersehen, daß die öffentliche Debatte zum Thema primär von oben – von Regierung und/oder Parteien, im allgemeinen – strukturiert sein wird. Der Manipulationsverdacht hat hier eine gewisse Berechtigung, denn die jeweiligen politischen Lager werden ihre Anhänger in der Weise zu mobilisieren versuchen, daß Loyalität gegenüber der Partei Vorrang vor der Sachfrage hat.

Ist das Referendum von der jeweiligen Opposition in Gang gesetzt, ist dies im Prinzip nicht anders: Auch dann wird Parteiloyalität häufig wichtiger sein als die einzelnen Aspekte einer Sachfrage und wird den Stimmbürgern statt der relevanten Informationen die ‚richtige Richtung' vorgegeben werden. Ob von der regierenden Mehrheit oder der oppositionellen Minderheit initiiert, wird gewissermaßen der Kampf der Parteien untereinander in die jeweilige Anhängerschaft verlagert, und je höher die Parteiloyalität und je stärker die Parteien, desto nebensächlicher droht die eigentliche Streitfrage zu werden. Nur im Ausnahmefall werden solche Volksabstimmungen darum echte Sachreferenden sein; eher tragen sie den Charakter von Richtungsentscheidungen, zumal in parteienstaatlichen und konkurrenzdemokratischen Kontexten. Der Ausnahmefall wäre ein entsprechendes Referendum in einer segmentierten Gesellschaft, in der sich an der Urne verschiedene Minderheiten zu Wort melden können. Doch von seiner Logik funktioniert das Instrument primär in mehrheitsdemokratischem Sinn: Die Gesamtheit ist zur Stimmabgabe aufgerufen, die Mehrheit entscheidet, und Minderheiten haben nur dann eine Chance, sich effektiv zur Geltung zu bringen, wenn die Kampagnen zur Mobilisierung von Partei- (oder Regierungs-) Loyalität versagen.

---

15 S. z.B. Haiders Vorhaben, die Österreicher per Volksabstimmung die EU-Sanktionen gegen die blau-schwarze Regierung verurteilen zu lassen.

Weder die Selbstbestimmungs-Möglichkeiten der Bürger noch die Inklusivität werden mit diesem Instrument zuverlässig verrmehrt.

Ian Budge (1996) hat in seinem Versuch einer Neubewertung der direkten Demokratie diese eng an das ‚party government' gekoppelt; in der Tat scheint es „practically inconceivable that, under modern conditions, a direct democracy could function without political parties." (ebd.: 40) In weiten Teilen kreisen seine Überlegungen um die Frage, welche Auswirkungen der Einsatz direktdemokratischer Instrumente auf die Funktionsweise einer parteienstaatlichen Demokratie und auf die Parteien selbst (ihre interne Struktur z.B.) hat. Er kommt zu dem Schluß, daß beide Systemelemente durchaus miteinander kompatibel sind und die direkte Demokratie die Parteien jedenfalls nicht (wie oft vermutet) notwendigerweise schwächt. Dabei kommt ihm nicht in den Sinn, daß Parteienstaatlichkeit die direkte Demokratie entwerten, präziser: den intendierten Zweck direktdemokratischer Verfahren in sein Gegenteil verkehren könnte. Vielmehr sind die von ihm favorisierten Instrumente von vornherein so konzipiert, über Quoren die Hürden so hoch gelegt (vgl. ebd.: 41f.), daß die jeweilige Mehrheitspartei kaum Gefahr läuft, Niederlagen hinnehmen zu müssen.

So nützt denn das von oben initiierte Sachplebiszit primär den Parteien. Ein zusätzlicher Nutzen für die Bürger – ein Zusatznutzen insofern, als er ihren Einfluß über den der Wahlentscheidung hinaus vermehrt – ergibt sich nur unter der Bedingung, (a) daß die Parteien ihrerseits unentschlossen oder zerstritten, d.h. entscheidungsunwillig oder entscheidungsunfähig sind, und (b) daß die Parteien sich so weit von den Bürgern entfernt haben, daß mit Gegenreaktionen zu rechnen ist (was sich in der Regel erst ex post, nämlich anhand des Abstimmungsergebnisses feststellen läßt). Auch diesen Zusatznutzen erbringt das Instrument allerdings nur im Kontext einer halbwegs homogenen Gesellschaft: strukturelle Minderheiten würden ein weiteres Mal überstimmt.

(3) Ein Mehrheits-Instrument ist auf den ersten Blick auch das obligatorische Referendum, jedenfalls dann, wenn es mit Quoren bewehrt ist. Es ist dadurch definiert, daß es (zumeist von der Verfassung) für bestimmte Entscheidungstypen (wie z.B. Verfassungsfragen) zwingend vorgeschrieben ist; die auslösende Instanz ist also quasi eingebaut. Da die Initiierung von oben entfällt, verringern sich die Möglichkeiten, dieses Referendum gezielt manipulativ einzusetzen. Daß Regierungen bzw. regierende Parteien die ihnen zur Verfügung stehenden Mittel nutzen, ihre Anhängerschaft zu mobilisieren und sich so eine von der Sache selbst tendenziell abgelöste Zustimmung zu ihrer Politik bestätigen zu lassen, kann natürlich bei keinem der hier diskutierten Instrumente ausgeschlossen werden, um so weniger dann, wenn die Regierenden auf die Zustimmung der Bürger zwingend angewiesen sind. Allerdings kommt in genau dem Fall ein anderer wichtiger Aspekt zum Tragen: Da zum einen eine regierende Mehrheit nicht sicher sein kann, daß sich auch tatsächlich ‚ihre' Mehrheit unter den Stimmbürgern mobilisieren läßt, und da

zum zweiten nur ganz besondere, sprich: Grundsatzentscheidungen dem obligatorischen Referendum unterworfen sind, ist die vernünftige Strategie die, auf möglichst *breite* Zustimmung zu zielen, also z.B. zumindest Teile der Opposition mit einzubinden. Die entsprechenden Vorlagen werden darum stärker Kompromißcharakter tragen als das gewöhnlich der Fall ist. Folglich kann man davon ausgehen, daß sich bei obligatorischen Referenden die Zustimmungsbasis verbreitert und der Inklusivitätsgrad erhöht. Oder anders ausgedrückt: Das obligatorische Referendum wirkt eben nicht notwendigerweise mehrheitsdemokratisch, sondern kann einen super-majoritären Effekt haben (vgl. ähnlich Jung 2001: 94f., 98). Volksabstimmungen bei für die Gesamtheit wichtigen Grundsatzentscheidungen haben in dem Fall gerade nicht die ihnen gelegentlich zugeschriebene „tendency to fracture commonality rather than promote it" (Chambers 1998: 159). Eine „divisive dynamic" (ebd.) werden sie erst dann entfalten, wenn, bei hoher gesellschaftlicher Segmentierung, eine strukturelle Minderheit von der Erarbeitung der Kompromißvorlage von vornherein ausgeschlossen war.

Anders liegt der Fall, wenn für die Abstimmung keine Quoren vorgeschrieben sind. Um dies nachvollziehen zu können, muß man sich die spezifische Logik des Abstimmens vor Augen halten. Im Zusammenhang mit der Frage von Informationssuche und Diskussionsbeteiligung wurde oben (Abschnitt I. in diesem Kap.) auf die dafür notwendigen Anreize hingewiesen; und Anreize braucht der Bürger auch für die Beteiligung am Urnengang selbst. Wann also ist der Bürger, der nicht einfach und brav dem Ruf der Regierenden bzw. der Parteien folgt, zur Stimmabgabe motiviert? Er wird es nicht sein, wenn die zur Entscheidung anstehende Frage seine Interessen wenig tangiert, und er wird es um so mehr sein, je intensiver seine Präferenzen in der betreffenden Angelegenheit sind. Deren Intensität aber ist im allgemeinen am höchsten, wenn es eine für die eigenen Rechte und Anliegen bedrohliche Entwicklung abzuwehren gilt. Das heißt im Klartext, daß vorrangig diejenigen ein Motiv zur Beteiligung an der Abstimmung haben, die die Vorlage vehement ablehnen: die Gegner, während die nur lauen Befürworter dazu tendieren werden, zu Hause zu bleiben[16]. Ohne Quoren fällt es einer engagierten Minderheit demnach verhältnismäßig leicht, sich gegen eine ‚schweigende Mehrheit' durchzusetzen (s. dazu weiter u., (4))[17]. Damit läge ein Beispiel für die ‚divisive dynamics' von Volksabstimmungen vor, denn die Mehrheit mag sich dann ‚vergewaltigt' fühlen. Überdies werden ihre Wortführer, um ein solches Ergebnis zu vermeiden, im Vorfeld auf die Strategie größtmöglicher Polarisierung setzen, um so via Intensitätsverstärkung die Anreize zur Beteiligung zu vergrößern.

---

16 Gibt es Quoren, verhalten die Gegner sich eher umgekehrt: Ihre Chance, die Vorlage zu Fall zu bringen, wächst, wenn sie zu Hause bleiben, also dazu beitragen, daß das Quorum nicht erreicht wird.
17 Dies ist ein Aspekt, den Jung (2001) übersieht.

Was indessen in einer homogenen Gesellschaft wie die Vergewaltigung der Mehrheit durch die Minderheit aussieht, hat in einer segmentierten Gesellschaft den Effekt, Minderheitenrechte zu schützen: Sie können ihr Veto einlegen, und das sogar mit einer gewissen Aussicht auf Erfolg. Aus der eben skizzierten Logik des Abstimmens läßt sich im übrigen die Generalisierung ableiten, daß Sachreferenden, sofern sie nicht mit Quoren bewehrt sind (oder als akklamatorische inszeniert werden), entgegen der landläufigen Auffassung nicht primär ein mehrheitsdemokratisches Instrument sind, sondern ein Instrument des Minderheitenschutzes.

(4) In besonderem Maße trifft dies für das fakultative Referendum zu. Es ist ein Veto-Instrument, mittels dessen ‚aus dem Volk heraus' parlamentarisch beschlossene Gesetze kontestiert werden können. Idealtypischerweise[18] bedarf es zwar eines (niedrigen) Quorums, um das Referendum überhaupt in Gang zu setzen, jedoch keines Quorums für die eigentliche Abstimmung – der eben explizierten Logik folgend, daß diejenigen, deren Präferenzen in der betreffenden Sachfrage besonders intensiv sind (also zumeist die Gegner der betreffenden Regelung), nicht von denen überstimmt werden sollten, die an der Streitfrage selbst gar nicht sonderlich interessiert sind (und die, gäbe es ein Quorum, schon durch bloße Nicht-Beteiligung das Referendum scheitern lassen würden). Damit läuft das Instrument eindeutig dem Mehrheitsprinzip zuwider. Es privilegiert interessierte Minderheiten und ist folglich im Kontext weitgehender Homogenität nicht nur sinnlos, sondern sogar schädlich, da es dann ggf. die ‚Ewiggestrigen' prämiiert. Dagegen entfaltet es seinen Nutzen in segmentierten Gesellschaften, indem es deren diversen Minderheiten das Überstimmtwerden erspart – oder, positiv gewendet: auch ihnen ein Optimum an Selbstbestimmung im kollektiven Entscheidungssystem garantiert. Damit verbreitert es zugleich dessen Inklusivität erheblich, denn Entscheidungen, die die Kontestierung überstanden haben, sind von einer breiten ‚Super-Majorität der Interessierten' getragen. Und schließlich ist dieses Instrument der mutmaßlich einzig gangbare Weg, auf der sektoralen Dimension der Politik einen Näherungswert an die Kongruenz von Entscheidungsbetroffenheit und (wenigstens negativer) Entscheidungsbeteiligung herzustellen.

Um es noch einmal zu unterstreichen: Diesen dreifachen Nutzen erbringt das Instrument *kontextabhängig*, d.h. im Falle von Nicht-Homogenität und im Falle von Mehrdimensionalität. Das sind zwar grundsätzlich zwei verschiedene Paar Stiefel, denn natürlich fallen sektorspezifische politische Entscheidungen auch in (relativ) homogenen Gesellschaften, ohne über die territoriale Schiene der Repräsentation (s.o., II.3.f.) zureichend legitimiert sein zu können. Gleichwohl hängen beide Kontextfaktoren insofern eng zusammen, als in homogenen Gesellschaften der Vertrauensvorschuß in die Repräsentanten größer ist als in heterogenen.

---

18 – und der ‚idealtypische' Fall ist hier die Schweiz.

Zum Kontext zählt indessen auch das institutionell-organisatorische Umfeld. Ist dieses parteienstaatlich geprägt, verliert das Instrument einiges an seinem Wert; wird primär nach Parteiloyalität(en) entschieden, mag zwar immer noch ein Plus an Inklusivität zu verzeichnen sein, doch sind die Zugewinne in puncto Selbstbestimmung und Kongruenz fraglich. Dominieren statt der Parteien die Interessenverbände, ist der Befund weit weniger eindeutig. Auch in dem Fall muß man zwar davon ausgehen, daß Loyalitäten mobilisiert werden. Doch die sind zum einen von vornherein um einiges sach-spezifischer als Parteiloyalitäten. Zum anderen steht jedem organisierten Interesse eine Art ‚zweite Marktseite' der Betroffenen gegenüber, deren Interesse gegenläufig ist und sich fallweise aktualisiert; mit anderen Worten: die Mobilisierungskampagne eines Verbandes kann völlig kontraproduktiv sein, indem sie genau diese ‚zweite Seite' auf den Plan ruft. In einer Sachentscheidung bündeln sich, zum dritten, häufig mehrere Aspekte, ist nicht nur eine Konfliktlinie tangiert. Kurz: der Ausgang eines solchen Referendums ist, von den Organisatoren (und Organisationen) aus betrachtet, häufig nicht kalkulierbar und ein fakultatives Referendum darum nur selten ‚käuflich'. Natürlich bedarf es einiger Organisation und Ressourcen, um das Referendum zu initiieren und die öffentliche Debatte anzustoßen; daraus ließe sich auf einen gewissen *bias* zugunsten ressourcenstarker und gut organisierter Gruppen schließen, die sich via Referendum quasi als Dauer-Vetogruppen etablieren könnten. Auf Grund der geschilderten Unkalkulierbarkeit kann die jeweilige Debatte jedoch schnell zum Selbstläufer werden, womit sich die Chancen alsbald gleichmäßiger verteilen: Der mächtige Verband ist der ad hoc-(Bürger-)Gruppe eben gerade nicht automatisch überlegen. Im Gegenteil bietet das fakultative Referendum wahrscheinlich die einzige Möglichkeit, den unorganisierten Entscheidungsbetroffenen eine eigene – ggf. machtvolle – Stimme im Konzert der organisierten und institutionalisierten Entscheidungsträger zu verleihen.

(5) Allerdings ist die Stimme nur negativ: Sie erreicht ‚nur' die Entscheidungsblockade. Als das im Sinne demokratischer Selbstbestimmung erzielbare Optimum gilt darum nach Ansicht Vieler die ‚gestaltende' Gesetzesinitiative. Doch eben dieses Optimum ist gerade in demokratietheoretischer Hinsicht nicht ganz unproblematisch. Das Instrument impliziert idealtypisch drei Verfahrensschritte: (a) die Initiative als solche, die in einer bestimmten Sachfrage eine gesetzliche Regelung einfordert; (b) die Erarbeitung und Vorlage des Gesetzes; (c) die Abstimmung über das Gesetz.

(a) Der erste Schritt ist zweifelsfrei als Zugewinn an Selbstbestimmung und Inklusivität zu werten, indem er das Quasi-Monopol der institutionalisierten Entscheidungsträger auf das Agenda-Setting aufbricht und bisher vernachlässigte Regelungsbedürfnisse zur Geltung bringt. (b) In der Praxis fallen der erste und der zweite Schritt zumeist zusammen, d.h. eine Initianten-Gruppe speist eine fertige Gesetzesvorlage in die öffentliche Debatte ein. Das impliziert zum einen, daß die Vorlage einen mutmaßlich höchst einseitigen Standpunkt repräsentiert, keinen Abgleich verschiedener Interessen enthält; der Diskussionsprozeß, an dessen Ende im Idealfall das Gesetz steht, ist sozusagen abgeschlossen, *bevor* er in der Öffentlichkeit in Gang kommt[19]. Die andere Implikation ist die, daß z.b. eine ad hoc-Gruppe mit einiger Wahrscheinlichkeit nicht über das nötige Rüstzeug zur Gesetzesvorbereitung verfügt. Als Ausweg bietet sich so etwas wie ‚out-sourcing' an: die Auslagerung der Aufgabe an geeignete Fachleute, eine Organisation, o.ä.. Das könnte einen speziellen Typus von ‚politischen Unternehmern' auf den Plan rufen, die sich auf solche Aufgaben spezialisieren[20], also eine neue Art von ‚agents', die sich ggf. von ihren ‚principals' in ähnlicher Weise verselbständigen wie die normalen Repräsentanten. Dann haben wir es aber eben nicht mehr im strengen Sinn mit Selbstgesetzgebung zu tun, sondern es würde eine bestimmte Art der Mediatisierung lediglich durch eine andere Art ersetzt (bzw. ergänzt).

(c) Und eben das läßt die Mehrheits-Minderheits-Problematik bei diesem Instrument noch tückischer aussehen, als sie es ohnehin schon ist. Man stelle sich vor, in einer relativ homogenen Gesellschaft lanciert irgendeine Bürgergruppe an der parlamentarischen Mehrheit vorbei eine Gesetzesvorlage. Da die betreffende Gruppe in der Frage mutmaßlich über besonders intensive Präferenzen verfügt (sonst hätte sie sich all die Mühe mit der Initiative nicht gemacht), besteht auf der Seite der Befürworter in der nachfolgenden Abstimmung kein Mobilisierungsproblem, wohl aber ggf. auf der anderen Seite, die vielleicht nur mäßig engagiert ist und/oder die möglichen Konsequenzen nicht übersieht. Die Folge könnte sein, daß eine Bürgerminderheit ein Gesetz beschließt, dem anschließend die Mehrheit unterworfen ist – es sei denn, der regierenden Mehrheit gelingt es, mittels einer Polarisierungsstrategie die Intensitätsunterschiede auszugleichen. Unterstellt man nun auch noch eine dominante Rolle der politischen Parteien, sieht die Situation so aus, daß die Opposition über die (formal) außerparlamentarische Initiative den Machtvorteil der regierenden Partei partiell auszuhebeln vermag. Die Funktionsweise der parlamentarischen Mehrheitsdemokratie wäre auf den Kopf gestellt; ihr unbestreitbarer Vorzug, die Zurechenbarkeit von Verantwortlichkeit sicherzustellen, wäre angesichts des Wirrwarrs der resultierenden (fallweisen) ‚heimlichen Allparteienkoalition' dahin. Quoren vermögen das Mehrheits-Minderheits-Problem zu entschärfen, jedenfalls in den Fällen, in denen es sich bei den Initianten tatsächlich um Bürgergruppen handelt. Dann nämlich würde die desinteressierte Mehrheit allein durch Abstinenz die Vorlage zu Fall bringen. Bei Parteien-Dominanz ist die Lage weniger eindeutig, weil die Parteien sich voraussichtlich verpflichtet fühlen, Präsenz zu zeigen, das Quorum also leichter erreicht wird. Wie schon beim Typ des von oben initiierten Referendums diskutiert, würde die Parteien-Auseinandersetzung dann

---

19 – was denn allerdings im reinen Repräsentativsystem fast der Normalfall ist.
20 S. hierzu das instruktive kalifornische Beispiel.

vom Parlament in die Bevölkerung verlagert, und zwar mit allen Vergröberungen und Verzerrungen, die Polarisierungsstrategien nun einmal mit sich bringen. An die Stelle der Sachdebatte träte wiederum der Kampf der Loyalitäten – mit ungewissem Ausgang und vor allem mit höchst ungewissem ‚demokratischem Nutzen'.

Unter der Bedingung der Heterogenität stellt sich die Lage nicht viel besser dar.[21] Auch in diesem Fall wäre die initiierende Minderheit auf Grund der Intensitätsverteilung theoretisch betrachtet häufig im Vorteil[22], könnte also, sofern es keine Quoren gibt, den anderen – weniger interessierten – Minderheiten ein auf ihre Spezialinteressen zugeschnittenes Gesetz aufdrücken. Zugleich wären Quoren hier aber problematisch: Die initiierende Gruppe könnte schließlich auch einmal Recht und den Stein der Weisen gefunden haben, hätte dann aber keine Chance, sich zu behaupten; d.h. eine Gesetzesinitiative wäre von vornherein aussichtslos, sprich: ein wertloses Instrument. Einen möglichen Ausweg aus dem Dilemma scheint die (in der Schweiz im Zusammenhang mit der Verfassungsinitiative geübte) Praxis zu bieten, der Vorlage der Initianten nicht nur in der öffentlichen Debatte, sondern auch bei der Abstimmung einen Gegenvorschlag der regierenden Mehrheit beizugesellen, der wichtige Punkte der Initianten-Vorlage aufnimmt, aber die Diskussion auf eine breitere Basis stellt und das Motiv zur Abstimmungsteilnahme generell erhöht. Hätten wir allerdings mit Parteien-Dominanz zu tun, stünde der Wert dieser Lösung schon wieder in Frage, weil dann wiederum die Gefahr bestünde, daß (Partei-) Loyalitäten an die Stelle von Sach-Interessiertheit treten.

Kurz: in demokratietheoretischer Hinsicht ist die Gesetzesinitiative ein durchaus ambivalentes Instrument. Zweifelsfrei ist ihr Nutzen allein in der Verbreiterung der Inklusivität des Entscheidungssystems beim Agenda-Setting. Was dagegen die Entscheidung selbst betrifft, ist der Zugewinn sowohl an genereller Selbstbestimmung als auch und vor allem an Inklusivität fraglich bzw. nur unter höchst speziellen Bedingungen wahrscheinlich. Es ist *eine* Sache, einer Minderheit das Recht zum Widerspruch gegen Entscheidungen einzuräumen, von denen sie sich (ihre Interessen) essentiell tangiert sieht; es ist aber eine *andere* Sache, einer engagierten Minderheit die Möglichkeit zuzubilligen, an der Mehrheit vorbei, ggf. gar gegen sie, für die Gesamtheit gültige Regeln zu beschließen.

(6) Bei der Diskussion der verschiedenen direktdemokratischen Instrumente wurde die Frage nach den Materien, die legitimerweise von den Bürgern direkt entschieden werden können oder sollen, bisher nicht berücksichtigt. Hierzu gibt es nur wenige Anhaltspunkte. Die Annahme z.B., daß man

---

21 So ist es wohl auch kein Zufall, daß es in der Schweiz auf *Bundes*ebene die Gesetzesinitiative nicht gibt.
22 Der Vorteil entfällt natürlich, wenn die Initiative auf Grund ihres Inhalts von vornherein stark polarisiert (Stichwort ‚Überfremdungs-Initiative').

die Bürger nicht über finanzwirksame Vorlagen entscheiden lassen dürfe, weil sonst die Finanzen des jeweiligen Gemeinwesens unweigerlich heillos durcheinander gerieten, ist durch die schweizerische Praxis widerlegt (vgl. Kirchgässner et al. 1999: 4. Kap.). Daß die Bürger für die Entscheidung komplexer Sachfragen unzureichende Kompetenz aufwiesen, überzeugt wenig, da ihre Repräsentanten in vielen Sachfragen ähnlich inkompetent sind und *beide* auf die – in der öffentlichen Debatte aufgearbeitete – Expertise anderer zurückgreifen müssen. Umverteilungsfragen können Probleme aufwerfen, doch ob das der Fall ist und wie gravierend die Probleme sind, hängt vom Ausmaß der gesellschaftlichen Solidarität sowie von der Ausgestaltung der entsprechenden Regelungen im einzelnen ab; deshalb kann auch redistributive Politik nicht generell als Ausschlußgrund gelten.

Ich kann mir nur zwei Typen von Materien vorstellen, in denen die direktdemokratische Entscheidung *prima facie* problematisch ist. Im einen Fall sind dies Fragen, die mit gravierenden Wert-Differenzen zwischen Gruppen/Minderheiten zu tun haben (Darf in bayrischen Schulzimmern ein Kruzifix hängen? Dürfen moslemische Frauen in der Öffentlichkeit ein Kopftuch tragen?), im anderen Fall solche, die generell die Rechte und Chancen *anderer* betreffen (Dürfen Ausländer im Land arbeiten und ‚Inländer' werden? Wollen wir die Polen und Tschechen in der EU haben ...?). Beide Typen hängen eng zusammen; doch der Grund für ihren Ausschluß von direktdemokratischen Verfahren ist ein doppelter. Wo es um Werte geht, ist die Intensität der entprechenden Präferenz im allgemeinen besonders hoch. Einrede, Verbote, Regulierung erscheinen hier grundsätzlich illegitim, was denn allerdings nicht nur für die direktdemokratische, sondern auch für die repräsentative Mehrheitsentscheidung gilt. Direktdemokratische Instrumente ihrerseits haben den Zweck, die Möglichkeiten der individuellen *Selbst*entscheidung zu optimieren, und sie werden immer dann problematisch, wenn sie die Möglichkeit der *anderen*, sich selbst zu bestimmen, beschneiden. Der kniffligste Fall in dieser Hinsicht ist natürlich der der Entscheidung darüber, wer überhaupt zum ‚Volk' (also zu den Selbst- und Mitbestimmungsberechtigten) gehört. Auf die Frage, ob der Demos legitimerweise darüber befinden darf, wer dazu zählt und wer nicht, hat noch niemand bisher eine überzeugende Antwort gewußt; und ich will mich gar nicht erst daran versuchen. Nur soviel: Der Beschluß derer, die sich für den Demos halten, über den Ausschluß einer demselben Entscheidungssystem unterworfenen Gruppe[23] hat, auch wenn er direktdemokratisch gefaßt wird, die Vermutung der Illegitimität für sich.

---

23 – wie z.B. der direktdemokratisch gefaßte Beschluß der männlichen Eidgenossen, den Frauen das Stimmrecht zu verweigern.

III.

Das Fazit dieses Exkurses ist dies, daß direkte Beteiligung auch unter dem Gesichtspunkt der individuellen Selbstbestimmung repräsentativen Beteiligungsformen nicht in Bausch und Bogen überlegen ist. Einzelne direktdemokratische Instrumente können ein wertvolles Komplement zur repräsentativen Demokratie darstellen, doch sind die Instrumente differenziert und vor allem je nach Kontext unterschiedlich zu beurteilen. Von der Logk des Abstimmens her sind sie – sofern sie nicht akklamatorisch ‚von oben' genutzt werden – primär Minderheitenrechte; ihren größten Nutzen im Hinblick auf den Zweck von Demokratie entfalten sie darum als Widerspruchsrechte. Das macht sie zugleich zum nicht nur erwünschten, sondern demokratietheoretisch geradezu unerläßlichen Verfahren in segmentierten, komplexen Gesellschaften. Dort erscheinen sie als das einzige Mittel, ein Modicum an Kongruenz von Entscheidungsbetroffenheit und Entscheidungsbeteiligung, auch sektoral, sicherzustellen – immer vorausgesetzt, sie sind auf den Bereich von jeweils ‚self-regarding' Entscheidungsmaterien eingegrenzt.

Im Kontext homogener Gesellschaften liegt der Effekt von Sachreferenden darin, die Repräsentanten, die ihr Fußvolk und seine Interessen gern aus dem Blick verlieren, fallweise zur Ordnung zu rufen. Diese – nicht gering zu veranschlagende! – Funktion erfüllen sie indessen nur dann, wenn sie von unten initiiert werden und vor allem wenn die Parteien nicht so dominant sind, daß sie die direktdemokratischen Verfahren für sich instrumentalisieren können: eine Gefahr, mit der im Prinzip bei allen Verfahrenstypen außer dem Widerspruchsrecht in komplexen Gesellschaften zu rechnen ist. Hier zeichnet sich ein Paradox ab, das oben (Abschnitt II.(2)) implizit schon angsprochen wurde: Je höher der Grad nicht nur an Parteienstaatlichkeit, sondern auch an ‚partyness of society' (vgl. Katz 1986), desto notwendiger erscheinen direktdemokratische Korrektive, um die Responsivität des Systems zu erhöhen – und desto leichter fällt es den Parteien, die betreffenden Instrumente für sich zu vereinnahmen und damit zu entwerten. Wohlgemerkt sind es nicht die mangelnde Kompetenz oder die grundsätzliche Überforderung der Bürger, die die Entwertung verursachen, sondern die Eigenschaften des politischen Systems. Um kontraproduktive Effekte direktdemokratischer Instrumente zu vermeiden, bedürfen sie in bestimmten Kontexten also flankierender, absichernder Verfahrensregelungen, die nicht leicht zu konzipieren sind. Zum Teil ist eine Absicherung durch Quoren nötig, die jedoch ihrerseits (wie gesehen) je nach Kontext Probleme aufwerfen. Das direktdemokratische Veto jedenfalls bedarf solcher Quoren nicht; sie würden im Gegenteil bewirken, daß es seinen Zweck verfehlt.

Dieses Veto ist zugleich das am flexibelsten anwendbare Instrument. Es ist weder auf den staatlichen Zusammenhang noch auf den identitär geeinten Demos angewiesen, und es kommt mit minimalem institutionellem und organisatorischem Aufwand aus. Stellt man das soeben erwähnte ‚Parteienstaats-

Paradox' in Rechnung, ergibt sich die Vermutung einer U-förmigen Relation von (politischem) Institutionalisierungsgrad und dem Nutzen direktdemokratischer Elemente: Je höher der Grad der Institutionalisierung – d.h. je mehr der politische Handlungsspielraum der Bürger durch Repräsentation, von Eliten-Kartellen u.ä. eingeengt ist –, desto höher ist der Wert partieller direktdemokratischer Öffnung zu veranschlagen (wenn auch um so schwerer zu realisieren); und je weniger das Entscheidungssystem institutionalisiert ist, desto unerläßlicher ist zumindest das direktdemokratische Vetorecht, um ein Minimum an demokratischer Mitsprache zu ermöglichen.

e. Ein Maß für Demokratie

Oben wurde Demokratie als eine Eigenschaft definiert, die kollektiven Entscheidungssystemen mehr oder weniger (oder auch gar nicht) anhaften kann. Das ‚Mehr oder Weniger' bezieht sich dabei auf die Erfüllung ihrer Zwecksetzung: der Verlängerung individueller Selbstbestimmung in den Bereich kollektiver Entscheidungen hinein. Die Definition impliziert also einen Maßstab, der eine differenzierte Beurteilung realer Entscheidungssysteme, aber auch von Demokratisierungsprojekten erlauben sollte.

I.

Nun schlagen vor allem empirische Demokratietheoretiker sich seit Jahrzehnten mit dem Problem herum, wie man den demokratischen Charakter von politischen Systemen messen könnte: „just how democratic is ‚democracy' in countries that we call democracies today ...? ... is it possible to explain why these countries are ‚democratic' and many others are not?" (Dahl 1998: 4) In der Zeit des Kalten Krieges schien zur Beantwortung dieser Frage die Unterscheidung zwischen Singular und Plural, die zwischen Tyrannei und Nicht-Tyrannei auszureichen: *tertium non datur*. ‚Nicht-Tyrannei' allein durch die Existenz rivalisierender Führungscliquen zu bestimmen, ist natürlich unbefriedigend; es müßten zumindest die Wahlmöglichkeiten von Herrschaftsunterworfenen (aber welcher? Wie vieler?) sowie irgendwelche Kontrollmöglichkeiten hinzukommen. Um zu einer gewissen Trennschärfe der Unterscheidung zu gelangen, bedurfte es der qualifizierenden Anreicherung, die primär im Vorhandensein bestimmter Institutionen bzw. institutioneller Vorkehrungen gesucht wurde – als da sind: regelmäßige Wahlen, ein Parlament, Gewaltenteilung. Allerdings ist nicht nur denkbar, sondern mit praktischen Beispielen zu belegen, daß ein gewaltenteilendes, mit gewähltem Parlament versehenes System nicht demokratisch ist. Die Merkmale, die seinen demokratischen Charakter ausmachen, mußten also weiter ausdifferenziert werden – um so weiter, je länger man über das Problem nachdachte.

Dabei führte der ‚institutionelle Trugschluß' vielfach dazu, ein bestimmtes, reales politisches System, das man für unzweifelhaft demokratisch hielt, zum Modell und seine Systemmerkmale – mehr oder weniger *in toto* – zum Maßstab zu erheben. Ein schönes Beispiel hierfür sind die Freedom House Surveys (s. Gastil 1991), deren Meßinstrument im Lauf der Zeit zu einer differenzierten ‚check list' ausgebaut wurde, deren 28 Indikatoren auf den zwei Dimensionen ‚political rights' und ‚civil liberties' alles zu erfassen scheinen, was mit Wahlen und Wahlmöglichkeiten (‚meaningful elections'), der Rolle von Parlament und Opposition, mit Machtteilung, Rechtsstaatlichkeit und individuellen Rechten, mit Medien und der gesellschaftlichen Organisationslandschaft zu tun hat (wobei unterstellt, aber nicht bewiesen ist, daß alle Indikatoren ‚demokratierelevant' sind). Erstaunlicherweise ist z.B. die direkte Mitsprache der Bürger als Indikator nicht vorgesehen. Legt man diese ‚check list' auf demokratische ‚Musterländer' wie Großbritannien oder die Schweiz an, kommt man zu recht gemischten Resultaten, und nur die USA scheint als ‚freies Land' über (fast) jeden Zweifel erhaben.

Das Meßinstrument, das immerhin berücksichtigt, daß das Vorliegen von demokratischen Zuständen keine simple ja-nein-Frage ist, sondern „a matter of degrees" (Cnudde/Neubauer 1969: 514), krankt daran, daß es „not so much out of any theoretical understanding of democracy as from experience" entwickelt wurde (Gastil 1991: 26). So kommt ihr Autor selbst zu dem resignativen Schluß, „what constitutes freedom and democracy is a moving target"; was zu ihrer Beurteilung not tue, sei „a firm place to stand, from which to judge" (ebd.: 36). Der eigentliche Idealfall – so auch andere Autoren – sei die Konzipierung von Demokratie „as a continuous variable" (Cnudde/Neubauer 1969: 513), doch besteht wenig Einigkeit darüber, welches diese entscheidende Variable sein soll. Kenneth A. Bollen (1991: 5) entscheidet sich für die „relative balance of power between elites and nonelites", was die Doppel-Frage aufwirft, ob Demokratie bei einem ‚fifty-fifty' anfängt und wonach ‚nonelite power' sich bemißt. Für das letztere bieten sich seiner Ansicht nach ‚institutionelle Garantien' an, wie z.B. Dahl (1971) sie in seiner frühen ‚polyarchy scale' aufführt. Die ‚continuous variable' ist bei Dahl allerdings die der ‚public contestation', auf einer zweiten Dimension verkoppelt mit der der ‚inclusiveness'. Die Aufspaltung in zwei Dimensionen (auch in die eben erwähnte der ‚political rights' und der ‚civil liberties') haben die Empiriker inzwischen fallen gelassen, da sie herausfanden, daß die zweite Dimension letztlich dasselbe mißt wie die erste. Ihre Meßversuche mit der Polyarchy Scale waren im übrigen „somewhat disappointing in that it locates such a disproportionate number of countries in the top category" (Inkeles 1991: 58) – mit der unvermeidlichen Folge, daß die Skala innerhalb der ‚top category' eben nicht mehr diskriminiert (was wiederum nicht weiter verwundern kann, ging es Dahl doch erklärtermaßen darum, die ‚minimum requirements' von Demokratie festzulegen).

Dahls neuere Überlegungen zum Maß für Demokratie laufen verstärkt auf die ‚responsive rule' als ‚continuous variable' hinaus; zudem hat er das Gewicht der Inklusivitäts-Dimension erhöht (s. bes. Dahl 1997). ‚Responsive rule' ist auch der Dreh- und Angelpunkt von David Beethams (1994) ambitioniertem Versuch eines ‚Democratic Audit'. Verbunden mit der axiomatischen Setzung, daß die einfache Mehrheitsregel allen Alternativen überlegen ist (ebd.: 13ff.), ergibt sich daraus als Meßlatte, daß Politik den Präferenzen der (einfachen) Mehrheit der Bürger entsprechen muß. In den 24 ‚logisch notwendigen Bedingungen von Demokratie' verunklart sich die Meßlatte allerdings in einem Sammelsurium von Details mit höchst unterschiedlichem Stellenwert[24]. Noch mehr gilt dies für die aus den 24 Bedingungen abgeleiteten 30 Indikatoren, die das eigentliche Meßinstrument darstellen. Das Instrument kann hier nicht im einzelnen diskutiert werden; doch zweierlei fällt auf: Während die Bedingungen immerhin verschiedene Institutionalisierungen von Demokratie möglich erscheinen lassen (z.B. werden unter Nr. 15 auch Referenden erwähnt), drehen die Indikatoren sich, was die gedachte institutionelle Form von Demokratie angeht, allein um Wahlverfahren, um Parteien, um das Verhältnis von Regierung und Parlament[25]. Die ‚responsive rule' erscheint so zum ‚open and accountable government' verengt; Bürgerbeteiligung kommt nur am Rande unter dem Titel der ‚civil society' vor („How widespread is political participation in all its forms ..."; Nr. 27, ebd.: 39). Das zweite Monitum ist, daß unklar bleibt, ob die Indikatoren additiv oder (z.T.) alternativ zu verstehen sind; es werden keine ‚cluster' deutlich, die verschiedenen – möglicherweise gleichermaßen demokratischen – Systemtypen zuzuordnen wären. So ist das scheinbar so ausgefeilte Meßinstrument in demokratie-vergleichender Hinsicht von nur begrenztem Nutzen.

II.

In dem hier vorgestellten Konzept ist (das wird nun niemanden mehr überraschen) die ‚continuous variable' die der Beteiligung der Bürger an kollektiv bindenden Entscheidungen. Davon kann es mehr oder weniger geben; sie kann direkt oder indirekt oder auch beides sein und sich in verschiedenen institutionellen Formen aktualisieren; sie kann höhere oder geringere Grade von Inklusivität erlauben; sie kann sich auf verschiedene Stadien des Entscheidungsprozesses – oder sogar auf alle – beziehen; und sie kann effektiv oder (aus den verschiedensten Gründen) ineffektiv sein. Wie effektiv Beteiligungsformen sind, z.T. auch welchen Inklusivitätsgrad sie garantieren, wird

---

24 So wird als ‚logisch notwendig' z.B. die regelmäßige Durchführung von Meinungsumfragen angeführt, und zwar von Umfragen auch zu Fragen, die gar nicht politisch entschieden werden (Nr. 14, ebd.: 17); ebenso ‚logisch notwendig' ist etwa ‚adequate health care' (Nr. 23).

25 – und sogar um die Verfahren der Stellenbesetzung in der Ministerialbürokratie (s. Nr. 15, ebd.: 38).

je nach gesellschaftlichem Kontext und organisatorisch-institutionellem Umfeld variieren; deshalb kann die Bewertung der jeweils vorfindbaren Mischung von Beteiligungsmöglichkeiten nicht kontext-unabhängig erfolgen. Folglich läßt sich ein ‚Maß von Demokratie' nicht als einfach-lineare Skala konstruieren – etwa nach dem Motto: je vielfältiger die Opportunitätsstrukturen und je höher der Anteil direkter Formen, desto demokratischer das Gesamtsystem. Im Exkurs über die direkte Demokratie wurde gerade eben erläutert, daß manche Beteiligungsformen unter bestimmten Kontextbedingungen eher kontraproduktiv, also dem Ziel verbesserter demokratischer Beteiligung entgegen wirken. Hätte man ein System ‚halb-direkter' Demokratie zu bewerten, wäre darum nicht nur nach dem ‚Wieviel' zu fragen, sondern: Welche Instrumente gibt es im einzelnen, wer ist die jeweils auslösende Instanz, wieweit sind sie durch die Regierenden oder bestimmte gesellschaftliche Eliten instrumentalisierbar, erhöhen sie die Inklusivität des Entscheidungssystems, besteht auf Grund der Gesellschaftsstruktur überhaupt Bedarf nach ihnen ...? Unter maßgeblichem Einbezug des Kontextes ist dem Meßinstrument demnach eine Art Cluster-Bildung zugrunde zu legen, die die gesamte Bandbreite möglicher Institutionalisierungen von Demokratie in Relation setzt zu den folgenden Strukturmerkmalen:

(1) Homogenität oder Segmentierung der Basis der Entscheidungs-Betroffenen;
(2) Dimensionalität des Entscheidungssystems (territorial und/oder sektoral);
(3) Institutionalisierungsgrad des Gesamtsystems (Formalisierung der Interaktionen; Mehrebenenstruktur; Organisationsgrad);
(4) Dominanzstrukturen in der Gesellschaft (plurale oder Kernelite; Parteiendominanz; Medienmonopol o.ä.).

Mit der Variable der Kontext-Angemessenheit enthält das Maß eine zweite Dimension, die die für die ‚continuous variable' erreichten Werte zu relativieren vermag (und also nicht dasselbe mißt). Aus der Kombination beider Variablen lassen sich – im Idealfall – das im jeweiligen Kontext (bzw. Cluster) erzielbare ‚demokratische Optimum' ermitteln und die Abweichungen von ihm in realen politischen Systemen bezeichnen. Dazu ist natürlich weitere Operationalisierung vonnöten. Es wird nicht ganz leicht sein, für die eben benannten Merkmale der Kontext-Variable eindeutig diskriminierende Indikatoren zu finden. Für die Beteiligungs-Variable sind weniger Schwierigkeiten vorauszusehen. Sie läßt sich operationalisieren

(1) nach dem Umfang der Beteiligungsmöglichkeiten;
(2) nach deren Relevanz: Wie bedeutsam ist die Wahlentscheidung für Zusammensetzung und Programm der Regierung; haben die Stimmbürger ein Letztentscheidungsrecht; etc.;

(3) nach der Differenziertheit der Beteiligungsverfahren: differenziert nach Personal- und Sachfragen, nach Entscheidungsebenen, nach Entscheidungstypen, nach Politikfeldern, nach Stadien des Entscheidungsprozesses (Agenda-Setting – Vorbereitung – Beschluß – Durchführung);
(4) nach der Inklusivität der Beteiligungsverfahren (die wiederum nach einzelnen Verfahren – Bereichen – Stadien usw. unterschiedlich ausfallen kann);
(5) nach dem erkennbaren (,gewollten') Bezug zur jeweiligen Gesellschaftsstruktur: Welche besonderen Rechte haben Minderheiten, regionale Untergliederungen, sektorale Segmente;
(6) nach der Entscheidungsregel und deren Differenziertheit;
(7) nach den Möglichkeiten der Kontestierung von Entscheidungen.

2. Anwendungsfall „Demokratisierung der Europäischen Union"[26]

Das – noch unfertige – ‚Maß für Demokratie' kann hier nicht an verschiedenen Vergleichsfällen illustriert und getestet werden[27]. Doch scheint es reizvoll, es auf die Europäische Union und die europäische Demokratie-Debatte anzuwenden. Dies soll in vier Schritten geschehen: (I) in einer sich an den eben aufgeführten Kriterien zur Erfassung des Kontexts orientierenden Skizzierung der gesellschaftlichen Basis und des institutionell-organisatorischen Umfelds; (II) in der Anwendung der wie oben aufgefächerten Beteiligungs-Variable auf das europäische Entscheidungssystem; (III) in der Beurteilung der in Teil I dargestellten Vorschläge zu dessen weiterer Demokratisierung an Hand des kombinierten Maßstabs; (IV) und schließlich in der Formulierung des unter den gegebenen Kontextbedingungen erzielbaren ‚demokratischen Optimums'.

I.

(1) ‚Die' europäische Gesellschaft – z.B. als einheitlicher Kommunikationsraum verstanden (vgl. Eder 2000) – gibt es eigentlich nicht; stattdessen haben

---

26 Der Anwendungsfall Europäische Union bietet sich deswegen an, weil meine demokratietheoretischen Überlegungen beim unbefriedigenden Stand der europäischen Demokratiedebatte ihren Ausgangspunkt nahmen. Doch gilt es festzuhalten, daß die EU als vergleichsweise ‚staatsnahes' supranationales Gebilde zugleich einen Spezialfall ‚postnationalen Regierens' darstellt und auf sie anwendbare Lösungen des Demokratieproblems für andere – ‚entgrenztere' – Formen postnationalen Regierens nur mit einigen Abstrichen tauglich sein mögen.
27 Aber s. dazu, in einer noch sehr viel vorläufigeren Fassung als der hier vorgestellten, Abromeit 2001c.

wir in der EU mit höchst divergenten ‚Mitgliedsgesellschaften' zu tun. Sie unterscheiden sich soziokulturell, auch in den jeweiligen *politischen* Kulturen erheblich, doch folgt die Segmentierung nicht ausschließlich nationalstaatlichen Grenzen. Die Staatsgrenzen überschreitend verlaufen Kulturgrenzen zwischen Sprachräumen, soziale und ökonomische Grenzen zwischen Wirtschaftsräumen und Wirtschaftssektoren (was nicht identisch ist), z.T. diffuse Grenzen zwischen Betroffenen-Gruppen (man denke nur an den Alpen-Transit!) – und nicht zu vergessen Grenzen zwischen ‚Europäern' und Europa-Gegnern. Kurz: das europäische Entscheidungssystem überwölbt eine gesellschaftliche Basis, die alles andere als homogen und in fast nichts geeint ist: ein disparates Konglomerat von Minderheiten mit höchst unterschiedlichem politischem und ökonomischem Gewicht.

(2) Das Entscheidungssystem selbst ist auf verzwickte Weise mehrdimensional. Zwar mischen sich in den meisten staatlichen Entscheidungssystemen die territoriale und die sektorale Dimension, doch in der EU als (ursprünglich) ‚bereichsspezifischem Staatenverbund' geschieht dies in besonders akzentuierter Weise, indem Betroffenheiten sich sektoral aktualisieren, Entscheidungsträger aber sich territorial legitimieren. In den berüchtigten ‚variablen Geometrien' wird das Auseinanderfallen beider Dimensionen deutlich sichtbar. Die ‚network governance', die zunehmend zum Markenzeichen europäischer Politik wird, markiert einen zweiten Schritt, nämlich den der Dominanz der funktionalen über die territoriale Dimension; denn „member state governments can no longer claim a monopoly on representing the interests of their citizens": „other non-national actors are competing for the position of legitimate interest representation" (Kohler-Koch 1999b: 19), ohne indessen den Nachweis führen zu können, worauf ihr Legitimitäts-Anspruch beruht.

(3) Auch in puncto Institutionalisierungsgrad ist die Lage verzwickt, präziser: der Befund widersprüchlich. Auf den ersten Blick erscheint das ‚Gesamtsystem EU' als Mehrebenensystem hoch-institutionalisiert: Bürger finden sich auf mehreren Ebenen, in verschiedenen Organisationen und von vielfältigen Akteuren repräsentiert, die (z.T.) auf geregelte Weise interagieren, sich gegenseitig kontrollieren, usw. Andererseits ist europäische Politik in erheblichem Maße „policy-making without politics" (ebd.: 25), da sie auf informellen Kanälen generiert wird und des sichtbaren Konnexes zur institutionalisierten Mehrebenenstruktur häufig entbehrt. Woran es vor allem hapert, ist die institutionalisierte Verknüpfung zwischen den Entscheidungsebenen (was nicht nur für die ‚dritte Ebene' der verfaßten Regionen, sondern schon für die ‚zweite' der mitgliedstaatlichen Parlamente mißlich ist). Die Gerichtsbarkeit erzwingt fallweise die direkte Geltung europäischer Normen quasi an der Mehrebenenstruktur vorbei und ohne daß es ein Komplement in der anderen Richtung – von unten nach oben – gäbe. Schließlich ist der Organisationsgrad im Gesamtsystem unterentwickelt: Es gibt keine europäischen Parteien und Verbände, die die Bürger an sich zu binden vermöchten

und die umgekehrt bürgerschaftlichem Engagement offen stünden. So ist der Institutionalisierungsgrad insgesamt, so merkwürdig das klingt, gleichzeitig hoch und zu gering.

(4) Damit ist schon einmal klar gestellt, daß es in der europäischen Gesellschaft an offenkundig dominanten organisierten Akteuren fehlt. Auch eine Kernelite ist *prima facie* nicht auszumachen. Stattdessen haben wir es mit politisch wie ökonomisch pluralen Eliten zu tun – Regierungen, Großunternehmen, schlagkräftigen Organisationen einzelner Wirtschaftssektoren –, die fallweise miteinander kooperieren und fallweise im ‚Raumschiff Europa' dominieren, deren Dominanz aber nicht in der Weise in die geamteuropäische Gesellschaft hineinreicht, daß sie in der Lage wären, dort grenzüberschreitend Loyalitäten zu mobilisieren. Natürlich mag es ihnen gelingen, ihr jeweiliges nationalstaatliches Segment zu aktivieren. Das macht sie zu wichtigen Veto-Akteuren, doch haben sie ohne Koalitionsbildung kaum die Chance, die Unterstützung einer gesamteuropäischen Mehrheit zu gewinnen. Und auch mittels Koalitionsbildung steigt die Erfolgswahrscheinlichkeit nur geringfügig, da die jeweiligen nationalstaatlichen Regierungen (als immer noch wichtigster Koalitionspartner für organisierte Interessen) naturgemäß primär an *nationale* Loyalitäten appellieren.

„‚...the test for the EU is whether it is as democratic as possible given the constraints under which *it* labours, and the values of *its* citizenry." (Lord 1998: 14f.) Zu diesen ‚constraints' gehören zweifellos die ausgeprägte Segmentierung der Gesellschaft(en) sowie die Mehrdimensionalität des europäischen Entscheidungssystems. Beide Kontextfaktoren verweisen auf Schwierigkeiten, nicht aber auf die Unmöglichkeit einer Demokratisierung, zumal die spezifische Ausprägung der Mehrdimensionalität sich bei Etablierung bestimmter Beteiligungsformen durchaus ändern könnte. Der geringe Organisationsgrad auf europäischer Ebene präsentiert sich als Demokratisierungs-Hindernis im Hinblick auf *eine* – die rein parlamentarische –, nicht aber im Hinblick auf alle denkbaren Demokratievarianten, während zugleich die noch gering ausgeprägten europäischen Dominanzstrukturen ungewohnte Freiräume bürgerschaftlicher Selbstbestimmung eröffnen mögen. Der ambivalente Befund in puncto Institutionalisierungsgrad dagegen verweist auf ein Demokratisierungs-Desiderat, nämlich auf die Etablierung von Durchgriffs-Möglichkeiten der Bürger auf die höchste europäische Ebene. Kurz: die sich aus der Prüfung der Kontext-Variablen ergebenden ‚constraints' sind so eindeutig und gewichtig nicht, wie man auf den ersten Blick meinen könnte. Eher mögen die ‚values of the citizenry' ein Problem darstellen, so disparat wie sie sind.

II.

Der Kontext scheint gleichwohl nur eine reduktionistische Demokratie-Variante zuzulassen. Doch eine reduktionistische Variante dachten die Konstrukteure der EU bereits installiert zu haben. Sie soll hier nun stichwortartig an Hand der Indikatoren der Beteiligungs-Variable skizziert werden.

(1) Der Umfang der – institutionalisierten – Beteiligungsmöglichkeiten der Bürger auf europäischer Ebene ist denkbar gering: Sie beschränken sich auf die Wahlen zum Europäischen Parlament.

(2) Diese Wahlen entsprechen nicht dem Kriterium der ‚meaningful elections'. Weder gibt es eine dem Europäischen Parlament verantwortliche Regierung noch stellen sich Parteien mit einem ‚europäischen Wahlprogramm' zur Wahl. D.h. über die europäischen Wahlen können die Bürger weder ihre Präferenzen zur Geltung bringen, noch haben sie die Möglichkeit ‚to throw the rascals out'.

(3) Der Differenzierungsgrad der Beteiligungsmöglichkeiten ist gering bzw. auf der formell-institutionalisierten Schiene nicht-existent. Weder gibt es dort einen Einfluß auf Sachfragen, noch ist nach Stadien des Entscheidungsprozesses differenziert. Nach Entscheidungstypen ist nicht auf europäischer, sondern teilweise auf mitgliedstaatlicher Ebene differenziert, indem dort Vertragsschritte einer Volksabstimmung unterworfen werden. Hinsichtlich der Entscheidungsebenen ist eher ein Minus zu konstatieren, indem das europäische Entscheidungssystem die Chancen effektiver Beteiligung in den Mitgliedstaaten entwertet. Auf der informellen Schiene stellt sich die Situation etwas anders dar: Sektorale Eliten und NGOs haben über Anhörungen und den Zugang zu Politiknetzwerken durchaus die Chance, den europäischen Entscheidungsprozeß in der Vorbereitungs- und ggf. auch schon in der Agenda-Setting-Phase zu beeinflussen.

(4) Diesen informellen Beteiligungsmöglichkeiten mangelt es indessen an Inklusivität; oder anders ausgedrückt: es wird jeweils der Grad von Inklusivität erreicht, den die Kommission für zuträglich hält. Fallweise mag der höher sein als in vergleichbaren Situationen in den Mitgliedstaaten; auch erzwingt das mitgliedstaatliche Veto eine vergleichsweise hohe Inklusivität im Hinblick auf die Berücksichtigung nationaler Interessen. Doch der Punkt ist der, daß es abseits der nationalen (von der jeweiligen Regierung definierten und vertretenen) Interessen keine *garantierten* Einflußmöglichkeiten gibt. Bürger, Bürgergruppen, Interessenten haben keinen Anspruch auf Inklusion.

(5) Die Beteiligungsverfahren lassen den ‚gewollten' Bezug zur hochsegmentierten Gesellschaftsstruktur vermissen. Auf sehr vermittelte Weise bringt sich über das Veto im Ministerrat die nationale Segmentierung zur Geltung, über die informelle ‚network governance' die sektorale. An beidem haben die betroffenen Bürger selbst im Zweifelsfall keinen Anteil. Auf der territorialen Dimension bleibt die ‚dritte Ebene', auf der sektoralen die jeweils ‚zweite Seite des Maktes' aus dem institutionalisierten (und mit Rechtsansprüchen bewehrten) Entscheidungssystem systematisch ausgeklammert.

(6) Im Entscheidungssystem insgesamt ist die Mehrheitsregel – formell und noch mehr informell – vielfach ausgehebelt und gilt (immer noch weit-

gehend) das Konsensprinzip. In der ‚Volksvertretung' dagegen sind qualifizierte Mehrheiten nur dann erforderlich, wenn sie sich gegen Rat und Kommission durchzusetzen versucht. D.h. die Super-Majoritäten schützen die Exekutive sowie nationale Interessen.

(7) Europäische Entscheidungen sind nur im Ausnahmefall kontestierbar. Bürger zumal haben weit bessere Chancen, über die Anrufung des EuGH gegen Versäumnisse der Mitgliedstaaten vorzugehen, als auf europäischer Ebene getroffene Regelungen anzufechten.[28]

Was die Beteiligung betrifft, befindet die EU sich demnach weiterhin im Stadium des ‚Staatenverbundes', der Regierungseinfluß prämiiert, gesellschaftliche Interessen nur dann zur Kenntnis nimmt, wenn diese mit nationalstaatlichen Regierungen eine Liaison eingegangen sind oder aber, aus welchen Gründen immer, über einen besonders guten Draht nach Brüssel, sprich zur Kommission verfügen. Der Zustand des Entscheidungssystems ist vordemokratisch, woran das gewählte Europäische Parlament wenig ändert: „created as an after-thought"[29], ist es eine Art symbolischer, quasi-demokratischer Annex. Die Wahlen sind nicht als effektive Beteiligung einzustufen, und diese einzige Beteiligungsmöglichkeit hängt überdies insofern in der Luft, als sich im Europäischen Parlament weder die tiefgreifende Segmentierung der europäischen Gesellschaft zur Geltung bringen noch die Mehrdimensionalität europäischer Politik abbilden kann.

III.

Aber so defizitär wie dieser Befund im Hinblick auf den Zweck demokratischer Beteiligung sind die meisten zur Behebung des Defizits vorgeschlagenen Verfahrensverbesserungen oder zusätzlichen Beteiligungsverfahren, wenn man sie in Relation zum Kontext setzt. Ohnehin gibt es, wie in Teil I gesehen, erstaunlich wenige institutionell auswertbare Vorschläge dieser Art. Die wichtigeren sollen hier nun in einem Kurzdurchlauf noch einmal Revue passieren.

(1) Die Vorschläge, die auf weitere Parlamentarisierung setzen, zielen nicht auf Vermehrung, sondern auf die Effektivierung der bisher schon möglichen Beteiligung ab, in der erklärten Absicht, das Ideal der ‚responsive rule' auf die EU zu übertragen. Unter der Voraussetzung, daß sie angesichts der Kontextbedingungen überhaupt realisierbar ist, würde die Effektivierung eines europäischen Parlamentarismus indessen die Kontext-Unverträglichkeit der bestehenden Beteiligungs-Struktur verstärken; das Resultat wäre ggf. ‚respons*ible* government' ohne Responsivität. Parlamentarische und Regierungsmehrheiten könnten nur künstliche sein; die meisten (nationalen) Minderheiten sähen ihre Anliegen daher unzureichend repräsentiert. ‚Respons*ive*

---

28 Die zulässigen Gründe hierfür sind Unzuständigkeit, Vertragsverletzung und Ermessensmißbrauch (vgl. Art. 230 EGV).
29 So ein Interview-Partner aus der Europäischen Kommission (November 1996).

rule' im Sinne einer Orientierung der Politik an den Präferenzen der Wählermehrheit ließe sich schon deshalb nicht verwirklichen, weil es *die* Mehrheitspräferenzen nicht gibt: Die ‚values of the citizenry' sind zu disparat, um sich auf einen einfachen regierungsprogrammatischen Nenner bringen zu lassen. Die sektorale Dimension der Politik bliebe unerfaßt; die entsprechenden Interessen könnten sich nur subkutan zur Geltung bringen, was im allgemeinen hohe Selektivität nach sich zieht. Die majoritäre parlamentarische Logik würde das Entscheidungssystem insgesamt durchdringen und dessen jetzige Inklusivität drastisch verringern. Das ‚Raumschiff Europa' würde endgültig abheben.

(2) Wie die Stärkung des Europäischen Parlaments schafft auch die vermehrte Einschaltung der mitgliedstaatlichen Parlamente in die europäische Politik den Bürgern keine zusätzliche Beteiligungsmöglichkeit, sondern sucht der zunehmenden Entwertung ihrer bestehenden Rechte (‚zu Hause') entgegenzuwirken. Unter der Voraussetzung, daß eine *wirksame* Mitsprache nationaler Parlamentarier tatsächlich etabliert werden kann[30], könnte sich die Inklusivität des Entscheidungssystems geringfügig erhöhen, würde sich jedenfalls nicht vermindern, nicht zuletzt weil das Mehrheitsprinzip dann auch im Parlament partiell ausgehebelt würde. Die funktionale Dimension der Politik allerdings bliebe in legitimatorischer Hinsicht weiterhin unterbelichtet. Erhöht würde auf jeden Fall der Institutionalisierungsgrad des Gesamtsystems, mit der mutmaßlichen Folge verringerter Transparenz, ggf. sogar verringerter Interorgan-Kontrollen, da die nationalen Parlamentarier ja ins europäische Verhandlungssystem eingebunden würden. Sie würden die von ihnen ‚zu Hause' kritisierten Verhandlungszwänge dann am eigenen Leibe erfahren und sich *nolens volens* einpassen. Zwei alternative Anpassungsstrategien sind wahrscheinlich: zum einen die, die Stimmen der jeweiligen Regierung im Rat quasi zu verdoppeln, d.h. das nationale Stimmgewicht zu verstärken, zum anderen die, ihre Loyalitäten und Eigeninteressen auf die höhere, supranationale Ebene zu verlagern. Bürgerschaftlicher Selbstbestimmung ist so in keinem Fall gedient. Im Gegenteil verringert sich die Möglichkeit von ‚meaningful elections': Den Wählern wird systematisch verunklart, wen und wofür und zu welchem Programm sie wählen.

(3) Die ‚post-parlamentarische' Variante der losen Kopplung verschiedener Arenen geht vom richtigen Grundgedanken aus, daß die funktionale Seite europäischer Politik irgendeiner legitimatorischen Einbindung bedarf. Allerdings sieht sie hierzu keine Beteiligungsmöglichkeit vor, ja nicht einmal ein plausibles Konzept funktionaler Repräsentation; offenbar wird die letztere als gewissermaßen naturwüchsig gegeben unterstellt. Dagegen wird die einzige Beteiligungsform, die der Parlamentswahlen, entwertet, indem Europäisches Parlament wie auch nationale Parlamente zu einer Art Stichwortgeber und Begleitinstanz für die in den anderen Arenen stattfindende Politik mutieren.

---

30 Zu den Zweifeln daran s.o., I.2.a.(3).

Der Institutionalisierungsgrad des Entscheidungssystems wird damit tendenziell verringert. Das ließe sich im Sinne der Schaffung vermehrter Freiräume für bürgerschaftliche Aktivität interpretieren, die indessen, wenn es denn so wäre, politisch leer liefe, weil keine wie auch immer geartete Schiene politischer Einflußnahme eröffnet wird.

(4) Mit ihrer Idee der deliberativen Gremien und Arenen bietet die deliberative Demokratietheorie grundsätzlich ein Instrumentarium an, das so flexiblen wie differenzierten Einsatz erlaubte – wäre es denn konkretisiert. Zumal auf eine unter-institutionalisierte und unter-organisierte Gesellschaft scheint der Grundgedanke optimal zu passen[31]. Die Mehrdimensionalität der Politik ließe sich dadurch erfassen, daß jeweils ‚problemorientiert' deliberiert wird; die Minderheiten-Problematik würde entschärft, indem jeweils Konsense angestrebt werden; starrsinnige nationalistische Egoismen würden im Diskussionsprozeß überwunden. Aber selbst vorausgesetzt, daß grenzüberschreitende sektorale Öffentlichkeiten – also ‚deliberative Arenen' – sich ausbilden (worein alle Wohlmeinenden ihre Hoffnung setzen), bleibt die Frage, wie diese mit den eigentlichen ‚deliberativen Gremien', also den in den Entscheidungsprozeß eingebundenen Diskussionsrunden, so zwingend verkoppelt werden können, daß am Ende für die Bürger ein Plus an Selbstbestimmung herausspringt. Zumal auf europäischer Ebene sind solche Gremien kaum anders als Elitenveranstaltungen – als mit dem einen oder anderen Vertreter von ‚Betroffenen' angereicherte Expertenrunden – denkbar. Systematisch unklar bleibt, wer (welche Einheiten, Gruppierungen, Organisationen) das Recht haben könnte, Vertreter zu entsenden, und über welche Auswahlverfahren diese sich als echte Repräsentanten legitimieren könnten. Ohnehin kommen in dem Konzept die Individuen mit ihren Bedürfnissen (außer vielleicht auf lokaler Ebene) nicht wirklich vor; die angezielte Inklusivität richtet sich denn auch weniger auf gesellschaftliche Gruppen, Minderheiten etc., sondern auf Problemaspekte. Das Instrument der deliberativen Gremien ist im übrigen – und nicht zuletzt aus den eben erwähnten Gründen – für die Phase der Entscheidungs*vorbereitung* konzipiert; mangels repräsentativer Absicherung taugt es nicht für die Phase der Beschlußfassung. Unterstellt man nun, daß die gewählten Repräsentanten – das Parlament – sich an die jeweiligen Empfehlungen hält, wird die einzige institutionell gesicherte Beteiligungsmöglichkeit der Bürger, die Wahl nämlich, tendenziell noch weiter entwertet, als sie es ohnehin schon ist.

(5) Direktdemokratische Instrumente sind grundsätzlich ähnlich differenziert, mehrdimensional und flexibel einsetzbar wie deliberative Gremien. Im Gegensatz zu jenen stellen sie definitiv eine zusätzliche Beteiligungsmöglichkeit der Bürger dar, die *prima facie* deren Chance zur Selbstbestimmung

---

[31] Einschränkend muß hierzu allerdings vermerkt werden, daß das Konzept zwar nicht die Existenz mächtiger, loyalitätsheischender Verbände, wohl aber eine ausgebildete ‚Zivilgesellschaft' voraussetzt.

vermehrt, indem sie die Mitsprache auf Sachfragen ausdehnt. Doch sind nicht alle Instrumente in gleicher Weise kontextadäquat. Zudem wurde oben (III.1.d.) zu begründen versucht, daß sie ebenso wenig alle in gleicher Weise geeignet sind, zu effektiver Mitsprache beizutragen. So würden z.B. europaweite Referenden zu ‚wichtigen Fragen', mit relativ hohen Quoren versehen, wenn sie denn überhaupt zustande kommen, das majoritäre Element verstärken und damit im Hinblick auf die Kontext-Erfordernisse kontraproduktiv wirken. Würde das Quorum nicht nach mitgliedstaatlichen ‚Quoten' aufgefächert, bestünde überdies die Gefahr, daß die bevölkerungsreichen Mitgliedsländer die übrigen majorisieren; bei einer entsprechenden Auffächerung dagegen liefe man Gefahr, das nationalstaatliche Veto in anderer Form zu reproduzieren (was immerhin zu so überraschenden wie für die jeweilige Regierung peinlichen Resultaten führen kann[32]). Die andere Seite der Medaille ist die, daß europa-weite Quoren die zusätzliche Beteiligungschance insofern leerlaufen lassen, als eine europäische Bevölkerungsmehrheit häufig nicht hinreichend motiviert sein wird, an der Abstimmung überhaupt teilzunehmen, weil unmittelbare Betroffenheit und folglich Interesse nur ungleichmäßig verteilt sind. Die bloße Eröffnung der Abstimmungsmöglichkeit hätte dann allein symbolischen Wert.

Die Manipulationsgefahr durch Mobilisierung von (von der jeweiligen Sachfrage unabhängigen) Loyalitäten ist differenziert einzuschätzen; sie wird um so höher sein, je wichtiger, von der Sachfrage wie von der Ausgestaltung des Referendums her, das nationale Umfeld wird, und sie wird um so niedriger sein, je ‚europäischer' das relevante Umfeld, da auf europäischer Ebene die mobilisierungsfähigen Akteure noch Mangelware sind. Deswegen erscheinen ‚von oben' initiierte Referenden grundsätzlich als weniger problematisch als im national- und parteienstaatlichen Kontext, sieht man einmal davon ab, daß diese Art von Referenden jedenfalls seitens der Initianten auf die Aktivierung einer Mehrheitslogik zielt. Gesetzesinitiativen dagegen dürften im europäischen Kontext eher größere Probleme aufwerfen als im nationalstaatlichen, da sie zwar auf die Mehrheitslogik abzielen *sollten*, faktisch aber interessierte Minderheiten begünstigen. Zudem stellt sich die Frage nach der Erarbeitung der jeweiligen Vorlage und nach deren Einbettung in eine öffentliche Debatte supranational naturgemäß verschärft.

Kurz: sollen die direkten Beteiligungsmöglichkeiten effektiv sein, die Inklusivität erhöhen, die Mehrdimensionalität der Politik berücksichtigen, müssen sie sehr sorgfältig konzipiert werden. Lediglich ‚europa-weite Referenden' zu fordern, ist definitiv zu wenig; und die Quoren hoch anzusetzen und die Initiierung etwa einer qualifizierten (!) Mehrheit des Europäischen Parlaments anheimzugeben (z.B. Zürn 1998: 356), ist im Zweifelsfall kontrapro-

---

32 – sowie zu der Peinlichkeit, daß eine Regierung ihr Volk so lange abstimmen läßt, bis es ‚richtig' wählt.

duktiv, und zwar sowohl im Hinblick auf den Kontext wie im Hinblick auf das Ziel der Vermehrung und Effektivierung demokratischer Mitsprache.

IV.

Und wie sähe nun das unter den gegebenen Kontextbedingungen erzielbare ‚demokratische Optimum' aus? Welche Beteiligungsformen erfüllen den Zweck, auch in einem trans- bzw. supranationalen Entscheidungssystem den Individuen ein Minimum an ‚Selbstbestimmung im Kollektiv' zu gewährleisten? Ansprüche auf aktive Mitgestaltung sind hier notgedrungen zurückzustecken, nicht zuletzt weil die Organisationen und Foren fehlen, die solches vorbereitend und strukturierend ermöglichen. Aber aus dem gleichen Grund kann die Beschränkung auf die Wahl von Abgeordneten eines supranationalen Parlaments dieses Minimum nicht sein: Der Wahlentscheidung haftet hierfür zuviel Beliebigkeit an. Zurückzustecken wären allerdings auch Ansprüche im Hinblick auf ‚aktive Politik' als solche, da mangels kompakter Mehrheiten eine entsprechende Politik nur im Ausnahmefall als allgemein zustimmungsfähige konzipierbar ist.

(1) Wahlen werden damit nicht überflüssig. Sie sind indessen nur in eng begrenztem Sinne als ‚Autorisierung' zu verstehen: nämlich als Autorisierung zur Entscheidungs*vorbereitung* und zur Regierungskontrolle. Repräsentation ist im gegebenen Kontext nur als ‚judgmental representation' denkbar, zum einen weil die hochdifferenzierte Basis sich in einer Repräsentativversammlung schlicht nicht abbilden läßt, zum anderen weil sich mangels programmfähiger Parteien keine spezifischen ‚Wähleraufträge' konstruieren lassen. Die parlamentarische Mehrheitsentscheidung auf der Grundlage des freien Mandats aber kann in einem solchen Kontext keine Legitimität generieren und muß daher stets als nur *vorläufig* betrachtet werden: offen für die Kontestierung durch die Normunterworfenen. Erst wenn kein Widerspruch seitens der jeweils Betroffenen erfolgt, kann eine gesetzliche Regelung den Anschein für sich in Anspruch nehmen, daß alle ihr zugestimmt hätten haben *können*.

(2) Das ‚demokratische Optimum' impliziert unter den gegebenen Bedingungen darum zwingend und entscheidend die Etablierung von Widerspruchsrechten der Bürger, sprich: das fakultative Referendum. Nur auf diesem – negativen – Wege lassen sich die Entscheidungen der von der gesellschaftlichen Basis weit entfernten supranationalen Regierungsinstitutionen effektiv an die Zustimmung der Regierten binden. Hier muß nun noch einmal an die Logik des fakultativen Referendums erinnert werden: Es funktioniert als Minderheitenrecht, und zwar in der Weise, daß es diejenigen, die sich von einer Regelung *intensiv* in ihren Rechten/Präferenzen beeinträchtigt sehen, gegenüber einer eher desinteressierten Mehrheit schützt. Es ist darum das einzige Mittel, das – zureichende Information vorausgesetzt – in einer hochdifferenzierten Gesellschaft und speziell im Fall sektoral differenzierender

Politik eine Kongruenz von Entscheidungsbetroffenheit und Entscheidungsbeteiligung einigermaßen zuverlässig zu garantieren vermag. Auch die ‚variablen Geometrien' lassen sich damit legitimatorisch einfangen. Das Instrument hat den supranational unschätzbaren Vorteil, daß es keinen hohen Institutionalisierungsgrad des Entscheidungssystems voraussetzt. Gleichzeitig eröffnet es den Entscheidungsunterworfenen in hochkomplexen, insbesondere Mehrebenensystemen den Durchgriff auf die oberste Entscheidungsebene; es gibt ihnen die Chance, sowohl formell-institutionell wie informell verknüpfte Eliten-Kartelle (‚network governance') fallweise zur Rechenschaft zu ziehen.

(3) Die Gesetzesinitiative ist im supranationalen Kontext (wie eben schon vermerkt) dagegen noch problematischer als im nationalstaatlichen. Initiativrechte wären hier auf die Phase des Agenda-Setting zu beschränken.

(4) Für die Phase der Gesetzesvorbereitung – insbesondere dann, wenn die Initiative aus der Bürgerschaft kommt – bietet sich das Instrument der deliberativen Gremien an. Es ist zwar *prima facie* nicht sonderlich beteiligungs-relevant, doch ließen sich Konkretisierungen vorstellen, die die Repräsentanz der Initianten in den Gremien sichern. Der oben mehrfach erwähnte Nachteil des Instruments, die ungewisse Repräsentationsbasis nämlich, erscheint weit weniger schwerwiegend, wenn die Bürger über ein Widerspruchsrecht gegen die schließlich beschlossene Regelung verfügen; das ausgeübte Widerspruchsrecht ist zugleich der Test dafür, ob der Anspruch, daß der via Deliberation gefundene Konsens allgemein zustimmungsfähig sei, zu Recht besteht. Überhaupt ist festzuhalten, daß die Möglichkeit des Widerspruchs die oben (II.3.d.) problematisierten ‚Tücken der Repräsentation' maßgeblich entschärft.

(5) Das hier skizzierte, unter den in der EU gegebenen Kontextbedingungen erzielbare ‚demokratische Optimum' ist überwiegend negativ, erlaubt aktive Politik nur in bescheidenem Maß und ist insofern reduktionistisch: eine ‚Sparversion' von Demokratie, die sich von anderen Minimalkonzepten ‚nur' dadurch unterscheidet, daß sie die Bürger nicht aus dem Blick verliert. Da deren Selbstbestimmungsanspruch sich indessen auch auf Gestaltung richtet, ist das Komplement zur Garantie von Negativrechten die von weiten Autonomiebereichen auf den unteren Ebenen, d.h. in den diversen (nicht nur nationalstaatlichen) Segmenten des komplexen Gesellschaftsganzen.

(6) Voraussetzung auch der ‚Sparversion' ist ein Mindestmaß an transnationaler Öffentlichkeit. Glaubt man neueren Forschungen, ist diese in Form sektoraler bzw. issue-spezifischer Teil-Öffentlichkeiten in Europa in der Tat im Entstehen begriffen. Interessanterweise deutet manches darauf hin, daß sie sich primär auf Grund ‚negativer Resonanz' auf europäische Politik herausbilden (vgl. Eder 1999; s. schon o., I.2.d.). Demnach existiert im Ansatz und bereichsweise bereits eine Basis für die Aktualisierung von Widerspruch. Umgekehrt ist wohl der Schluß erlaubt, daß die bloße Existenz von Widerspruchs*rechten* die Ausbildung solcher Teil-Öffentlichkeiten weiter befördert

(womit ich hier denn auch einen bescheidenen Beitrag zum ‚demokratischen Funktionalismus' leiste). Dagegen zählt das Vorhandensein eines identitär geeinten Demos gerade nicht zu den Voraussetzungen des hier vorgestellten Optimums an demokratischer Beteiligung. Im Gegenteil ist dessen Nicht-Existenz Teil der Kontextbedingungen, die die Realisierung anderer, ‚reicherer' Demokratie-Varianten restringieren. Seine Nicht-Existenz ebenso wie die Nicht-Evidenz der Probleme, die auf europäischer Ebene zu regeln sind (vgl. Offe 1998a: 129), sind einer der Hauptgründe dafür, auf der Etablierung von Widerspruchsrechten der europäischen ‚multiplen Demoi' zu insistieren.

Fazit

An Stelle einer umfänglichen Zusammenfassung mögen als Fazit der hier angestellten demokratietheoretischen Überlegungen wenige Sätze genügen:
Wozu braucht man Demokratie? Es sind die Individuen, die ihrer bedürfen – nicht ein System, noch auch die Vernunft, die eines Subjekts in der Tat entraten kann. Erst wenn man Demokratie von ihrem Zweck her denkt, sich auf das Postulat individueller Selbstbestimmung besinnt, statt von vornherein in Regierungsformen und überkommenen Institutionalisierungen zu denken, ist man in der Lage, der postnationalen Herausforderung der Demokratietheorie zu begegnen.

Das ausführlich zu begründen, war der Zweck dieses ‚1001. Buches' über die Demokratie. Das zweite Anliegen ist das, die Demokratietheorie auf den ‚Pfad der Tugend' zurückzuleiten. Sie ist im Laufe der Zeit so überfrachtet worden, hat so viel an zum Wohl der Menschheit allgemein Wünschbarem in das Konzept hineingepackt, daß im Hinblick auf den individuellen Selbstbestimmungsanspruch nur ein Minimum übrig blieb. Wer Politikergebnisse ins Zentrum rückt, türmt vor dem – angeblich inkompetenten – Individuum Hindernis über Hindernis auf. Wer moralische und vernunftgemäße Entscheidungen zur Essenz von Demokratie erklärt, schreckt vor den realen Individuen unweigerlich zurück und endet entweder beim Zynismus oder in der Flucht vor der Wirklichkeit. Wer von der Idee der Selbstbestimmung abstrahiert, landet bei der bei Licht betrachteten absurden Konstruktion der sich ‚selbst-legitimierenden' Politik, von der die Konstruktion der ‚subjektlosen Intersubjektivität', aus der Recht und Gerechtigkeit ‚emergieren', gar nicht so weit entfernt ist.

Doch die Bedürfnisse der Menschen finden sich weder im Himmel der Vernunft noch auf dem Reißbrett von Experten. Wäre dem so, bedürfte man der Demokratie nicht, sondern der weisen und kundigen ‚législateurs'. Stattdessen bilden die Bedürfnisse sich (wie auch immer) in den Köpfen der Bürger, und weil das so ist, braucht man Demokratie, nämlich die ‚individuelle Selbstbestimmung im Kollektiv'. Es ist an der Zeit, sich darauf rückzubesinnen und also das Pferd des Minimalismus vom anderen Ende her aufzuzäu-

men: Institutionalisierungen, Formen, Verfahren, Ergebnisse sind kontingent
– der Zweck der Demokratie ist es nicht.

Literaturverzeichnis

Abromeit, Heidrun 1984: Mehrheitsprinzip und Föderalismus. In: Guggenberger, Bernd/Offe, Claus (Hrsg.): An den Grenzen der Mehrheitsdemokratie. Opladen: Westdeutscher Verlag, S.133-147

Abromeit, Heidrun 1998a: Democracy in Europe. Legitimising Politics in a Non-State Polity. Oxford: Berghahn Books

Abromeit, Heidrun 1998b: Ein Vorschlag zur Demokratisierung des europäischen Entscheidungssystems. In: Politische Vierteljahresschrift, 1/1998, S.80-90

Abromeit, Heidrun 1999: Volkssouveränität in komplexen Gesellschaften. In: Niesen, Peter/Brunkhorst, Hauke (Hrsg.): Das Recht der Republik. Festschrift für Ingeborg Maus. Frankfurt am Main: Suhrkamp, S.17-36

Abromeit, Heidrun 2000: Mögliche Antworten auf Demokratiedefizite in der Europäischen Union. In: Arnim, Hans Herbert von (Hrsg.): Direkte Demokratie. 3.Speyerer Demokratieforum vom 27.-29. Oktober 1999. Berlin: Duncker & Humblot, S.187-198

Abromeit, Heidrun 2001a: The Constitutionalisation and Democratisation of the European Union: Political Science between Integration and Prescription. In: Haller, Max (Hrsg.): The Making of the European Union. Contributions of the Social Sciences. Berlin/Heidelberg/New York: Springer Verlag

Abromeit, Heidrun 2001b: Demokratie und Öffentlichkeit: ein supranationales Dilemma. In: Abromeit, Heidrun/Nieland, Jörg-Uwe/Schierl, Thomas (Hrsg.): Politik, Medien, Technik. Festschrift für Heribert Schatz. Wiesbaden: Westdeutscher Verlag, S.75-91

Abromeit, Heidrun 2001c: Ein Maß für Demokratie. Europäische Demokratien im Vergleich. Wien: Institut für Höhere Studien (IHS), Reihe Politikwissenschaft 76

Abromeit, Heidrun 2002a: Contours of a European Federation. In: Regional & Federal Studies, London (i.E.)

Abromeit, Heidrun 2002b: Jenseits des `sui generis´. In: Landfried, Christine (Hrsg.).: Politik in einer entgrenzten Welt. Sammelband zum DVPW-Kongress vom 1.-5. Oktober 2000 in Halle (i.E.)

Abromeit, Heidrun/Schmidt, Thomas 1998: Grenzprobleme der Demokratie: konzeptionelle Überlegungen. In: Kohler-Koch, Beate (Hrsg.): Regieren in entgrenzten Räumen. PVS Sonderheft 29. Opladen: Westdeutscher Verlag, S.293-319

Abromeit, Heidrun/Hitzel-Cassagnes, Tanja 1999: Constitutional Change and Contractual Revision: Principles and Procedures. In: European Law Journal, Vol.5 Issue1 S.23-44

Abromeit, Heidrun/Hitzel-Cassagnes, Tanja/Ruppertz-Rausch, Simone/Schmalz-Bruns, Rainer 2000: Die Entwicklung von Recht und Demokratie in der EU – der öffentliche Rechtediskurs im europäischen Institutionengefüge. Antrag zum Forschungsprojekt, Darmstadt

Abromeit, Heidrun/Schmidt, Thomas 2000: The riddle of borderless democracy: on the search of transnational demoi. Paper presented to the IPSA World Congress, Research Committee3: European Unification, Panel 2: Democracy beyond the nation state, August 2000, Quebec

Adorno, Theodor W. 1951: Minima Moralia. Frankfurt am Main: Suhrkamp

Albert, Matthias 1999: Entgrenzung und Formierung neuer Räume. In: Kohler-Koch, Beate (Hrsg.): Regieren in entgrenzten Räumen. PVS Sonderheft 29. Opladen: Westdeutscher Verlag, S.49-76

Archibugi, Daniele 1998: Principles of Cosmopolitan Democracy. In: Archibugi, Daniele/Held, David/Köhler, Martin (Hrsg.): Re-Imaginig Political Community. Oxford: Polity Press, S.198-228

Arrow, Kenneth 1963: Social Choice and Individual Values. New Haven et al.: Yale University Press

Bach, Maurizio 1993: Vom Zweckverband zum technokratischen Regime: Politische Legitimation und institutionelle Verselbständigung in der Europäischen Gemeinschaft. In: Winkler, Gerhard/Kaeble, Hartmut (Hrsg.): Nationalismus - Nationalitäten – Supranationalität. Stuttgart: Klett Cotta, S.288-308

Bachrach, Peter 1967: Die Theorie demokratischer Elitenherrschaft. Frankfurt am Main: Europäische Verlagsanstalt

Banchoff, Thomas/Smith, Mitchell P. 1999: Introduction. In: Banchoff, Thomas/Smith, Mitchell P.: Legitimacy and the European Union: the Contested Polity. London: Routledge, S.1-23

Baumeister, Andrea T. 2000: Liberalism and the `Politics of Difference´. Edinburgh: Edinburgh University Press

Beetham, David 1991: The Legitimation of Power. Basingstoke: Macmillan

Beetham, David (Hrsg.) 1994: Defining and Measuring Democracy. London et al.: Sage Publ.

Beetham, David/Lord, Christopher 1998a: Legitimacy and the European Union. London and New York: Longman

Beetham, David/Lord, Christopher 1998b: Legitimacy and the European Union. In: Weale, A./Nentwich, M. (Hrsg.): Political theory and the European Union: Legitimacy, constitutional choice and citizenship. London: Routledge, S.15-33

Bellamy, Richard/Castiglione, Dario 2000: The uses of democracy. In: Eriksen, Erik Oddvar/Fossum, John-Erik (Hrsg.): Democracy in the European Union. London/New York: Routledge, S.65-84

Benhabib, Seyla 1992: Situating the Self: Gender, Community and Postmodernism in Contemporary Ethics. Cambridge: Polity Press

Benz, Arthur 1998a: Ansatzpunkte für ein europafähiges Demokratiekonzept. In: Kohler-Koch, Beate (Hrsg.): Regieren in entgrenzten Räumen. PVS Sonderheft 29. Opladen: Westdeutscher Verlag, S.345-368

Benz, Arthur 1998b: Postparlamentarische Demokratie? Demokratische Legitimation im kooperativen Staat. In: Greven, Michael (Hrsg.): Demokratie – eine Kultur des Westens?. Opladen: Leske + Budrich, S.201-222

Benz, Arthur 1999: Compounded Democracy and Multi-level Governance in the European Union. Paper presented to the IPSA Research Committee on European Unification, Brüssel 2.+3.12.1999

Benz, Arthur 2000: Politische Steuerung in lose gekoppelten Mehrebenensystemen. In: Werle, Raymund/Schimank, Uwe (Hrsg.): Gesellschaftliche Komplexität und kollektive Handlungsfähigkeit. Frankfurt am Main: Campus, S.97-124

Berelson, Bernard R./Lazarsfeld, Paul F./McPhee, William N. 1954: Voting. A study of opinion formation in a presidential campaign. Chicago/London: University of Chicago Press

Bobbio, Norberto 1989: Democracy and Dictatorship. Cambridge: Polity Press

Bogdanor, Vernon 1986: The Future of the European Community: Two Models of Democracy. In: Government and Opposition, Vol.21 No.2, S.161-176

Bogdanor, Vernon 1990: Democratising the Community. London: The Federal Trust for Education and Research

Bohmann, James 1996: Public Deliberation. Pluralism, Complexity and Democracy. Cambridge, Mass./London: The MIT Press

Bohmann, James 1998: Survey Article: The Coming of Age of Deliberative Democracy. In: The Journal of Political Philosophy, Vol.6 No.4, S.400-425

Bohnet, Iris/Frey, Bruno 1994: Direct-Democratic Rules: The Role of Discussion. In: KYKLOS, Vol.47 Fasc.3, S.341-353

Bollen, Kenneth A. 1991: Political Democracy: Conceptual and Measurement Traps. In: Inkeles, Alex (Hrsg.): On Measuring Democracy. New Brunswick/London: Transaction Publishers, S.3-20

Brennan, Geoffrey/Buchanan, James M. 1985: The Reason of Rules. Constitutional Political Economy. Cambridge: Cambridge University Press

Brittan, Leon 1994: Europe. The Europe We Need. London: Hamilton

Brock, Lothar, 1999: Die Grenzen der Demokratie: Selbstbestimmung im Kontext des globalen Strukturwandels und des sich wandelnden Verhältnisses zwischen Markt und Staat. In: Kohler-Koch, Beate (Hrsg.): Regieren in entgrenzten Räumen. PVS Sonderheft 29. Opladen: Westdeutscher Verlag, S.271-292

Buchanan, James M./Tullock, Gordon 1971: The Calculus of Consent. Ann Arbour: University of Michigan Press

Budge, Ian 1996: The New Challenge of Direct Democracy. Cambridge: Polity Press

Burke, Edmund 1975: On Government, Politics and Society. Hrsg.von B.W. Hill. Glasgow: Fontana/The Harvester Press

Burnham, James 1948: Das Regime der Manager. Stuttgart: Deutsche Verlagsgesellschaft

Bußhoff, Heinrich 2000: Politische Repräsentation. Repräsentativität als Bedingung und Norm von Politik. Baden-Baden: Nomos

Chambers, Simone 1998: Contract or Conversation? Theoretical Lessons from the Canadian Constitutional Crisis. In: Politics and Society, Vol.26, S.143-172

Chryssochoou, Dimitris N. 1998: Democracy in the European Union. London/New York: Tauris Academic Studies

Cnudde, Charles F./Neubauer, Deane E. (Hrsg.) 1969: Empirical Democratic Theory. Chicago: Markham Publishing Company

Cohen, Joshua 1998: Democracy and Liberty. In: Elster, Jon (Hrsg.): Deliberative Democracy. Cambridge: Cambridge University Press, S.185-231

Cohen, Joshua/Rogers, Joel 1992: Secondary Associations and Democratic Government. In: Politics and Society, Vol.20 No.4, S.393-472
Cohen, Joshua/Sabel, Charles F. 1997: Directly-Deliberative Democracy. In: European Law Journal, Vol.3 No.4, S.313-342
Constant, Benjamin 1972 (1815): Grundprinzipien der Politik. In: Constant, Benjamin: Politische Schriften. Hrsg. von Lothar Gall. Berlin: Lang, S.9-244
Curtin, Deirde 1993: The Constitutional Structure of the Union: A Europe of Bits and Pieces. In: Common Market Law Review, Vol.30, S.17-69
Dahl, Robert A. 1962: A Preface to Democratic Theory. Chicago/London: University of Chicago Press
Dahl, Robert A. 1971: Polyarchy. Participation and Opposition. New Haven/London: Yale University Press
Dahl, Robert A. 1989: Democracy and its Critics. New Haven/London: Yale University Press
Dahl, Robert A. 1994: A Democratic Dilemma: System Effectiveness versus Citizen Participation. In: Political Science Quarterly, Vol. 109 No. 1, S.23-34
Dahl, Robert A. 1997: Procedural Democracy. In: Goodin, Robert E./Pettit, Philipp (Hrsg.): Contemporary Political Philosophy. An Anthology. Oxford: Blackwell Publishers, S.109-126
Dahl, Robert A. 1998: On Democracy. New Haven/London: Yale University Press
Dahl, Robert A. 2000: Can international organization be democratic? A skeptic's view. In: Shapiro, Ian/Hacker Cordòn, Casiano (Hrsg.): Democracy's Edges. Cambridge: Cambridge University Press, S.19-36
Decker, Frank 2001: Mehr Demokratie wagen: Die Europäische Union braucht einen institutionellen Sprung nach vorn. In: Aus Politik und Zeitgeschichte, B5/2001, S.33-37
Dehousse, Renaud 1995: Constitutional Reform in the European Community: Are there Alternatives to the Majoritarian Avenue?. In: West European Politics, Vol.18 No.3, S.118-136
Dehousse, Renaud 1999: Towards a Regulation of Transnational Governance?. In: Joerges, Christian/Vos, Ellen: EU Committees and Social Regulation, Law and Politics. Oxford-Portland: Harl Publishing, S.109-127
Dorf, Michael C./Sabel, Charles F. 1998: A Constitution of Democratic Constitutionalism. In: Columbia Law Review, Vol.98 No.2, S.267-473
Downs, Anthony 1957: An Economic Theory of Democracy. New York: Harper and Row
Dryzek, John 1999: Transnational Democracy. In: The Journal of Political Philosophy, Vol.7 No.1, S.30-51
Eder, Klaus 1995: Die Dynamik demokratischer Institutionenbildung. In: Nedelmann, Birgitta (Hrsg.): Politische Institutionen im Wandel. KZfSS Sonderheft 35. München: Fischer Verlag, S.327-345
Eder, Klaus 1999: The Making of a European Public. An Inquiry into Transnational Forms of Relating Politics and Society. Paper presented to the Conference on Globalisation, Regional Integration and Democratic Governance: Challenges for the European Union, Brüssel, 2.+3. Dezember 1999
Eder, Klaus 2000: Transnationale Vergesellschaftungsformen im Schatten nationaler Öffentlichkeiten?. Vortrag auf dem DVPW-Kongress vom 1.-5. Oktober 2000 in Halle

Eder, Klaus/Hellmann, Kai-Uwe/Trenz, Hans-Jörg 1999: Regieren jenseits öffentlicher Legitimation? Eine Untersuchung zur Rolle von politischer Öffentlichkeit in Europa. In: Kohler-Koch, Beate: Regieren in entgrenzten Räumen. PVS Sonderheft 29. Opladen: Westdeutscher Verlag, S.321-344

Eder, Klaus/Kantner, Cathleen 2001: Transnationale Resonanzstrukturen in Europa. In: Bach, Maurizio (Hrsg.): Die Europäisierung nationaler Gesellschaften. KZfSS Sonderheft. Opladen/Wiesbaden: Westdeutscher Verlag, S.306-331

Ellwein, Thomas 1965: Politische Verhaltenslehre. Stuttgart: Kohlhammer, 3.Aufl.

Elster, Jon 1998: Deliberation and Constitution Making. In: Elster, Jon (Hrsg.): Deliberative Democracy. Cambridge: Cambridge University Press, S.97-122

Elster, Jon (Hrsg.) 1998: Deliberative Democracy. Cambridge: Cambridge University Press

Emmert, Frank 1995: Die institutionelle Reform der Europäischen Union und die künftige Rolle des Europäischen Parlaments. In: Weiler, J.H.H./Aubert, J.F./Bieber, R./Emmert, F.: Democracy and Federation in European Integration. Bern: Stämpfli + Cie, S.63-74

Eriksen, Erik Oddvar/Fossum, John-Erik, 2000: Post-national integration. In: dies. (Hrsg.): Democracy in the European Union. London/New York: Routledge, S.1-28

Eriksen, Erik Oddvar/Fossum, John-Erik (Hrsg.) 2000: Democracy in the European Union. London/New York: Routledge

Eschenburg, Theodor 1966: Zur politischen Praxis in der Bundesrepublik, Band 2, München: Piper

European Constitutional Group 1993: A Constitutional Settlement, London (ms)

Fischer, Joschka 2000: Vom Staatenbund zur Föderation. Rede in der Humboldt-Universität, 12.5.2000 (zitiert nach der in der Frankfurter Rundschau vom 17.6.2000 abgedruckten Fassung)

Fraenkel, Ernst 1964: Deutschland und die westlichen Demokratien. Stuttgart u.a.: Kohlhammer

Fraenkel, Ernst/Bracher, Karl Dietrich (Hrsg.) 1957: Staat und Politik. Frankfurt am Main: Fischer

Francis, Emerich 1965: Ethnos und Demos. Soziologische Beiträge zur Volkstheorie. Berlin: Duncker & Humblot

Fuchs, Dieter 2000: Demos und Nation in der Europäischen Union. In: Klingemann, Hans-Dieter/Neidhardt, Friedhelm (Hrsg.): Zur Zukunft der Demokratie. Herausforderungen im Zeitalter der Globalisierung. WZB-Jahrbuch 2000. Berlin: Edition Sigma, S.215-236

Gargarella, Roberto 1998: Full Representation, Deliberation and Impartiality. In: Elster, Jon (Hrsg.): Deliberative Democracy. Cambridge: Cambridge University Press, S.260-280

Gastil, Raymond Duncan 1991: The Comparative Survey of Freedom: Experiences and Suggestions. In: Inkeles, Alex (Hrsg.): On Measuring Democracy. New Brunswick/London: Transaction Publishers, S.21-46

Geis, Anna 2001: Diagnose: Doppelbefund – Ursache: ungeklärt? Die Kontroversen um den „demokratischen Frieden". In: Politische Vierteljahresschrift, 2/2001, S.282-298

Grande, Edgar 1996: Demokratische Legitimation und Europäische Integration. In: Leviathan. Zeitschrift für Sozialwissenschaft, S.339-360

Guéna, Yves 1995: La Réforme de 1996 des Institutions de l'Union Européenne. Les Rapports du Sénat, No. 224, Tôme 1+2, Paris
Gustavsson, Sverker 1998: Defending the Democratic Deficit. In: Weale, A./Nentwich, M. (Hrsg.): Political Theory and the European Union: Legitimacy, constitutional choice and citizenship. London: Routledge, S.63-79
Gustavsson, Sverker 2000: Reconciling suprastatism and accountability: a view from Sweden. In: Hoskyns, Catherine/Newman, Michael (Hrsg.): Democratizing the European Union. Manchester/New York: Manchester University Press, S.39-64
Gusy, Christoph 2000: Demokratiedefizite postnationaler Gemeinschaften unter Berücksichtigung der Europäischen Union. In: Brunkhorst, Hauke/Kettner, Matthias (Hrsg.): Globalisierung und Demokratie: Wirtschaft, Recht, Medien. Frankfurt am Main: Suhrkamp, S.131-150
Gutmann, Amy/Thompson, Dennis 1996: Democracy and Disagreement. Cambridge, Mass./London: The Bellknap Press of Harvard University Press
Haas, Ernst B. 1958: The Uniting of Europe. Stanford/California: Stanford University Press
Haas, Ernst B. 1964: Beyond the Nation-State. Functionalism and International Organization. Stanford/California: Stanford University Press
Habermas, Jürgen et al. 1961: Student und Politik. Neuwied: Luchterhand
Habermas, Jürgen 1973: Legitimationsprobleme im Spätkapitalismus. Frankfurt am Main: Suhrkamp
Habermas, Jürgen 1994: Faktizität und Geltung. Frankfurt am Main: Suhrkamp, 4.Aufl.
Habermas, Jürgen 1998: Die postnationale Konstellation. Frankfurt am Main: Suhrkamp
Haupt, Volker 1993: Über den Bau demokratischer Institutionen im Prozeß der europäischen Einigung. In: Bogdandy, Armin von (Hrsg.): Die europäische Option. Baden-Baden: Nomos, S.217-235
Held, David 1991: Democracy, the Nation-State and the Global System. In: Held, David (Hrsg.): Political Theory Today. Cambridge: Polity Press, S.197-235
Held, David 1995: Democracy and the Global Order. Cambridge/Oxford: Polity Press
Held, David 1998: Democracy and Globalization. In: Archibugi, Daniele/Held, David/Köhler, Martin (Hrsg.): Re-Imagining Political Community. Oxford: Polity Press, S.11-27
Héritier, Adrienne 1997: Policy-Making by subterfuge: interest accommodation, innovation and substitute democratic legitimation in Europe – perspectives from distinctive policy areas. In: Journal of European Public Policy, Vol.4 No.2, S.171-189
Héritier, Adrienne 1999: Elements of democratic legitimation in Europe: an alternative perspective. In: Journal of European Public Policy, Vol.6 No.2, S.269-282
Hirst, Paul 1994: Associative Democracy: New forms of economic and social governance. Cambridge/Oxford: Polity Press
Hitzel-Cassagnes, Tanja 2000: Der Europäische Gerichtshof: Ein europäisches `Verfassungsgericht´?. In: Aus Politik und Zeitgeschichte, B52-53/2000, S.22-30
Hix, Simon 1998a: The study of the European Union II: the `new governance´ agenda and its rival. In: Journal of European Public Policy, Vol.5 No.1, S.38-65

Hix, Simon 1998b: Elections, Parties and Institutional Design: A Comparative Perspective on European Union Democracy. In: West European Politics, Vol.21 No.3, S.19-51

Hix, Simon 1999: The Political System of the European Union. Basingstoke: Macmillan

Hix, Simon 2000: Executive Selection in the European Union. In: Neunreither, Karlheinz/Wiener, Antje (Hrsg.): European Integration after Amsterdam. Oxford: Oxford University Press, S.95-111

Höreth, Marcus 1999: No way out for the beast? The unsolved legitimacy problem of European government. In: Journal of European Public Policy, Vol.6 No.2, S.249-268

Inkeles, Alex (Hrsg.) 1991: On Measuring Democracy. New Brunswick/London: Transaction Publishers

Ipsen, Hans Peter 1972: Europäisches Gemeinschaftsrecht. Tübingen: Mohr

Jachtenfuchs, Markus/Kohler-Koch, Beate 1996: Einleitung: Regieren in dynamischen Mehrebenensystemen. In: Jachtenfuchs, Markus/Kohler-Koch, Beate (Hrsg.): Europäische Integration. Opladen: Leske + Budrich, S.15-45

Joerges, Christian 1999: „Good Governance" Through Comitology?. In: Joerges, Christian/Vos, Ellen (Hrsg.): EU Committes: Social Regulation, Law and Politics. Oxford-Portland: Harl Publishing, S.311-338

Joerges, Christian 2000: Transnationale deliberative Demokratie oder deliberativer Supranationalismus?. In: Zeitschrift für Internationale Beziehungen, 7.Jg. Heft 1, S.145-161

Joerges, Christian/Neyer, Jürgen 1998: Vom intergouvernementalen Verhandeln zur deliberativen Politik: Gründe und Chancen für eine Konstitutionalisierung der europäischen Komitologie. In: Kohler-Koch, Beate (Hrsg.): Regieren in entgrenzten Räumen. PVS-Sonderheft 29. Opladen: Westdeutscher Verlag, S.207-234

Jung, Sabine 2001: Die Logik direktdemokratischer Verfahren. Dissertation, Mannheim

Kant, Immanuel 1965: Politische Schriften. Hrsg. von O.H. von der Gablentz. Köln/Opladen: Westdeutscher Verlag

Katz, Richard S. 1986: Party Government: A Rationalistic Conception. In: Castles, Francis G./Wildenmann, Rudolf (Hrsg.): Visions and Realities of Party Government Vol.I. Berlin/New York: Walter de Gruyter, S.31-71

Katz, Richard S./Weßels, Bernhard (Hrsg.) 1999: The European Parliament, the National Parliaments and European Integration. Oxford: Oxford University Press

Kelsen, Hans 1929: Vom Wesen und Wert der Demokratie. Aalen: Scientia Verlag (Neudruck der 2. Aufl. 1963)

Keohane, Robert O./Hoffmann, Stanley 1990: Conclusions: Community Politics and Institutional Change. In: Wallace, Williams (Hrsg.): The Dynamics of European Integration. London/New York: Pinter, S.276-300

Kielmansegg, Peter Graf 1996: Integration und Demokratie. In: Jachtenfuchs, Markus/Kohler-Koch, Beate (Hrsg.): Europäische Integration. Opladen: Leske + Budrich, S.47-71

Kirchgässner, Gebhard/Feld, Lars P./Savioz, Marcel R. 1999: Die direkte Demokratie. Basel et al.: Helbing & Lichtenhahn, München: Verlag Franz Vahlen

Kohler-Koch, Beate (Hrsg.) 1998: Regieren in entgrenzten Räumen. PVS Sonderheft 29. Opladen: Westdeutscher Verlag

Kohler-Koch, Beate 1999a: Europe in Search of Legitimate Governance. Paper presented to the IPSA Research Committee on European Unification, Brüssel, 2.-3. Dez. 1999

Kohler-Koch, Beate 1999b: The evolution and transformation of European Governance. In: Eising, Rainer/Kohler-Koch, Beate (Hrsg.): The Transformation of Governance in the European Union. London: Routledge, S.14-35

Kohler-Koch, Beate 2000a: Regieren in der Europäischen Union. In: Aus Politik und Zeitgeschichte, B6/2000, S.30-38

Kohler-Koch, Beate 2000b: Framing: the bottleneck of constructing legitimate institutions. In: Journal of European Public Policy, Vol.7 No.4, S.513-531

Kymlicka, Will 1995: Multicultural Citizenship. A liberal Theory of Minority Rights. Oxford: Clarendon Press

Lepsius, Rainer M. 1986: `Ethnos´ und `Demos´. Zur Anwendung zweier Kategorien von Emerich Francis auf das nationale Selbstverständnis der Bundesrepublik und auf die Europäische Einigung. In: Kölner Zeitschrift für Soziologie und Sozialpsychologie, Jg.38 Heft 4, S.751-759

Lepsius, Rainer M. 2000: Welche Verfassung für Europa?. In: Gegenwartskunde 1/2000, S.269-274

Lijphart, Arend 1977: Democracies in Plural Societies. New Haven/London: Yale University Press

Lijphart, Arend 1984: Democracies. New Haven/London: Yale University Press

Locke, John 1966 (1689): Über die Regierung. Hrsg. von Peter Cornelius Mayer-Tasch. Reinbek: Rowohlt

Lord, Christopher 1998: Democracy in the European Union. Sheffield: UACES Sheffield Academic Press

Luhmann, Niklas 1975: Legitimation durch Verfahren. Neuwied/ Berlin: Luchterhand

Majone, Giandomenico 1994a: The European Community: An "Independent Fourth Branch of Government"?. In: Brüggemeier, Gert (Hrsg.): Verfassungen für ein ziviles Europa. Baden-Baden: Nomos, S.23-44

Majone, Giandomenico 1994b: Independence versus Accountability? Non-majoritarian Institutions and Democratic Government in Europe. In: Hesse, Joachim Jens/Toonen, Theo A.J. (Hrsg.): The European Yearbook of Comparative Government and Public Administration, Vol. I/ 1994, S. 117-140

Majone, Giandomenico 1998: Europe´s "Democratic Deficit": The Question of Standards. In: European Law Journal Vol., 4 No. 1, S.5-28

Malek, Tanja 1999: Politik-Gestaltung auf europäischer Ebene im Spannungsfeld von konstruktiven Problemlösungsprozessen und machtbasierter Interessenauseinandersetzung. Eine empirische Analyse kumulativer Politik-Prozesse am Beispiel der europäischen Strukturfondsförderung, Dissertation, Darmstadt

Mansbridge, Jane 2000: What does a representative do? Descriptive representation in communicative settings of distrust, uncrystallized interests and historically denegrated status. In: Kymlicka, Will/Wayne, Norman (Hrsg.): Citizenship in Diverse Societies. Oxford: Oxford University Press, S.99-123

Mather, Janet 2000: The European Union and British Democracy. Towards Convergence. Basingstoke: Macmillan

Maus, Ingeborg 1992: Zur Aufklärung der Demokratietheorie. Frankfurt am Main: Suhrkamp

Meehan, Elizabeth 1999: Political Pluralism and European Citizenship. In: Lehning, Percy B./Weale, Albert (Hrsg.): Citizenship, Democracy and Justice in the New Europe. London/New York: Routledge, S.69-85
Meier, Horst 2001: Ist das Volk klüger als seine Stellvertreter?. Frankfurter Rundschau Nr.173 vom 28.07.2001, S.21
Mensch, Kirsten 1999: Die segmentierte Gültigkeit von Rational-Choice-Erklärungen. Opladen: Leske + Budrich
Mill, John Stuart 1865: Principles of Political Economy. People's edition. London: Longman
Mill, John Stuart 1969 (1859): Über Freiheit. Frankfurt am Main: Europäische Verlagsanstalt
Mill, John Stuart 1971 (1861): Betrachtungen über die repräsentative Demokratie. Hrsg. von Kurt L. Shell. Paderborn: Schöningh
Mill, John Stuart 1972 (1861): Utilitarianism, Liberty, Representative Government. Hrsg. von H.B. Acton. London: J.M. Dent and Sons
Montesquieu 1992 (1748): Vom Geist der Gesetze. Hrsg. und Übersetzung von Ernst Forsthoff. Tübingen: Mohr (2 Bde.)
Nelson, William N. 1980: On Justifying Democracy. London: Routledge
Nentwich, Michael 1998: Opportunity Structures for Citizens' Participation: The case of the European Union. In: Weale, A./Nentwich, M. (Hrsg.): Political theory and the European Union: Legitimacy, constitutional choice and citizenship. London: Routledge, S.125-140
Neumann, Franz 1950: Die Wissenschaft der Politik in der Demokratie. Wiederabgedruckt in: Schneider, Heinrich (Hrsg.) 1967: Aufgabe und Selbstverständnis in der Politischen Wissenschaft. Darmstadt: Wissenschaftliche Buchgesellschaft, S.20-40
Neyer, Jürgen 1999: The Comitology Challenge to Analytical Integration Theory. In: Joerges, Christian/Vos, Ellen (Hrsg.): EU Committees: Social Regulation, Law and Politics. Oxford-Portland: Harl Publishing, S.219-238
Neyer, Jürgen 2000: Justifying Comitology. In: Neunreither, Karlheinz/Wiener, Antje (Hrsg.): European Integration after Amsterdam. Oxford: Oxford University Press, S.112-128
Nozick, Robert (1974): Anarchie, Staat, Utopie. München: Moderne Verlags GmbH (o.J.)
Offe, Claus 1997: Micro-aspects of democratic theory: What makes for the deliberative competence of citizens?. In: Hadenius, Axel (Hrsg.): Democracy's Victory and Crisis. Cambridge: Cambridge University Press, S.81-104
Offe, Claus 1998a: Demokratie und Wohlfahrtsstaat: Eine europäische Regimeform unter dem Streß der europäischen Intergration. In: Streeck, Wolfgang (Hrsg.): Internationale Wirtschaft, nationale Demokratie. Frankfurt am Main: Campus, S.99-136
Offe, Claus 1998b: Vox Populi und die Verfassungsökonomik. In: Grötzinger, Gerd/Panther, Stephan (Hrsg.): Konstitutionelle Politische Ökonomie. Marburg: Metropolis, S.81-88
Palazzo, Guido 1999: Die Mitte der Demokratie. Dissertation, Marburg
Parijs, Philippe van 1997: Should the European Union Become More Democratic?. In: Føllesdal, Andreas/Koslowski, Peter (Hrsg.).: Democracy and the European Union. Berlin/Heidelberg/New York: Springer Verlag, S.287-301

Pateman, Carole 1970: Participation and Democratic Theory. Cambridge: Cambridge University Press

Pettit, Philip 1999: Republican freedom and contestatory democratization. In: Shapiro, Ian/Hacker Cordòn, Casiano (Hrsg.): Democracy's value. Cambridge: Cambridge University Press, S.163-190

Pitkin, Hanna 1967: The Concept of Representation. Berkeley/L.A.: University of California Press

Pogge, Thomas W. 1997: How to Create Supra-National Institutions Democratically. In: Føllesdal, Andreas/Koslowski, Peter (Hrsg.): Democracy in the European Union. Berlin/Heidelberg/New York: Springer Verlag, S.160-185

Przeworski, Adam 1999: Minimalist conception of democracy: a defense. In: Shapiro, Ian/Hacker-Cordòn, Casiano (Hrsg.): Democracy's value. Cambridge: Cambridge University Press, S.23-55

Puntscher Riekmann, Sonja 1998: Die kommissarische Neuordnung Europas. Wien/New York: Springer Verlag

Ranney, Austin/Kendall, Willmore 1969 (1956): Basic Principles for a Model of Democracy. In: Cnudde, Charles F./Neubauer, Deane E. (Hrsg.): Empirical Democratic Theory. Chicago: Markham Publishing Company, S.41-63

Richter, Emanuel 1997: Demokratie und Globalisierung. Das Modell einer Bürgergesellschaft im Weltsystem. In: Klein, Ansgar/Schmalz-Bruns, Rainer (Hrsg.): Politische Beteiligung und Bürgerengagement in Deutschland. Bonn: Bundeszentrale für politische Bildung, S.173-202

Richter, Emanuel 1999: Das republikanische Europa. Opladen: Leske + Budrich

Riker, William 1982: Liberalism against Populism. Prospect Heights (Ill.): Waveland Press

Riklin, Alois 1989: Montesquieus freiheitliches Staatsmodell. In: Politische Vierteljahresschrift, 3/1989, S.420-442

Risse-Kappen, Thomas 1996: Exploring the Nature of the Beast: International Relations Theory and Comparative Policy Analysis Meet the European Union. In: Journal of Common Market Studies, Vol.34, S.53-80

Rosenau, James N. 1998: Governance and Democracy in a Globalizing World. In: Archibugi, Daniele/Held, David/Köhler, Martin (Hrsg.): Re-Imagining Political Community. Oxford: Polity Press, S.28-57

Rousseau, Jean-Jacques 1955 (1754): Über den Ursprung und die Grundlagen der Ungleichheit unter den Menschen. Berlin: Aufbau-Verlag

Rousseau, Jean-Jacques 1977 (1769): Vom Gesellschaftsvertrag. Stuttgart: Reclam

Sandel, Michael 1996: Democracy's Discontent. America in Search of a Public Philosophy. Cambridge, Mass.: Harvard University Press

Sartori, Giovanni 1969 (1962): What Democracy is Not. In: Cnudde, Charles F./Neubauer, Deane E. (Hrsg.): Empirical Democratic Theory. Chicago: Markham Publishing Company, S.23-40

Sartori, Giovanni 1992: Demokratietheorie. Darmstadt: Wissenschaftliche Buchgesellschaft

Saward, Michael 1994: Democratic Theory and Indices of Democratization. In: Beetham, David (Hrsg.): Defining and Measuring Democracy. London et al.: Sage Publ., S.6-24

Scharpf, Fritz W. 1970: Demokratietheorie zwischen Utopie und Anpassung. Konstanz: Universitäts-Verlag

Scharpf, Fritz 1993: Versuch über Demokratie im verhandelnden Staat. In: Czada, Roland/Schmidt, Manfred G. (Hrsg.): Verhandlungsdemokratie, Interessenvermittlung, Regierbarkeit. Opladen: Westdeutscher Verlag, S.25-50
Scharpf, Fritz 1994: Optionen des Föderalismus in Deutschland und Europa. Frankfurt am Main/New York: Campus
Scharpf, Fritz 1998: Demokratie in der transnationalen Politik. In: Beck, Ulrich (Hrsg.): Politik der Globalisierung. Frankfurt am Main: Suhrkamp, S.228-253
Scharpf, Fritz W. 1999: Regieren in Europa. Frankfurt am Main/New York: Campus
Schattschneider, E.E. 1975 (1960): The Semisovereign People. A Realist's View of Democracy in America. New York/Hinsdale (Ill.): Holt, Rinehart and Winston
Schattschneider, E.E. 1989: Two Hundred Million Americans in Search of Government. New York: Holt, Rinehart + Winston
Schmalz-Bruns, Rainer 1995: Reflexive Demokratie. Baden-Baden: Nomos
Schmalz-Bruns, Rainer 1997: Bürgergesellschaftliche Politik – ein Modell der Demokratisierung der Europäischen Union?. In: Wolf, Klaus-Dieter (Hrsg.): Projekt Europa im Übergang. Baden-Baden: Nomos, S.63-90
Schmalz-Bruns, Rainer 1999: Deliberativer Supranationalismus. Demokratisches Regieren jenseits des Nationalstaates. In: Zeitschrift für Internationale Beziehungen, 6.Jg. Heft 2, S.185-244
Schmidt, Manfred G. 2000a: Demokratietheorien. Opladen: Leske + Budrich, 3.Aufl.
Schmidt, Manfred G. 2000b: Der konsoziative Staat. Hypothesen zur politischen Struktur und zum politischen Leistungsprofil der Europäischen Union. In: Grande, Edgar/Jachtenfuchs, Markus (Hrsg.): Wie problemlösungsfähig ist die EU?. Baden-Baden: Nomos, S.33-58
Schmitt, Hermann/Thomassen, Jacques (Hrsg.) 1999: Political Representation and Legitimacy in the European Union. Oxford: Oxford University Press
Schmitter, Philippe C. 1994: Interests, Associations and Intermediation in a Reformend Post-liberal Democracy. In: Streeck, Wolfgang (Hrsg.): Staat und Verbände. PVS-Sonderheft 25. Opladen: Westdeutscher Verlag, S.160-171
Schmitter, Philippe C. 1996: Imagining the Future of the Euro-Polity with the Help of New 'Concepts. In: Marks, Gary/Scharpf, Fritz/Schmitter, Philippe C./Streeck, Wolfgang: Governance in the European Union. London: Sage Publ., S.121-165
Schmitter, Philippe 1997: Is it Really Possible to Democratize the Euro-Polity?. In: Føllesdal, Andreas/Koslowski, Peter (Hrsg.): Democracy and the European Union. Berlin/Heidelberg/New York: Springer Verlag, S.13-36
Schmitter, Philippe C. 2000a: How to Democratize the European Union...and why bother?. Lanham: Rowman + Littlefield
Schmitter, Philippe 2000b: Federalism and the Euro-Polity. In: Journal of Democracy, Vol.11 No.1, S.40-47
Schumpeter, Joseph A. 1950: Kapitalismus, Sozialismus und Demokratie. Bern: Francke
Seidelmann, Reimund 1995: Democracy-Building in the European Union. Conditions, Problems and Options. In: Teló, Mario (Hrsg.): Démocratie et Construction Européenne. Brüssel: Editions de l'Université de Bruxelles
Shapiro, Ian/Hacker Cordòn, Casiano (Hrsg.) 1999: Democracy's value. Cambridge: Cambridge University Press
Shaw, Jo 2000a: Constitutional Settlements and the Citizen after the Treaty of Amsterdam. In: Neunreither, Karlheinz/Wiener, Antje (Hrsg.): European Integration after Amsterdam. Oxford: Oxford University Press, S.280-317

Shaw, Jo 2000b: Process and Constitutional Discourse in the European Union. In: Harvey, Colin/Morison, John/Shaw, Jo (Hrsg.): Voices, Spaces and Processes in Constitutionalism. Oxford: Blackwell Publishers, S.4-37
Smith, Adam 1905 (1776): Untersuchung über das Wesen und die Ursachen des Volkswohlstandes. Berlin: R.L. Prager
Stammer, Otto 1955: Politische Soziologie. In: Gehlen, Arnold/Schelsky, Helmut (Hrsg.): Soziologie. Düsseldorf/ Köln: Diederichs, 3.Aufl., S.256-312
Stokes, Susan C. 1998: Pathologies of Deliberation. In: Elster, Jon (Hrsg.): Deliberative Democracy. Cambridge: Cambridge University Press, S.123-139
Teló, Mario (Hrsg.) 1995: Démocratie et Construction Européene. Brüssel: Editions de l'Université de Bruxelles
The Federalist Papers 1961 (1788). Hrsg. von Clinton Rossiter. New York/Toronto: The New American Library
Tocqueville, Alexis de 1976 (1835): Über die Demokratie in Amerika. München: DTV
Touraine, Alain 1997: What is Democracy?. Boulder: Westview Press
Trenz, Hans-Jörg/Eder, Klaus 2000: The Democratic Functioning of a European Public Space. Paper prepared for the IPSA World Congress, Québec, 1.-5. August 2000 (panel 2)
Tully, James 2000: The Challenge of Reimagining Citizenship and Belonging in Multicultural Societies. In: McKinkon, Catriona/Hampsher-Monk, Iain (Hrsg.): The Demands of Citizenship. London/New York: Continuum, S.212-234
Voelzkow, Helmut 2000: Von der funktionellen Differenzierung zur Globalisierung: Neue Herausforderungen für die Demokratietheorie. In: Werle, Raymund/Schimank, Uwe (Hrsg.): Gesellschaftliche Komplexität und kollektive Handlungsfähigkeit. Frankfurt am Main/New York: Campus, S.270-296
Weale, Albert 1995: Democratic Legitimacy and the Constitution of Europe. In: Bellamy, Richard et al. (Hrsg.): Democracy and Constitutional Culture in the Union of Europe. London: Lothian Fund, S.81-94
Weale, Albert 1997: Majority rule, Political identity and European Union. In: Lehning, Percy B./Weale, Albert (Hrsg.): Citizenship, democracy and justice in the new Europe. London/New York: Routledge, S.49-62
Weale, Albert 1999: Democracy. Basingstoke: Macmillan
Weale, Albert/Nentwich, Michael (Hrsg.) 1998: Political Theory and the European Union: Legitimacy, constitutional choice and citizenship. London. Routledge
Weber, Werner 1970: Spannungen und Kräfte im westdeutschen Verfassungssystem. Berlin: Duncker & Humblot, 3.Aufl.
Weidenfeld, Werner (Hrsg.) 1991: Wie Europa verfaßt sein soll. Materialien zur Politischen Union. Gütersloh: Verlag Bertelsmann Stiftung
Weidenfeld, Werner (Hrsg.) 1994: Europa '96. Reformprogramm für die Europäische Union. Gütersloh: Verlag Bertelsmann Stiftung
Weiler, J.H.H. 1995: Der Staat `über alles´ - Demos, Telos und die Maastricht-Entscheidung des Bundesverfassungsgerichts. Jean Monnet Working Paper No. 7/95
Weiler, J.H.H. 1996: European Neo-constitutionalism: in Search of Foundation for the European Constitutional Order. In: Political Studies XLIV, S.517-533
Weiler, J.H.H. 1997: The European Union Belongs to the Citizens: Three Immodest Proposals. In: European Law Review, Vol.22, S.150-156
Weiler, J.H.H. 1999: Epilogue: Comitology as Revolution – Infranationalism, Constitutionalism and Democracy. In: Joerges, Christian/Vos, Ellen (Hrsg.): EU

Committees and Social Regulation, Law and Politics. Oxford-Portland: Harl Publishing, S.339-350
Weiler, J.H.H. 2000: Federalism and Constitutionalism: Europe's Sonderweg. Harvard Jean Monnet Working Paper No. 10/00
Weiler, J.H.H./Haltern, Ulrich/Mayer, Franz C. 1995: European Democracy and its Critique. In: Hayward, Jack (Hrsg.): The Crisis of Representation in Europe. London: Frank Lass, S.4-39
Weiler, J.H.H. et al. (Hrsg.) 2000: Symposium: Responses to Joschka Fischer. Jean Monnet Working Paper No.7/00
Wessels, Wolfgang/Diedrichs, Udo 1997: A New Kind of Legitimacy for a New Kind of Parliament - The Evolution of the European Parliament. European Integration online Papers (EIoP), Vol.1 No.6
Westle, Bettina 1989: Politische Legitimität - Theorien, Konzepte, empirische Befunde. Baden-Baden: Nomos
Whelan, Frederick 1983: Prologue: Democratic Theory and the Boundary Problem. In: Pennock, Roland J./Chapman, John W. (Hrsg.): Liberal Democracy. New York: New York University Press, S.13-47
Wiener, Antje 1998: European Citizenship Practice. Boulder/Col.: Westview Press
Wiener, Antje 1999: The embedded acquis communautaire. In: Neunreither, Karlheinz/Wiener, Antje (Hrsg.): European Integration after Amsterdam. Oxford: Oxford University Press, S.318-341
Wiener, Antje 2000: Bürgerschaft jenseits des Staates. Ms. (unveröff.)
Wiener, Antje/Della Sala, Vincent 1997: Constitution-making and Citizenship Practice – Bridging the Democracy Gap in the EU?. In: Journal of Common Market Studies, Vol.35, S.595-614
Williams, Melissa S. 2000: The Uneasy Alliance of Group Representation and Deliberative Democracy. In: Kymlicka, Will/Norman, Wayne (Hrsg.): Citizenship in Diverse Societies. Oxford: Oxford University Press, S.124-152
Wolf, Klaus Dieter 1999: Die Grenzen der Entgrenzung. In: Kohler-Koch, Beate (Hrsg.): Regieren in entgrenzten Räumen. PVS Sonderheft 29. Opladen: Westdeutscher Verlag, S.217-235
Wolf, Klaus-Dieter 2000a: Die neue Staatsräson. Baden-Baden: Nomos
Wolf, Klaus-Dieter 2000b: Contextualizing Normative Standards for Legitimate Governance beyond the State. Paper presented at the conference ‚Democratic and Participatory Governance' at the European University Institute, Florence 14-15 Sept. 2000
Wolf, Sebastian 2000: Ein Vorschlag zur Beseitigung von Repräsentations- und Legitimationsdefiziten in Rat und Europäischem Parlament. In: Politische Vierteljahresschrift, 4/2000, S.730-741
Young, Iris Marion 2000: Inclusion and Democracy. Oxford: Oxford University Press
Zolo, Danilo 1992: Democracy and Complexity. A Realist Approach. Cambridge: Polity Press
Zürn, Michael 1996: Über den Staat und die Demokratie im europäischen Mehrebenensystem. In: Politische Vierteljahresschrift, 1/1996, S.27-55
Zürn, Michael 1998: Regieren jenseits des Nationalstaats. Frankfurt am Main: Suhrkamp

If you have any concerns about our products,
you can contact us on
ProductSafety@springernature.com

In case Publisher is established outside the EU,
the EU authorized representative is:
**Springer Nature Customer Service Center GmbH
Europaplatz 3, 69115 Heidelberg, Germany**

Printed by Libri Plureos GmbH
in Hamburg, Germany